Hinter den Zeilen
Ein Medienreport

Hinter den Zeilen

Ein Medienreport

Jacqueline Andres · Vanessa Goth · Aileen Hornung
Susanne Hörth · Juliane Kessler · Michaela Kuich
Vera Makarenko · Laura Matz · Svenja Müller
Jenny Mercedes Plotka · Constanze Ramsperger
Karolina Stecko · Anna Voigtländer

Herausgegeben von Rainer Nübel,
Frank Brunner und Wolfgang Messner

KLÖPFER&MEYER

Verlag, Herausgeber und Autorinnen danken der Berthold Leibinger Stiftung, der Stiftung Ausbildung, Fort- und Weiterbildung der Landesbank Baden-Württemberg (LBBW) sowie dem Institut für Medienwissenschaft an der Universität Tübingen für die großzügige Finanzierung der Druckkosten.

ISBN 978-3-86351-511-9

Textredaktion: Frank Brunner, Weinstadt.
Korrektorat: Jana Vatnika, Korb.
Umschlaggestaltung: Christiane Hemmerich
Konzeption und Gestaltung, Tübingen.
Herstellung: Horst Schmid, Mössingen.
Satz: CompArt, Mössingen.
Druck und Einband: Pustet, Regensburg.

Mehr über das Verlagsprogramm von Klöpfer & Meyer
finden Sie unter *www.kloepfer-meyer.de*

Inhalt

Die Medienwelt begreifbarer machen

Vorwort der Herausgeber

Es ist eine Binsenweisheit, schon tausendmal gehört: Wir leben in einer modernen Mediengesellschaft. Die Bürgerinnen und Bürger erfahren die Welt im 21. Jahrhundert, global oder regional, vor allem durch Zeitung, Fernsehen, Rundfunk oder Internet. Doch das ist nur ein kleiner Teil der Wahrheit.

Denn wie Medien funktionieren, wissen nur vergleichsweise wenige Menschen in unserer Gesellschaft. Politiker, Manager und Lobbyisten beispielsweise. Sie kennen die Spielregeln, nach denen Journalisten Informationen auswählen, präsentieren, inszenieren. Und selbstverständlich nutzen diese Experten ihr Wissen, um die Medien in ihrem Sinne zu beeinflussen. Doch was ist mit der Mehrheit in unserer Gesellschaft? Erkennen Leser, Zuhörer, Zuschauer, wie Nachrichten oder Kommentare entstehen, die Reporter und Redakteure ihnen täglich servieren? Sehen sie den Unterschied zwischen diesen Stilformen? Umfragen offenbaren besonders bei jungen Menschen erstaunliche Defizite.

Journalisten sind daran mitschuldig. Nicht immer trennen wir sauber zwischen Fakten und Meinung, wir präsentieren Informationen aus nur einer Quelle als unumstößliche Wahrheit, verkaufen bearbeitete Statements als spontane Meinungsäußerung, obwohl sie doch das Resultat eines langwierigen Tauziehens zwischen Journalisten, Gesprächspartnern und Pressesprechern sind. So ist nicht allen Mediennutzern klar, dass gedruckte Interviews mit Politikern oder Wirtschaftsbossen keine schriftliche Form eines Frage-Antwort-Spiels sind, sondern dass Themen zuvor abgesprochen, brisante Passagen im Zuge des »Autorisierens« von den Interviewten vor der Veröffentlichung gestrichen werden können, dass also diese Form der Berichterstattung stark inszeniert ist. Viele Menschen glauben auch, dass Journalisten Skandale aufdecken wollen, weil sich damit gute Einschaltquoten oder Auflagenzahlen erzielen lassen. Tatsächlich schaffen es inzwischen eher Themen wie Gesundheit, Reisen und Partnerschaft auf die Magazintitel – weil sie sich besser verkaufen als investigative Recherchen.

Wer als Journalist in diesem Land unterwegs ist, stößt immer wieder auf Missverständnisse. Ein Grund dafür ist, dass Medienmacher zwar von Regierungen, Polizei, Parlamenten, Gerichten und Unternehmen Transparenz einfordern, in eigener Sache aber häufig auffällig verschlossen agieren. Nur wenige Journalisten erklären außerhalb ihrer Verlagshäuser oder Sendeanstalten, wie sie arbeiten. Recherchemethoden, der Umgang mit »Whistleblowern« oder wie ein Thema skandalisiert wird – all das erfahren Mediennutzer kaum. Ähnlich zugeknöpft reagieren viele Kollegen, wenn ihre Leser oder Zuschauer die ethischen Standards in Frage stellen, nach denen sie berichten. Als Ende März 2015 ein Germanwings-Flugzeug in den südfranzösischen Alpen zerschellte und alle 150 Insassen starben, belagerten hunderte Journalisten tagelang eine Stadt, aus der viele deutsche Opfer stammten; Zeitungen veröffentlichten Fotos der getöteten, meist minderjährigen Passagiere, im Fernsehen spekulierten Reporter über die Absturzursachen. Darf man das? Zumindest erklärungsbedürftig ist eine solche Vorgehensweise. Und das ist nur ein Beispiel.

Warum berichten Tageszeitungen ausführlich über den Nachwuchs im britischen Königshaus, räumen aber einer Hungerkatastrophe in Afrika nur ein paar Zeilen in der Meldungsspalte ein? Woher wissen Reporter, dass die Insider-Informationen richtig sind, die sie verbreiten? Zeigt das erschütternde Foto aus dem Kriegsgebiet tatsächlich die Wahrheit?

Dabei ist es doch eigentlich ganz einfach: Journalisten sollen Fakten vermitteln, Missstände benennen und spannend und anschaulich von Orten berichten, an die ihre Leser normalerweise nie gelangen. Wer Journalistenkonferenzen besucht, wird viel von der »Wächterfunktion« hören, von der »vierten Gewalt«, von Recherche und »Storytelling«. Doch Pannen oder Skandale in der eigenen Branche zu thematisieren, ist bei diesen Veranstaltungen oft tabu. Dabei gäbe es Bedarf für eine Fehleranalyse. So kamen Medienwissenschaftler in einer Studie der gewerkschaftsnahen Otto-Brenner-Stiftung zu dem Ergebnis, dass Medien bei ihrer Berichterstattung über die Morde des rechtsterroristischen »Nationalsozialistischen Untergrunds« (NSU) in auffallend vielen Fällen den Aussagen von Polizei und Staatsanwaltschaft vertrauten und die Sicht der Behörden als gesicherte Erkenntnisse verbreiteten. Kritisches Nachhaken? Fehlanzeige. Es sind vor allem jene Journalisten, die auf exklusive Informationen aus den Amtsstuben nicht verzichten möchten und die deshalb die Perspektive von Ermittlern, Staatsanwälten und Richtern übernehmen. Das Medienecho auf die Otto-Brenner-Studie war überschaubar. Kaum Selbstreflexion, keine Katharsis. »Ich haue nicht auf die Hand, die mich füttert« – lautet ein Credo von diversen investigativen Journalisten, wenn sie begründen wollen, warum sie die Rolle der staatlichen Institutionen nicht gründlicher hinterfragen. Teilweise geht die Behördenhörigkeit noch weiter

– werden Kollegen diskreditiert, die sich nicht mit offiziellen Erklärungsversuchen zufrieden geben.

Selbst scheinbar schonungslose Enthüllungen beruhen manchmal auf einem Etikettenschwindel. So wird Lesern oder Zuschauern suggeriert, dass die Geschichte Ergebnis einer mutigen, monatelangen Recherche sei. Doch bei nicht wenigen Investigativstorys bestand die Recherche vor allem darin, mit dem Informanten einen Preis für die geheimen Unterlagen auszuhandeln. »Pay and write«, heißt das in Fachkreisen. Man kann über den Sinn von bezahlten Informationen diskutieren, sich fragen, ob ein öffentliches Interesse auch den Einsatz von hohen Informantenhonoraren rechtfertigt oder ob sich der Journalist instrumentalisieren lässt und dafür auch noch zahlt. Fakt ist: Die Bürgerinnen und Bürger sollten wissen – natürlich ohne den Informantenschutz zu vernachlässigen – wie bestimmte Artikel entstehen.

Das ist auch im Interesse von Journalisten. Denn unser größtes Kapital ist das Vertrauen der Leser und Zuschauer. Glaubt man Studien und Umfragen, dann ist die Reputation von Medienmachern jedoch erheblich gesunken. Dagegen hilft vor allem eines: Transparenz. Nur so kann jenseits von Stammtischen und »Lügenpresse«-Parolen ein fundierter Diskurs darüber geführt werden, wie glaubwürdig die Medien sind. Verzichten wir auf diese Diskussion, besteht die Gefahr, dass unsere Gesellschaft zu einer »Demokratie light« mutiert, in der Politik, Wirtschaft und Medien nur als verschiedene Facetten einer einzigen Elite wahrgenommen werden, die außerhalb der Lebenswirklichkeit der meisten Menschen agiert.

Einen Beitrag zur Offenheit soll dieses Buch liefern, das *Dreizehn Studentinnen*, wie sich das Autorinnen-Team nennt, vorlegen. Entstanden ist es im Rahmen eines Lehrforschungsprojekts im Wintersemester 2014/2015 am Medienwissenschaftlichen Institut der Universität Tübingen. »Hinter den Zeilen. Ein Medienreport« haben die Master-Studentinnen diesen Sammelband genannt, in dem sie Spielregeln und Strukturen von Medien beschreiben und analysieren. Dafür haben sie Schreibtisch und Hörsaal gegen Notizblock und Aufnahmegerät getauscht und sind quer durch Deutschland gereist. Sie sprachen mit namhaften Fernseh- und Magazinjournalisten, Korrespondenten, Tageszeitungsredakteuren und Fotografen, befragten Opfer von Medien und Justiz, Psychologen, Blogger, Kommunikationswissenschaftler, Rechtsanwälte, Whistleblower und Geldwäscheexperten. Die dabei erzielten Erkenntnisse reflektierten die Studierenden mit ihrem medienwissenschaftlichen Instrumentarium. Von diesem Praxistest profitieren nun die Leser.

Karolina Stecko beleuchtet zum Einstieg die Digitalisierung der Medien und die daraus entstandene neue Kommunikation zwischen Leser und Autor in Online-Foren und Blogs. Sie traf sich mit einem so genannten Troll und einem Community-Manager von *Zeit Online,* um die Frage zu beantworten: Ist die schnelle und teilweise harsche Leserkritik Chance oder Hürde für Journalisten?

Drei weitere Kapitel widmen sich Akteuren und Rezipienten der Medienlandschaft. Laura Matz befragte Berichterstatter nach ihrer Rolle bei spektakulären Ereignissen. Sie sprach mit Reportern von *Spiegel*, *stern* und *Süddeutscher Zeitung* über ihre unterschiedliche Sicht auf den Justizskandal Gustl Mollath; diskutierte mit Redakteuren über den Mordfall Bögerl und die Kungelei zwischen Sportfunktionären und Sportjournalisten. Jacqueline Andres hat mit Gymnasiasten und Realschülern über journalistische Stilformen diskutiert und zeigt, welchen Blick Jugendliche, die mit Facebook und WhatsApp aufwachsen, auf gedruckte Tageszeitungen haben. Michaela Kuich thematisiert den Sexismus in der Branche. Mit Reporterinnen von *stern* und *Spiegel* sowie Bloggerinnen und Aktivistinnen blickte sie zurück auf die »Aufschrei«-Debatte um den FDP-Politiker Rainer Brüderle.

Die folgenden Abschnitte analysieren die Arbeitsweise von Journalisten. Constanze Ramsperger erläutert, wie aus Unmengen an Eindrücken eine Geschichte entsteht. Ihre Frage: Wie viel Dramaturgie verträgt die Wirklichkeit? Dafür porträtierte sie einen Schmerzpatienten und lässt die Leser gleichzeitig an ihren Schwierigkeiten bei Recherche und Schreibprozess teilhaben. Juliane Kessler begab sich auf die Spur von investigativen Journalisten. Unter anderem traf sie einen Whistleblower und stieß durch diesen Kontakt auf einen möglichen Geldwäschefall. Plötzlich steckte sie selbst in einer investigativen Recherche. Dass ein Foto nicht zwangsläufig die Realität abbildet, beschreibt Anna Voigtländer am Beispiel der Debatte um das angeblich manipulierte Gewinnerfoto des World Press Award 2013. Vanessa Goth nahm »Scripted Reality« unter die Lupe. Bei einer Verabredung mit Teilnehmerinnen der Sendung *Frauentausch* und aus Gesprächen mit Produzenten solcher Fernsehformate erfuhr sie, warum diese Form der Unterhaltung trotz Kritik so erfolgreich ist.

Die Folgen von Berichterstattung behandeln die nächsten vier Kapitel. Jenny Mercedes Plotka untersuchte das Verhalten der Medien nach dem Amoklauf von Winnenden. Sie sprach unter anderem mit einer Mutter, die ihre Tochter bei der Tragödie verloren hat, und mit Reportern, die damals vor Ort waren. Svenja Müller verabredete sich mit dem wegen Bankraub zu zwölf Jahren Haft verurteilten Andreas Kühn und erörterte mit ihm seinen Imagewandel in den Medien vom »Gorillamasken-Räuber« zum »Justizopfer«.

Welches Bild deutsche Medien vom Ausland vermitteln, ist ein weiteres Themensegment. Susanne Hörth zeigt, wie *FAZ* und *Süddeutsche* auf die NSA-Affäre reagierten und nach welchen Kriterien die Auslandskorrespondenten beider Zeitungen arbeiten. Vera Makarenko beschäftigte sich vor dem Hintergrund des Ukraine-Konflikts mit der Russland-Berichterstattung hierzulande, sprach dazu unter anderem mit Korrespondenten von *Zeit* und *Spiegel Online*. Schließlich unterhielt sich Aileen Hornung mit dem Chefredakteur der *Heilbronner Stimme* und einem Blogger über die Perspektiven des Lokaljournalismus.

Wir – drei Dozenten, die im Hauptberuf als freier Mitarbeiter des *stern*, Autor bei *Zeitenspiegel Reportagen* und Redakteur bei der *Stuttgarter Zeitung* arbeiten – halfen bei diesem Projekt mit thematischem, konzeptionellem und handwerklichem Input, unterstützten die Studierenden bei der Kontaktaufnahme mit Informanten und Kollegen und begleiteten sie später beim Aufschreiben ihrer Geschichten. Beeindruckt hat uns, dass sich die Studentinnen von Hindernissen und Rückschlägen nicht entmutigen ließen – beispielsweise wenn Gesprächspartner zugesagte Interviews absagten oder Aussagen kurz vor Drucklegung doch nicht mehr veröffentlicht sehen wollten.

Was als normales Uni-Seminar begann, entwickelte sich zu einer Art wöchentlicher Redaktionskonferenz, in der leidenschaftlich über Themen, Thesen und Texte diskutiert und manchmal auch gestritten wurde. Jeden Freitagnachmittag, wenn die meisten Studierenden bereits das Wochenende eingeläutet hatten und die Flure im Bertolt-Brecht-Bau nahezu verwaist waren, berichteten *Dreizehn Studentinnen* vier Stunden lang vom Stand ihrer Recherchen, sie freuten sich über gelungene Interviews und haderten mit der unglaublichen Fülle von Fakten und Zitaten, die sie strukturieren mussten. Zwischenzeitlich zweifelten einige wohl auch daran, jemals dieses Buch in den Händen zu halten und manche von ihnen verfluchte sicher ab und zu uns Dozenten – etwa wenn wir ihre Texte mit zahlreichen Anmerkungen, Änderungswünschen und Alternativvorschlägen zurückschickten. Dabei war es die Qualität der Recherchen, die uns motivierte, gemeinsam mit ihnen an den Texten zu feilen.

Am Ende stehen dreizehn Kapitel von *Dreizehn Studentinnen*, die als junge Medienwissenschaftlerinnen das geschafft haben, was die Journalistin Stephanie Nannen von erfahrenen Branchenkollegen fordert: »Guter Journalismus bedeutet immer ein Stück Aufklärung, er ist dazu da, den Lesern die Welt begreifbarer, die Verhältnisse transparenter und damit das Leben bewusster zu machen«, sagte die Enkelin des legendären *stern*-Gründers Henri Nannen im Mai 2015 im Rathaus Fellbach bei der Verleihung des Hansel-Mieth-Preises für die beste Reportage in Text und Bild. Dazu gehöre, anders mit den Mediennutzern umzugehen. »Vielleicht ist es aber so, dass wir den Lesern, den Zuhörern und Zuschauern besser vermitteln müssen, wie wir arbeiten. Dass Wissen und Wahrheiten nicht einfach über uns kommen, sondern dass wir danach lange suchen.«

Rainer Nübel, Frank Brunner, Wolfgang Messner

Gestörte Kommunikation

Leser kommentieren heute vor allem im Netz. Sachlich oder boshaft. Trolle torpedieren mit kruden Thesen die Diskussionskultur, Redakteure proben den Spagat zwischen Meinungsfreiheit und Zensur. ***Karolina Stecko*** sprach mit einem Krawall-Kommentator und einem Community-Manager.

»In Deutschland solche Karikaturen auch nur zu veröffentlichen, das kommt einem Suizid gleich, denn hier hat man nicht nur Islamfanatiker als Gegner, sondern auch die Antifa, die mindestens genauso militant jegliche Meinungsfreiheit einschränken will. Wem sein Leben lieb ist, der sollte dann doch lieber vorziehen, die Meinungsfreiheit unter zwei Augen im Keller auszuüben, sämtliche Kritik, sowohl an der Regierung als auch an dem Islam zu vermeiden, und wenn man auch an politischer Korrektheit erstickt.«

So kommentierte Uwe Ostertag im Leserforum von *Focus Online* am 11. Januar 2015 einen journalistischen Artikel über die Veröffentlichung von Mohammed-Karikaturen und das Terrorattentat auf *Charlie Hebdo* in Paris. Vier Tage zuvor waren zwei islamistische Attentäter in die Redaktion der französischen Satirezeitung eingedrungen und hatten zwölf Menschen erschossen – darunter fünf prominente Karikaturisten und der Herausgeber. Für Uwe Ostertag, der im fränkischen Ochsenfurt, etwa 20 Kilometer südlich von Würzburg lebt, ist der Anschlag ein Anlass, einem großen Publikum seine düstere Zukunftsvision mitzuteilen. »Wir haben zwar laut Grundgesetz eine gesetzlich verankerte Meinungsfreiheit, aber keine Regierung, die daran auch nur im Entferntesten interessiert ist, diese Meinungsfreiheit praktisch zu unterstützen. Ich sehe es eher kommen, dass der Staat zu Gunsten der Gefühle von Muslims Blasphemie unter Strafe stellt«, schreibt der 55-Jährige weiter auf *Focus Online*. Der *Focus* reagierte nicht auf die Bitte um ein Interview zum Thema Leserkommentare.

Dafür war David Schmidt bereit, über seine Arbeit zu sprechen. Schmidt ist Community-Manager bei *Zeit Online* und liest täglich Pamphlete von Menschen wie Ostertag. An einem verregneten Dienstagnachmittag im Januar 2015 sitzt er in der Berliner Redaktion von *Zeit Online* und erzählt eine Stunde lang von Fluch und Segen der Kommentarkultur im Internet. *Zeit Online* gehört zu den Nachrichtenportalen mit der höchsten Reichweite in Deutschland. Über 44 Millionen Besucher klickten im Februar 2015 auf die Seite. Platz sechs in der Rangliste. Zum Vergleich: Spitzenreiter *bild.d*e kommt auf rund 290 Millionen Visits, der Zweitplatzierte *Spiegel Online* erreichte 200 Millionen Besucher innerhalb eines Monats. Auf dem Schreibtisch von David Schmidt liegt jetzt Ostertags Kommentar zu den Pariser Terroranschlägen. Zum zweiten Mal liest der 33-Jährige das Statement. Seine Mundwinkel zucken leicht, er wirkt angestrengt. »Dieser Kommentar wirft so ziemlich alles zusammen, Differenzierungen nimmt er nicht vor. Das sind fünf oder sechs verschiedene Themen und keine seiner Behauptungen versucht er auch nur im Geringsten zu belegen«, sagt Schmidt. »Diesen Kommentar hätten wir bei *Zeit Online* definitiv entfernt. Das ist keine Einladung zum konstruktiven Diskurs, sondern eine wüste Aneinanderreihung unbelegter, kruder Behauptungen, völlig ohne Realitätsbezug«t, erklärt der Redakteur.

Uwe Ostertag ist mittlerweile ein Promi unter den Leserkommentatoren. Die *Frankfurter Allgemeine Zeitung (FAZ)* porträtierte den 55-Jährigen im September 2014. Das Blatt zitierte aus einigen seiner Meinungsäußerungen: Der Bundespräsident sei ein »kriegstreiberisches Arschloch«, die katholische Kirche eine »Kinderficksekte«, die Bundesregierung korrupt, Veganer faschistisch. »Jeden Tag spuckt Uwe Ostertag seinen Hass ins Netz. Er kämpft gegen alles und nichts«, schreibt die *FAZ*. Ostertag sei ein Troll, schreibt der Autor. Der Ausdruck beschreibt destruktives Kommentierverhalten im Internet. Uwe Ostertag sieht sich nicht als Troll. Trolle würden ausschließlich im Schutze der Anonymität kommentieren, doch er agiere unter seinem richtigen Namen. Über den *FAZ*-Artikel ärgert er sich bis heute. Die Bitte um eine Gegendarstellung habe die Redaktion abgelehnt. In seinen Augen wurde er Opfer der Medienpolitik.

Leserkommentare, egal ob sachlich, informativ oder geschmacklos, gehören mittlerweile zum journalistischen Alltag. Zugangsbarrieren gibt es kaum, mit einem Klick ist der persönliche Beitrag veröffentlicht. Unzählige Meinungen gelangen ungefiltert ins Web, darunter diverse Diffamierungen. Einige Plattformen haben ihr Angebot bereits eingegrenzt. In Expertenkreisen heißt es: »Don't feed the Troll.« Doch warum kommentieren Leser wie Uwe Ostertag überhaupt?

Manche Experten vermuten, die vermeintliche Anonymität des Internets sei der Grund für die ungebremsten Schimpfkaskaden. Der Netztheoretiker und Kulturwissenschaftler Michael Seemann sieht das anders. Seemann veröffentlichte im Oktober 2014 das Buch »Das neue Spiel. Strategien für die Welt nach dem digitalen Kontrollverlust«t. Er bloggt und schreibt für verschiedene Medien. »Wenn man sich die Menschen, die im Internet kommentieren, genau anschaut, sind es oft ganz normale Leute, die unter ihrem Klarnamen posten«, sagt er. »Die rassistischen Mobs, die sich auf Facebook äußern, sind tatsächlich häufig zurechenbare Identitäten.« Und selbst wer sich hinter falschen Namen versteckt, bleibt kaum unerkannt. »Das Internet ist eine riesige Kopiermaschine. Dadurch geht die Kontrolle über Daten und Inhalte verloren«, erklärt Seemann. »Es gibt immer Datenspuren und Hinweise, die man hinterlässt. Wenn jemand bereit ist, den Aufwand zu betreiben, kann Anonymität aufgelöst werden.« Er werde jeden Tag angetrollt und gerate regelmäßig in Shitstorms. Seemann versucht in solchen Situationen, die Kommunikation zu minimieren. »Don't feed the Troll.« Zwar löse man das Problem nicht, wenn man Trolle ignoriert, aber man verschlimmere es nur, wenn man sie füttere. Letztlich müsse jeder für sich entscheiden, was in einer bestimmten Situation eine angemessene Strategie sei. »Ich glaube nicht, dass man auf jeden Kommentar reagieren muss, aber ich antworte, wenn jemand konstruktiv diskutieren möchte oder eine ernsthafte Frage hat«, stellt Seemann für sich fest.

Bei *Zeit Online* entscheiden David Schmidt und sein Moderatorenteam darüber, welcher Kommentar gelöscht wird, welcher veröffentlicht bleiben darf. Im Kommentarbereich wird zunächst jeder Beitrag veröffentlicht. Erst danach sichtet das Team die Zuschriften und löscht gegebenenfalls anstößige Inhalte. Nachmoderation heißt diese Methode. Wenn sich die Moderatoren entschließen, einen Kommentar zu entfernen, wird der Leser mit einem entsprechenden Hinweis informiert. »Entfernt. Bitte bleiben Sie sachlich. Die Redaktion«

oder »Bitte verzichten Sie auf überzogene Polemik« oder aber: »Bitte kehren Sie zum Artikelthema zurück.« Im Fachjargon spricht man bei diesem Arbeitsschritt vom »wegmoderieren«. Durch den transparenten Umgang mit der Community möchten die Moderatoren das Vertrauen der Leser gewinnen und ihnen zeigen, warum ihre Kommentare gelöscht werden. So entstehe ein Lerneffekt für die Nutzer. Zu Beginn einer Debatte müsse man besonders aufmerksam sein und streng moderieren, erklärt Redakteur Schmidt. Denn der Ton am Anfang spielt auch noch die Musik zum Schluss. Dass eine Debatte geschlossen werden muss, komme bei *Zeit Online* nur selten vor. Falls doch, dann nur weil sich das Kommentarangebot thematisch mit einem anderen Text überschneidet. Wenn ein Thread trotzdem zu eskalieren droht, diskutiert häufig ein Redaktionsmitglied mit. Das beruhige die User meist. Die zweite Möglichkeit, unsachliche Beiträge zu vermeiden, ist die Vormoderation. Dabei werden die Kommentare erst nach redaktioneller Prüfung publiziert. Der Vorteil: Die Journalisten behalten die Kontrolle über die Kommentare der Leser. Der Nachteil: Es dauert eine Weile, bis Meinungen sichtbar werden. Und je länger die Leser auf eine Veröffentlichung warten müssen, umso unwahrscheinlicher wird eine lebendige Diskussion. Außerdem: Nicht jede Redaktion kann ein komplettes Team mobilisieren, das rund um die Uhr Leser-Foren betreut.

Kooperation oder Konfrontation

Für David Schmidt ist die Nachmoderation die bessere Variante. Nur so würden sich die Gespräche dynamisch und schnell entwickeln. In seinen Augen wird so für das Wachstum der Community gesorgt. Bei *Zeit Online* wird 24 Stunden lang nachmoderiert. Klassische Kernzeiten gibt es im Internet schon lange nicht mehr. Mittlerweile wird nachts genauso viel kommentiert wie tagsüber. Manchmal lesen die Redakteure auch von zu Hause aus mit. Für David Schmidt lohnt sich der enorme Aufwand. »Viel zu selten hebt man hervor, was alles Gutes aus den Communities kommt und welchen enormen Wert die öffentliche Debatte hat«, betont er. So befinden sich unter den Lesern auch zahlreiche Experten. Allerdings melden die sich nur zu Wort, wenn das Niveau der Foren stimmt. »Das Wissen, das sich in einer Community bündelt, ist gewaltig. Diese Kompetenz könnte eine Redaktion nie aufbringen. Deshalb versuchen wir die Erkenntnisse unserer Leser zu nutzen. Dies ist ein schwieriges Unterfangen.« Manchmal bitten die Redakteure von *Zeit Online* um eine Zusammenarbeit. Meinungsumfragen führen online zu schnellen Ergebnissen und Leserartikel bringen laut Schmidt das empathische Moment wieder in die Zeitung. Wissensaustausch und kontroverse Diskussionen binden die Leser vor allen Dingen an das Medium. David Schmidt nennt drei Vorteile einer engen Einbeziehung der Leser: »Erstens kann es ökonomisch von großer Bedeutung sein, den Lesern zu zeigen, dass sie mehr sind als nur Rezipienten.« Wenn man den Leser ernst nehme, seine Fragen beantworte, werde er eine Art Teil der Redaktion, bekomme er das Gefühl, mitzugestalten. Als zweiten Aspekt sorgen die Leser für eine Qualitätskontrolle. »Die Crowd bemerkt Recherchefehler oder Unstimmigkeiten in einer Argumentation möglicherweise schneller als die Fachjournalisten aus der Redaktion«, ist Schmidt überzeugt. Mögliche Fehler könnten so im Nachgang behoben werden. Drittens sei ein ideeller Aspekt, das ist Schmidt klar: die gesellschaftliche Perspektive. »Ich begrüße es, dass eine Dehierarchisierung stattfindet, dass der Leser nicht mehr nur Empfänger dessen ist, was der Sender ihm vorgibt, sondern zum aktiven Mitgestalter wird. So kommen wir der Idee vom demokratischen Medium einen Schritt näher.« Neu ist das nicht. Schon Bertolt Brecht sah die Notwendigkeit, eine direkte Beziehung zwischen Medium und Rezipienten herzustellen, sprach von der Demokratisierung eines Mediums. Damals, in den 30er Jahren, bezog er sich auf den Rundfunk. Aber seine Thesen lassen sich auch auf das Internet übertragen. »Das ist ein wichtiger gesellschaftlicher Prozess, der vielen Menschen zu einer Stimme und zu Sichtbarkeit verhilft, die vorher beides nicht hatten. Und das darf man absolut nicht unterschätzen«, betont auch Schmidt.

Von Kooperation zwischen Lesern und Journalisten hält Ostertag wenig. Er kommentiert lieber extrem. Ostertag schreibt, um Moderatoren und anderen Lesern auf die Füße zu treten. Dafür habe er bereits Morddrohungen erhalten. Doch für ihn ist das kein Grund, sein Verhalten zu ändern. »Klar stoße ich an Grenzen. Oft bekomme ich vorgeschrieben: Darüber macht man keine Witze, oft werde ich als geschmacklos bezeichnet. Aber dann sage ich: Gut, ich kann auch noch nachsetzen.« Ostertag will niemandem nach dem Mund reden, er möchte polarisieren. Er vertritt eine Meinung, die sehr radikal ist, und spricht von der »Anarchie des Denkens«. Ein Troll im klassischen Sinne sei Ostertag nicht, sagt auch *Zeit-Online*-Redakteur Schmidt: »Ich glaube, dass wir diesen Begriff viel zu schnell verwenden. Er wird in der Regel sehr polemisch und abwertend genutzt gegenüber Menschen, die sich gerne viel und unsachlich, vielleicht auch ohne große Kompetenz öffentlich äußern.« Die Redaktion sei stets darum bemüht, eine konstruktive Diskussion zu leiten, während Trolle der öffentlichen Debatte und damit auch der Redaktion Schaden zufügen wollten. »Ich glaube, Herr Ostertag handelt aus Überzeugung. Er ist ein Querulant, aber kein Troll.«

Uwe Ostertag schreibt über 100 Kommentare am Tag. Und das schon seit etwa fünf Jahren. Er ist aktiver Nutzer von Facebook und Twitter, betreibt seine eigene Homepage. In seiner E-Mail-Signatur steht »staatlich geprüfter Blogger«. Selbstironie. Und natürlich kommentiert er in zahlreichen Leser-Foren das tagesaktuelle Geschehen. Seine Informationen findet er auf unterschiedlichen Online-Portalen. Manchmal auch auf den Seiten ausländischer Medien. »Weil die ganz einfach kritischer schreiben.« Hundertprozentige Glaubwürdigkeit spricht Ostertag keinem Medium zu. Deshalb bilde er sich auf der Suche nach der Wahrheit seine eigene Meinung. »Ich versuche, anderen Menschen als Vorbild zu dienen, ihre eigene Meinung zu schreiben und nicht ihre Kommentare staatskonform zu verfassen.« Jeder Kommentar entstamme seinem eigenen Kopf, wie er mehrfach stolz betont. Und es macht ihn wütend, wenn seine Beiträge von den Moderatoren gelöscht werden. Er pocht auf das Recht auf Meinungsfreiheit und spricht von Zensur.

Zeit-Online-Redakteur Schmidt sieht das naturgemäß anders. Für ihn hat das Löschen von Kommentaren nichts mit Zensur zu tun. »Zentral ist aus unserer Sicht die Frage, welche Äußerungen wir in unserem Forum zulassen möchten und welche nicht«, sagt der Redakteur aus voller Überzeugung. Faktisch gesehen handelt es sich dabei durchaus um Zensur. »Rechtlich betrachtet sind wir als Forenbetreiber für alle Inhalte in unserem Forum verantwortlich«, so der Journalist. Wenn *Zeit Online* eine Plattform für volksverhetzende Kommentare bieten würde, bekäme der Verlag Schwierigkeiten mit Presserat und Justiz. Mit der Teilnahme an den öffentlichen Debatten bei *Zeit Online* verpflichten sich die Kommentatoren, die Netiquette des Hauses zu beachten. Dazu zählt unter anderem, dass sich der Beitrag auf das Thema des Artikels beziehen und klare Argumente beinhalten muss. Ansonsten kann der Kommentar gelöscht werden. *Zeit Online* erwartet zudem einen freundlichen, respektvollen Umgangston.

Das schafft Uwe Ostertag nur selten. Er besitzt mittlerweile drei Facebook-Accounts, weil regelmäßig einer davon wegen volksverhetzender Kommentare gesperrt wird. Wann er das letzte Mal auf den Seiten von *Zeit Online* diskutiert hat, weiß er nicht. Die meisten seiner Beiträge würden dort sowieso wegmoderiert werden. »Da ich politisch nicht so korrekt bin, schreibe ich mir da sinnlos die Finger wund.« Subjektivität und journalistische Willkür wirft er den Medien vor. Sie seien Marionetten der Politik und würden in ihren Foren nur das zulassen, was zur politischen Richtung des Hauses passt. David Schmidt weist diesen Vorwurf zurück. »Selbstverständlich sind die Moderatoren Menschen mit eigenen Ansichten, die sich auch hin und wieder zu einer emotionalen Entscheidung hinreißen lassen. Weil das so ist, gibt es bei uns eine Kontrollinstanz.« Unzufriedene User können dem Community-Redakteur jederzeit schreiben und ihn darum bitten, ihren Kommentar wieder zu veröffentlichen. Über schwierige Fälle wird im Team viel diskutiert. Nicht umsonst heißt es, das Community Management bei *Zeit Online* wäre das kommunikativste Ressort.

Sicher ist: Die Zeiten sind vorbei, in denen sich das Publikum um die Medien drapiert und darauf wartet, mit Neuigkeiten gefüttert zu werden. »Heute sind wir im Zentrum und stellen uns unseren Newsstream selbst zusammen«, sagt Michael Seemann. Diese Selbstbestimmung nennt der Netzkritiker »positive Filtersouveränität«. Mit der wachsenden Anzahl an Informationen im Internet liege es nun am Individuum, die Quellen seiner Wahl zu befragen. Gleichzeitig müsse es die Möglichkeit geben, sich abzuschirmen gegenüber Informationen, die man nicht haben möchte. Genauso wie gegenüber Angriffen von Trollen. »Jeder darf seine Meinung äußern, er hat nur kein Recht darauf, gehört zu werden.« Meinungen abzublocken sei Teil der negativen Filtersouveränität. »Es ist immer einfacher, sich zu vernetzen und Leuten damit auf die Pelle zu rücken. Es gibt mittlerweile große Netzwerke, die sich organisieren, nur um andere fertig zu machen.«

Barrieren gegen die Meinungsflut

Uwe Ostertag ist in kein Netzwerk eingebunden. Er sieht es als sein Recht, einen Beitrag zur Meinungsbildung zu leisten. Er möchte andere dazu ermutigen, ihre Meinung frei und ungeachtet aller Schranken zu äußern. Er bezieht sich dabei auf den römischen Satiredichter Juvenal, der erklärte: »Difficile est satiram non scribere.« Übersetzt heißt das: Es ist schwer, nicht Satire zu schreiben. Das bedeute, dass Satire keine Tabus kenne, so Ostertag. »Die meisten verstehen meine Satire nicht und das provoziert die Leute.« Ostertag lässt seine Leser mit Absicht im Unklaren. Er möchte, dass sie zweifeln und sich unsicher sind: Meint er es ernst? Ist es Ironie oder brachiale Satire?

Zeit Online rät in seiner Netiquette davon ab, Zynismus und Ironie in den Kommentaren zu verwenden. »Das ist natürlich ein völlig legitimes Mittel in einer Diskussion, das Problem mit der Ironie ist aber, dass nur wenige Menschen das Talent besitzen, sie in Schriftform zu transportieren«, begründet Community-Manager Schmidt. Im Gespräch habe Stimme, Mimik und Gestik Einfluss auf die Kommunikation. David Schmidt betont, dass man bei Gebrauch von Ironie damit rechnen muss, missverstanden zu werden. Ostertag nutzt diesen Schreibstil auch, um sich vor der Justiz zu schützen. Er behauptet, dass man ihn so nicht belangen kann. Er muss es wissen, denn er hatte bereits Ärger mit der Justiz. 2011 wurde sein Computer bei einer Wohnungsdurchsuchung als Beweismittel konfisziert. Die Staatsanwaltschaft Würzburg hat Ostertag damals Volksverhetzung vorgeworfen. Auf seiner Homepage hat er wiederholt sittenwidrige Inhalte veröffentlicht. Diesmal machte er mit einem Kommentar über Menschen mit einer körperlichen Behinderung auf sich aufmerksam. »Aus einer Apfelkiste sortiert man auch die schlechten aus und wirft sie weg.« So wurde Ostertags Kommentar vom Februar 2011 in der *FAZ* wiedergegeben. Ostertag wurde freigesprochen, weil er sich durch seine eigenen körperlichen Unzulänglichkeiten auf »Selbstpersiflage« berufen konnte. Laut seinen Aussagen wollte er lediglich auf gesellschaftliche Missstände hinweisen. »Offiziell werden Behinderte von der Gesellschaft akzeptiert, aber dies ist in Wirklichkeit nur Heuchelei. Ich wollte darauf aufmerksam machen, wie verlogen unsere Gesellschaft ist«, stellt Ostertag rückblickend fest.

Wie kam er zum Schreiben? »Bereits als Jugendlicher habe ich Kurzgeschichten verfasst«, erzählt Ostertag. Die Romane von Kleist, Dostojewski und Goethe hätten ihn dazu animiert. »Nur als ich selber versuchte, solche Liebesgeschichten zu schreiben, da widerte mich das auf einmal an. Ich entdeckte dann die Persiflage für mich.« 1999 wird Ostertag krank. Diagnose: Tumor. Ein Fremdkörper im Knochenmark der oberen Brustwirbelsäule zerfraß seine Nervenbahnen. Arbeitsunfähigkeit, Frührente und Scheidung machten ihn plötzlich zum alleinerziehenden Vater mit Handicap. Als er noch gesund war, sei er viel spazieren gegangen. Oder in den Wald, zum Pilze sammeln. Doch dann musste der gelernte Schlosser umdenken. »Gott hat uns ein Hirn gegeben, mir hat er die Gebrauchsanweisung geschickt und ich hab sie auch gelesen.« Über Bekannte kam er zum MSN-Messenger, zu Flirt-Portalen und zu Facebook. »Zuerst um an Weibern herumzubaggern, aber dann habe ich ganz schnell gemerkt: man kann auch politisch kommentieren.« Bevor er den ganzen Tag nur *RTL* gucke und ein geistiger Zombie werde, versuche er lieber, das Potenzial, was ihm noch verbleibe, intensiv zu nutzen. Wegen der Rückenprobleme und den Beschwerden, die trotz zahlreicher Operationen geblieben sind, hat er für sich einen passenden Turnus gefunden. Er sitzt etwa 15 Minuten am Computer und erledigt anschließend die Hausarbeit, putzt, kocht, wäscht. Diesen Ablauf wiederholt er am Tag einige Male. Mitleid für sein Schicksal erwartet er nicht. Was er sich allerdings wünscht ist, dass jemand einen *Wikipedia*-Artikel über ihn verfasst. Oder einen schönen Shitstorm – über den würde er sich auch freuen. »Es ist mein Ziel, dass die Leute erbost sind über mich«, sagt er und lacht noch im selben Atemzug.

Ein Shitstorm ist nichts, wovor David Schmidt Angst hätte. »Das ist wie ein Gewitter. Das mag bedrohlich erscheinen und, wenn man sich ungeschützt mitten hinein begibt, auch wirklich unangenehm werden. Aber Gewitter gehen vorüber. Am nächsten Tag scheint vielleicht wieder die Sonne. Wenn innerhalb kürzester Zeit hunderte, ja vielleicht tausende empörter Kommentare dem Autor eines Textes grobe Vorwürfe machen, spricht man von einem Shitstorm. »Wenn bei *Zeit Online* ein Redakteur davon betroffen ist, dann gehen wir intelligent und vorbereitet damit um. Unsere Redaktion bündelt genügend Kreativität und Erfahrung, um solche Situationen zu meistern.« So können auch im Extremfall Einzelpersonen beschützt werden. Wenn eine Diskussion aus dem Ruder läuft, klinkt sich ein Moderator mit in das Gespräch ein. Falls ein Kommentarbereich dann doch nicht mehr zu retten ist, wird der Kommentarbereich geschlossen.

Bei anderen Medien setzt man auf striktere Methoden, um unsachliche Empörungswellen auszuschließen. Die *Süddeutsche Zeitung* hat nach über sieben Jahren ihre klassische Kommentarfunktion unter den Artikeln abgeschafft. Bis Ende 2014 hat die Zeitung ihre Beiträge aufwendig vormoderiert und selbst gemerkt, dass die bisherige Methode zu viele Schwächen hat. »Unter anderem geht in den Diskussionen zu viel durcheinander, das Freischalten von Beiträgen dauert zu lange und nicht zuletzt bekommen Pöbler zu oft die Chance, durch die Moderation zu rutschen.« Das gesteht das Debattenteam öffentlich auf der Homepage ein. Ein anderer Ansatz wurde gefunden und die Diskussion verlagert. Weg von der eigenen Homepage hin zu den Social-Media-Plattformen Facebook, Twitter und Google Plus. Dafür gibt es jetzt auf der hauseigenen Seite ein neues Konzept: Die Leser dürfen pro Tag drei Themen diskutieren, welche vom Debattenteam moderiert werden. Außerdem gibt es Projekte, die den Leser stärker einbeziehen, wie die Aktion *#meinThema*. Dabei werden die Leser aktiv aufgefordert, der Redaktion mitzuteilen, zu welchem Thema sie mehr erfahren möchten, wo eine Recherche notwendig wäre oder Aufklärungsbedarf herrscht. Ein Projekt, das nicht nur den Leser bindet, sondern auch das Ansehen des

Qualitätsjournalismus stärken könnte. Immerhin werden hier die Rezipienten zum Auftraggeber, manchmal sogar zum Informanten. Das stärkt das Vertrauen in die Redaktion. Nicht nur bei der *Süddeutschen Zeitung* herrscht Aufbruchstimmung. Auch *Reuters* hat die Kommentarfunktion mit dem Verweis auf Social Media abgeschafft. *Tagesschau.de* sucht nach neuen Konzepten und überlegt ebenfalls, die Diskussionsthemen einzugrenzen. Ein Beweis für die Überforderung der Plattformen?

Die *Süddeutsche Zeitung* hat 20 ihrer aktivsten Kommentatoren befragt, was für sie wichtig ist. Die Hälfte der Befragten wünscht sich, dass sich der Autor öfter zu Wort meldet. Fast alle möchten Meinungen und Ansichten abseits des Mainstreams lesen, um ihre Denkweisen zu erweitern und sich ihre eigene Meinung bilden zu können. Auf der anderen Seite gibt es auch diejenigen, die mehr Moderation und härteres Durchgreifen gegenüber unsachlichen Kommentaren verlangen. Das sind meist die Nutzer, die sich über das Niveau und die Qualität einiger Kommentatoren beschweren. Ständiger Kontakt zum Leser ist ein Idealszenario, das allein aus ökonomischen Gründen nicht umsetzbar ist. Im Berufsalltag fehlt den Journalisten meist die Zeit, auf ihre Leser zu reagieren. Wer heutzutage Online und Print gleichzeitig bestücken muss und am besten noch mit der Kamera kleine Clips für eine Multimediareportage drehen soll, hat kaum Zeit für einen ausführlichen Leserdialog.

Fakt ist aber auch: Monolog und Frontalbeschallung sind überholt. Wird der Leser nicht ernst genommen, weicht er auf alternative Quellen aus. Unklar ist bislang, wie sich eine aufwendige, qualitative Steuerung der Debatten finanzieren lässt. Eine mögliche Strategie verfolgt das *Tablet-Magazine* (http://tabletmag.com) aus den USA. Durch eine Bezahlschranke muss seit Anfang 2015 zahlen, wer kommentieren möchte: zwei Dollar pro Tag oder 8 Dollar im Monat und die Flatrate für ein Jahr kostet 180 Dollar. Ein weiteres Modell wäre eine Art kostenpflichtige Clubmitgliedschaft, um Teil der Community zu werden. Darf in Zukunft also nur noch kommentieren, wer sich das leisten kann? Vielleicht sprechen wir in Zukunft von einer Mitteilungskluft oder einer Kommentarschere, um das Auseinanderdriften der Gesellschaftsschichten zu beschreiben.

Karolina Stecko, Jahrgang 1990, machte ihren Bachelor in Medien und Kommunikation an der Universität Passau. Die langen Telefonate mit einem Leserkommentator lehrten sie vor allem eins: wichtige Informationen von unwichtigen zu trennen. Um nicht den Überblick zu verlieren und die passenden Formulierungen zu finden, tapezierte sie die Wände ihrer Neun-Quadratmeter-Studentenbude mit Dutzenden Post-its.

Skandale im Visier

Die Namen Mollath, Bögerl und Blatter sind Synonyme für Behördenversagen, Ermittlungspannen und Korruption. Die drei Fälle haben eines gemeinsam: Von den Hintergründen erfuhr die Öffentlichkeit durch die Medien. Acht Journalisten erzählen von ihrem Blick auf die Ereignisse.
Von ***Laura Matz***

Am 22. Januar 2015 sitzt die *Spiegel*-Journalistin Beate Lakotta am großen Esstisch ihrer Hamburger Wohnung und liest die Kommentare einiger ihrer Leser. »*Bild*-Niveau beim Spiegel. Frau Lakotta, Sie sind bei der falschen Zeitung! Sechs, setzen«, schreibt ein Nutzer, der sich »Meer$chwein« nennt, auf *Spiegel Online*. »Dies ist der schäbigste Artikel, den ich in meinem Leben gelesen habe. Ich frage mich, wer hat Frau Lakotta für diesen Lügenbericht bezahlt?«, empört sich ein »hannibal1000« und »horsteldorf« meint: »Mit diese Art von den Leser beleidigender Hofberichterstattung begibt sich der *Spiegel* allmählich ins Abseits – und das ist gut so.« Das sind noch die harmloseren Äußerungen. Als »Redaktionshure« und »Pharmaindustrieschlampe« muss sich Beate Lakotta diffamieren lassen. Natürlich alles anonym. Die Reporterin hat Screenshots von den schlimmsten Entgleisungen gemacht. »Die nutze ich für Vorträge, die ich über meine Recherchen zum Fall Gustl Mollath halte«, erzählt sie.

Ende 2012 war sie darauf aufmerksam geworden. Zweieinhalb Jahre später ist Lakotta bereit, noch einmal über ihre damaligen Recherchen zu reden. Die *Spiegel*-Redakteurin ist nicht die einzige Journalistin, die bei ihrer Arbeit auf Widerstand bei Lesern, Behörden oder sogar Kollegen stößt. Kein Wunder. Besonders bei spektakulären Ereignissen wie Dopingenthüllungen, Justizirrtümern oder Tötungsdelikten müssen Berichterstatter entscheiden, welchen Aussagen sie glauben. Sagt der Sportler die Wahrheit? Wird der Angeklagte zu Unrecht beschuldigt? Ist der Ehemann in den Mord an seiner Frau involviert? Warum berichten Journalisten, wie sie berichten? Erfahrene Rechercheure von *Spiegel*, *stern*, *Süddeutscher Zeitung* und *Stuttgarter Nachrichten* waren bereit, einen Einblick in ihre Methoden zu geben. Beate Lakotta, beispielsweise.

Zu den schwierigsten Themen, über die sie bislang geschrieben habe, gehöre der Fall Mollath. Gustl Ferdinand Mollath, dieser Name steht für einen der größten deutschen Justizskandale der vergangenen Jahre. Mollath, Jahrgang 1956, Automechaniker, beschuldigt seine damalige Frau Petra Mollath, Vermögensberaterin bei der Hypovereinsbank, illegaler Bankgeschäfte. Doch keiner glaubt ihm, stattdessen landet er für Jahre in der forensischen Psychiatrie.

Rückblick: Anfang der 1990er Jahre erfährt Mollath, dass seine Frau Provisionen kassiert, wenn sie Kunden von der Schweizer Hypo-Tochter AKB Bank zur Konkurrenzbank Leu vermittelt. »Ich war so am Ende, ich konnte mich fast nicht mehr bewegen«, schreibt er später in seiner Verteidigungsschrift. Er habe seine frühere Partnerin angefleht, diese aus seiner Sicht dubiosen Geschäfte zu beenden, aber sie habe sich nicht erweichen lassen. Seine Frau zieht im Mai 2002 aus dem gemeinsamen Haus aus. Mollath wendet sich schließlich im August 2002 an den Arbeitgeber seiner Frau. Die Hypovereinsbank veranlasst 2003 eine interne Prüfung, was aber erst viel später bekannt wird. Währenddessen beschuldigt Petra Mollath ihren Mann, sie misshandelt zu haben. Ein ärztliches Attest soll Würgemale, Blutergüsse und Bisswunden belegen. Im September 2003 wird der Vorwurf der Körperverletzung vor dem Amtsgericht Nürnberg verhandelt. Hier wird zum ersten Mal Mollaths vermeintliche Schuldunfähigkeit thematisiert. Seine Frau legt ein Gutachten vor, demzufolge Gustl Mollath möglicherweise an einer psychischen Krankheit leide. Die Ärztin, die das Gutachten ausstellt, hat Mollath aber nie gesehen. Der Misshandlungsvorwurf wird zur Nebensache, von nun an diskutieren Richter, Anwälte und Gutachter über Mollaths Geisteszustand. Die von der Staatsanwaltschaft zusätzlich erhobene Beschuldigung, Mollath habe über 100 Autoreifen von Unternehmern, Ärzten und Anwälten, die ihn teilweise kannten, zerstochen, lässt die Richter zudem an Gesundheit und Glaubwürdigkeit des Beschuldigten zweifeln. Zwischenzeitlich erfolgt 2004 die Scheidung des Ehepaares.

Mollath verweigert jegliche Untersuchung und wird 2005 per Gerichtsbeschluss in das Bezirkskrankenhaus Bayreuth eingeliefert. 2006 attestiert Klaus Leipziger, ein angesehener Facharzt für Psychiatrie, Mollath, dass er »in einigen Bereichen ein paranoides Gedankensystem entwickelt« habe. Das Problem: Leipziger hat Mollath nie gesehen, das Gutachten ist eine Ferndiagnose. Doch seine Stellungnahme bildet 2006 die Grundlage für das Urteil am Landgericht Nürnberg-Fürth. Das Gericht stellt fest, dass Mollath der vorsätzlichen Körperverletzung, Freiheitsberaubung und Sachbeschädigung schuldig ist, spricht ihn jedoch aufgrund von Schuldunfähigkeit frei. Stattdessen ordnet Richter Otto Brixner die Zwangseinweisung in die geschlossene Psychiatrie an. Es folgen siebeneinhalb Jahre, die Mollath in den Bezirkskrankenhäusern Straubing und Bayreuth verbringt. Molllaths Schwarzgeldvorwürfe gegen seine Frau hält kein Gericht für plausibel und Petra Mollath schweigt. Dabei hat ein gemeinsamer Freund der Mollaths, Edward Braun, ausgesagt, dass Petra Mollath ihm gegenüber merkwürdige Andeutungen gemacht habe: »Wenn Gustl mich und meine Bank anzeigt, mache ich ihn fertig. Ich habe sehr gute Beziehungen. Dann zeige ich ihn auch an, das kannst du ihm sagen. Der ist doch irre. Den lasse ich auf seinen Geisteszustand überprüfen, dann hänge ich ihm was an, ich weiß auch wie«, erklärt Braun erstmals in einer eidesstattlichen Erklärung an die Staatsanwaltschaft Nürnberg-Fürth 2011. Später, im Wiederaufnahmeverfahren 2014 wiederholt Braun seine Aussage vor dem Ausschuss. Verschiedene Gutachter beschäftigen sich in den kommenden Jahren mit Mollath. Meist resultieren die Erkenntnisse aus Aktenstudium. Die Experten diagnostizieren unter anderem eine »wahnhafte Störung«, »querulatorisch-fanatische Züge« oder »übermütig-hypomanische Geschäftigkeit«. Mollath bleibt in der Geschlossenen.

2011 werden die Medien auf den Fall aufmerksam. Die *Nürnberger Nachrichten*, der *Münchner Merkur* und das *ARD*-Politmagazin *Report Mainz* beleuchten als erstes den Fall kritisch. Als im November 2012 der geheim gehaltene Revisionsbericht der Hypovereinsbank von 2003 bekannt wird und dieser die Angaben Mollaths mit den Worten »Alle nachprüfbaren Behauptungen haben sich als zutreffend herausgestellt« bestätigt, berichten auch *stern*, die *Süddeutsche Zeitung*, die *Zeit* und der *Spiegel*. Durch das Medienecho gerät die bayrische Justiz unter Druck. Das Oberlandesgericht Nürnberg leitet 2013 das Wiederaufnahmeverfahren ein. An Mollaths Seite ist nun der bekannte Rechtsanwalt Gerhard Strate. Am 6. August 2013 wird Mollath aus der forensischen Psychiatrie Bayreuth entlassen. Im Sommer 2014 sprechen ihn die Richter des Landgerichts Regensburg vom Vorwurf des Zerstechens dutzender Autoreifen und der Freiheitsberaubung frei, vollständig rehabilitieren werden sie ihn nicht. Denn das Gericht sieht es als erwiesen an, dass Mollath seine Frau körperlich schwer misshandelt hat. Die Vorsitzende Richterin Elke Escher stellt außerdem fest, dass Mollath zu Unrecht in der Psychiatrie saß, er erhält für die gesamte Zeit der Unterbringung eine Entschädigung. Doch Eschers Urteil lässt auch Raum für Spekulationen: »Wir wissen nicht sicher, ob der Angeklagte im Zustand der Schuldunfähigkeit handelte oder nicht«, es liege nicht fern, anzunehmen, dass bei Mollath damals eine wahnhafte Störung vorgelegen habe. Für Gustl Mollath ist der Fall noch nicht zu Ende: »Es ist jetzt höchstens eine Freiheit der dritten Klasse.« Er hat zusammen mit seinem neuen Anwalt Adam Ahmed Revision gegen den Freispruch eingelegt. Mollath möchte auch von den Vorwürfen der Körperverletzung freigesprochen werden.

Gegen den medialen Mainstream

Als die *Spiegel*-Journalistin Beate Lakotta zum ersten Mal über die Ereignisse berichtete, hatten ihre Kollegen von der *Süddeutschen* und vom Magazin *stern* schon zahlreiche Artikel über Mollath veröffentlicht. Für Lakotta und ihre Redaktion war die Geschichte erzählt, jetzt ging es darum, neue Aspekte dieses Schauspiels zu publizieren.

Drei Jahre nach ihrem ersten Artikel über Mollath sitzt

Beate Lakotta am Esstisch ihrer Wohnung in Hamburg und erzählt von ihren damaligen Recherchen, von ihren Zweifeln und von den Anfeindungen einiger Leser. Ende 2012 beauftragte die Chefredaktion Lakotta, mehr über angeblich schlampige Gutachter herauszufinden und generell die Arbeitsweise der forensischen Psychiater zu beleuchten. Bevor Lakotta beim *Spiegel* in das Justiz- und Kriminalressort wechselte, schrieb sie lange im Wissenschaftsressort über Psychologie- und Psychiatriethemen. Daher kannte sie die Namen der Gutachter Hans-Ludwig Kröber und Friedemann Pfäfflin. 2008 beauftragte das Landgericht Regensburg Kröber mit einer forensischen Begutachtung Gustl Mollaths. Dieser zeigt sich zunächst einverstanden mit einer Untersuchung, Mollath stellt zwei Bedingungen, er will seine Krankenakte lesen, was Kröber auch in einem Aufsatz als Mindeststandard für ein Gutachten beschreibt, außerdem will er zeitnah über Kröbers Besuch informiert werden, damit er sich darauf vorbereiten kann. Doch beide Forderungen werden nicht eingehalten und Mollath verweigert das persönliche Gespräch. Kröber erstellt daraufhin ein psychiatrisches Gutachten aus der Ferne. Pfäfflin hingegen befragte Mollath 2010 persönlich. Beide Gutachter teilen am Ende die Ansicht von Klaus Leipziger, dem Leiter der Forensik im Bezirkskrankenhaus Bayreuth, wo Mollath einsitzt, Mollath leide an einer wahnhaften Störung.

»Beide haben einen sehr guten Ruf. Mir kam es komisch vor, dass sie in so einem Fall in die gleiche Richtung geschlampt haben sollen«, erzählt Lakotta. Sie las Gutachten, studierte Briefe und Strafanzeigen von Mollath und kam zu dem Schluss, dass diese Dokumente eigentlich ein stimmiges Bild ergeben. So passten Mollaths Formulierungen für sie in ein Muster, das sie aus Briefen kannte, die sie, wie viele Journalisten, von Verschwörungstheoretikern erhielt. Die unterschiedlichen Schriftgrößen, die zum Teil abstrusen Inhalte, die nach Einschätzung der psychiatrischen Gutachter an charakteristische Schriftstücke Wahnkranker erinnern, ließen Lakotta an der Justizopfertheorie zweifeln. Unter anderem schrieb Mollath auch dem früheren Papst Johannes Paul II., um ihn über seinen Austritt aus der katholischen Kirche zu informieren. Es folgten Briefe an den ehemaligen Bundestagspräsidenten Wolfgang Thierse, an den ehemaligen Bundeskanzler Gerhard Schröder oder auch an den früheren UN-Generalsekretär Kofi Annan. Letzterem dankte er für dessen Bemühungen für den Weltfrieden. Für Lakotta steht jedenfalls fest: viele Ungereimtheiten im Fall Mollath sind gar keine. Sehr beschäftigt habe sie, dass Mollath in den Medien von folterähnlichen Zuständen in der Psychiatrie sprechen konnte, und davon, dass er damit gerechnet habe, unter Zwangsmedikation gestellt zu werden. »Herr Mollath hat nie zwangsweise Medikamente bekommen und er ist auch nie fixiert worden, er hätte seit zwei Jahren jeden Tag stundenlang auf dem nicht eingezäunten Klinikgelände herumspazieren und Freunde treffen können, was er aber abgelehnt hat. Es gibt dazu Klinikunterlagen, und Mollath hat das auch nicht dementiert.« Lakotta entscheidet sich, dem Urteil des Rechtsstaates und dessen Gutachter und ihren Einschätzungen zu vertrauen. »Fall Gustl Mollath: Warum der Justizskandal doch keiner ist«, lautet die Überschrift von Lakottas Artikel auf *Spiegel Online* vom 13. Dezember 2012.

Die Leserresonanz darauf war, wie sie selbst sagt, »verheerend«. »Vielleicht zwei Prozent der Forumsteilnehmer haben begrüßt, dass jemand den Fall Mollath einmal anders darstellt. Die anderen 98 Prozent haben mich beschimpft, unter anderem als Journalistenschlampe oder als Handlangerin der Pharmaindustrie.« Lakotta will sich zunächst nicht weiter mit Mollath beschäftigen, doch die Kollegen von *Spiegel Online* möchten auf das Echo reagieren. Aber der Dialog mit den Lesern auf dem *Spiegel-Blog* geht schief. »Die Reaktionen waren wieder größtenteils unter der Gürtellinie.« Gegenwind erhielt Lakotta auch von Mollaths späterem Anwalt Gerhard Strate. Er beschwerte sich in einem dreiseitigen Schreiben an die Chefredaktion über Lakottas Artikel auf *Spiegel Online.* Später legte der Unterstützerkreis von Gustl Mollath beim Deutschen Presserat Beschwerde gegen Lakottas Text vom 13. Dezember 2012 ein. Lakotta musste schriftlich beim Presserat Stellung nehmen. »Ich war natürlich total verunsichert, ich habe kontrollfreakmäßig noch mal alle Belege überprüft. Ich habe mir immer wieder die Frage gestellt: Wo könnte ich falsch liegen, wo könnte ich in irgendeine Falle getappt sein? Aber ich habe festgestellt: Nein, ich habe keinen Fehler gemacht, die irren sich.« Der Presserat entscheidet einmal im Jahr über Beschwerden. In der Zeit vor dem Entscheidungstermin erhielt Lakotta wöchentlich E-Mails aus dem Unterstützerkreis: »Hallo Frau Lakotta, denken Sie daran: In fünf Wochen entscheidet der Presserat.« Das Gremium der großen deutschen Verleger- und Journalistenverbände entscheidet sich am Ende gegen eine öffentliche Rüge.

Der Unterstützerkreis von Mollath informiert auf einer Homepage über die Chronologie des Falls. Anhand persönlicher Dokumente und Briefe von Mollath sowie Anklageschriften oder auch Urteilen wollen die Unterstützer Mollaths Unschuld beweisen. Das Material ist für jeden frei zugänglich. Zu den Unterstützern zählt unter anderem ein Schulfreund Mollaths, der Jurist Wilhelm Schlötterer, sowie verschiedene

Privatpersonen, die mit Mollath sympathisieren. 2013 beschäftigt sich der Untersuchungsausschuss des Bayerischen Landtags mit Mollaths Zwangseinweisung. Zeitgleich wechselte beim *Spiegel* die Chefredaktion. »Zu mir hieß es damals: Frau Lakotta, wenn Sie sich im Fall Mollath geirrt haben, dann müssen Sie jetzt halt zurückrudern«, erinnert sich die Journalistin. Doch sie hält an ihrer Meinung fest, am 1. Juli 2013 veröffentlicht die Printausgabe des *Spiegel* Lakottas Stück »Ich trete aus dem Rechtsstaat aus«. Lakottas Standpunkt im Artikel wurde auch von Kollegen in der Redaktion angezweifelt. Ihr Angebot, für *Spiegel Online* aktuell vom Untersuchungsausschuss zu berichten, hatten die Kollegen dort abgelehnt. Es habe dazu geheißen, man wolle keine Gegenkampagne zur Berichterstattung der *Süddeutschen* starten, so Lakotta. Sie bleibt unbeeindruckt. Sie spricht mit Gustl Mollaths Ex-Frau, berichtet später in einem weiteren Beitrag über die Sichtweise von Petra Mollath. Hat sie deren Perspektive übernommen? »Ich sehe mich nicht auf der Seite von Mollaths Ex-Frau, aber das, was sie mir gesagt hatte, ließ sich im Gegensatz zu seinen Behauptungen aus den Polizei- und Gerichtsakten nachvollziehen. Darum wollte ich unbedingt ihre Seite darstellen.« Sie sei auch die erste Medienvertreterin gewesen, die bei den Opfern der Reifenstecherei angerufen habe.

Mit Gustl Mollath hat Lakotta nie gesprochen. Natürlich hatte sie bereits zu Anfang ihrer Recherche versucht, ihn zu treffen. Die Unterstützer hatten ihr einen Termin in Bayreuth zugesagt. Doch dann hatte Mollath keine Zeit, einen neuen Termin gab es nicht. Lakotta konnte nicht auf unbestimmte Zeit warten. Nachdem ihr erster Artikel auf *Spiegel Online* erschienen war, scheiterten weitere Kontaktversuche. »Dass Herr Mollath nicht mehr mit mir reden wollte, ist aufgrund seiner Persönlichkeitsstruktur nachvollziehbar. Andere würden vielleicht in einer solchen Situation trotzdem lieber die Gelegenheit nutzen, im Gespräch ihre Position darzustellen oder etwas zu berichtigen.« Lakotta gibt zu, dass sie vielleicht ein Quäntchen mehr Mitgefühl mit Mollath gehabt hätte, wenn sie ihn zu Anfang persönlich getroffen hätte. »Aber ich hatte nie die Absicht, gemein über ihn zu schreiben, und ich hoffe, dass ich das auch geschafft habe. Aber meine Einschätzung über den Fall sollte klar herüberkommen, ich bin als Journalistin dazu verpflichtet, redlich zu sein. Ich darf keine Informationen weglassen, weil sie nicht in mein Bild passen. Ich muss dem Leser alle Informationen geben, damit er sich selbst ein Bild machen kann.« Hat Mollath aus ihrer Sicht zu lange in der Psychiatrie gesessen? »Gemessen an den Taten, die man ihm zur Last legte, war er viel zu lange drin und wahrscheinlich säße er ohne die Berichterstattung über seinen Fall immer noch dort«, ist Lakotta überzeugt. Und trotzdem ist sie sich sicher, dass Mollath in gewisser Weise eine Teilschuld an dem tragischen Verlauf trägt. »Wäre Herr Mollath kooperativer gewesen, hätte er vielleicht nach anderthalb oder zwei Jahren draußen sein können.«

Bis zur Eröffnung der Hauptverhandlung 2014 hatte Beate Lakotta nie persönlich Kontakt mit Gustl Mollath und vielleicht ist das auch der Grund, warum Lakotta trotz der vielen Erlebnisse keine besondere Bindung zu dem Protagonisten hatte. »Im Fall Mollath gab es für mich niemanden, mit dem ich jetzt extrem mitgelitten hätte, weder mit ihm noch mit ihr. In Wahrheit war das eine ganz traurige, aber ziemlich alltägliche Geschichte, da habe ich schon ganz andere Sachen erlebt.« Gerade die Gespräche mit Sexualstraftätern oder Mördern belasten die Journalistin viel mehr. »Ich habe schon sehr oft intime und tränenreiche Gespräche mit Leuten gehabt, die wirklich schlimme Sachen gemacht haben, und das hallt dann ganz schön nach. Manchmal ist das Leid, das man so erlebt, ob auf Täter- oder Opferseite, so groß, dass man manchmal einfach mitheulen muss.« Doch wie geht man am besten mit solchen Straftätern um? Lakotta orientiert sich dabei an Sigmund Freud, ihrem Vorbild, wie sie selbst sagt. »Genauso wie Freud versuche ich auf Menschen, die etwas Schlimmes gemacht haben, nicht wertend zu schauen. Ein Mörder kann auch ein liebevoller Familienvater oder ein verantwortungsvoller Bürokaufmann sein. Dieser Mensch ist alles Mögliche. Ich versuche das nicht nur zu trennen, ich kann das tatsächlich.«

Mit dem Start des Wiederaufnahmeverfahrens 2014 berichtet auch Lakotta wieder online über den Fall Mollath. Als schließlich im Sommer 2014 das Urteil verkündet wird, atmet Lakotta auf: »Ich hatte natürlich Sorge, dass das Gericht Gustl Mollath von allen Vorwürfen freispricht, etwa weil es zu dem Ergebnis kommt, dass Mollath nichts zu beweisen sei. Das wäre durchaus denkbar gewesen. Dann wäre ich diejenige gewesen, die sich zu weit aus dem Fenster gelehnt hat. Ich wäre erledigt gewesen, niemand hätte mehr einen Pfifferling auf meine Einschätzung gegeben.« Die Geschichte um Mollath habe sie an ihre Grenzen gebracht. »Ich habe zeitweise schlecht geschlafen, aber irgendwann gibt es kein Zurück mehr. Wenn ich meine Arbeit eingestellt hätte, dann wäre das Siegesgeheul der Unterstützer garantiert groß gewesen, nach dem Motto: Aha, jetzt ist sie ruhig gestellt worden, weil die Chefredaktion ihr nicht mehr glaubt«, erzählt *Spiegel*-Journalistin Beate Lakotta rückblickend.

Anker für den Angeklagten

Eine völlig andere Sichtweise auf das Drama um Mollath haben Lakottas Kollegen von der *Süddeutschen Zeitung (SZ)*. Am 9. Februar 2015 sitzen Olaf Przybilla und Uwe Ritzer in der Nürnberger Redaktion der *Süddeutschen* und beantworten Fragen zu den damaligen Recherchen.

»Der Fall Mollath geisterte schon länger durch das Internet und *Report Mainz* hatte auch schon darüber berichtet«, erzählt Ritzer. »Auch bei uns landeten Hinweise, aber wir waren zunächst total unsicher. Es sprach auf den ersten Blick alles gegen Mollath. Da sitzt einer in der Psychiatrie und sagt, ich gehöre hier nicht hin, und zudem existierte ein rechtskräftiges Urteil und der Bundesgerichtshof hatte die Revision dagegen verworfen – es gab ebenso viele Punkte, die uns zweifeln ließen. Wir beschlossen, erst einzusteigen, wenn wir einen Hinweis haben, der aus der scheinbaren Verschwörungstheorie einen Fall macht. Das war der Fall, als wir im Oktober 2012 den Revisionsbericht der Hypovereinsbank zugespielt bekamen, aus dem hervorging, dass die Bank schon vor zehn Jahren herausgefunden hatte, dass Mollaths Vorwürfe in Sachen trübe Geldgeschäfte mit der Schweiz im Kern richtig waren. Und dass die Bank das jahrelang für sich behalten hatte, obwohl es für Mollaths Glaubwürdigkeit sprach.« Auch Przybilla und Ritzer bekommen regelmäßig Post von Menschen, die sich als Opfer einer Intrige sehen. Für Ritzer ist es jedoch wichtig, diese Menschen nicht als Verrückte abzustempeln. »Mit dem Begriff Verrückter oder Irrer tue ich mich sehr schwer. Ich bin kein Psychiater und nehme erst einmal jeden ernst, der sich bei mir meldet. Manchmal kann es aber auch sein, dass ich Leuten absagen muss, obwohl ich glaube, dass an deren Geschichten etwas dran sein könnte.« Denn der Rechercheaufwand ist bei diesen Fällen oftmals so groß, dass Ritzer sich mit nichts anderem mehr beschäftigen könnte. Eine Zwickmühle für den Journalisten. »Für viele sind die Medien der letzte Anker.«

Als Ende 2012 der Revisionsbericht der Hypovereinsbank auftauchte, forderten Ritzer und Przybilla Gerichtsakten und Gutachten an und stießen auf Ungereimtheiten. Sachliche Fehler in den Gerichtsurteilen oder auch der Ausfall einer Schreibkraft, der das Verfahren vor dem Amtsgericht in Nürnberg unnötig verzögert hat, ließen Ritzer und Przybilla an der korrekten Vorgehensweise des Rechtsstaates zweifeln. »Es gab in den Gutachten mehrere Passagen, wo einfach im Copy-und-Paste-Verfahren ganze Passagen mitsamt ihren Rechtschreibfehlern von Akte zu Akte kopiert wurden«, erzählt er. Auch bezüglich Mollaths Festnahme steht in dem Gerichtsurteil von 2006, dass der Angeklagte in seinem Haus festgenommen wurde, nachdem ihn Beamte auf seinem Dachboden unter einer Kiste versteckt fanden. Dabei hatte sich Mollath während einer Montagsdemo in Nürnberg den anwesenden Streifenbeamten gestellt. »Ich bin fast wahnsinnig geworden, ich hatte es nicht für möglich gehalten, vor Urteilen zu sitzen, die sich nach kürzester Recherche als völlig fehlerhaft erwiesen haben.«

Von da an war den beiden Journalisten klar, dass die rechtsstaatlichen Instanzen versagt haben. Przybilla traf sich wenige Wochen später mit Mollath im Bezirkskrankenhaus in Bayreuth. »Wir haben gemerkt, an der Schwarzgeldgeschichte könnte etwas dran sein, also wollte ich schauen, wie Herr Mollath so auf mich wirkt.« Przybilla veröffentlicht auf *SZ.de* rund 100 Artikel über den Fall Mollath, 39 davon hat er zusammen mit Uwe Ritzer geschrieben. Darunter auch ein Videointerview, in dem beide Journalisten ihre Erfahrungen im Fall Mollath schildern. Mit Mollaths Ex-Frau kam es zu keinem Interview, mehrmalige Kontaktversuche waren gescheitert.

Natürlich hätten sie Gustl Mollath eine Plattform geboten, das liege in der Natur solcher Geschichten. Aber es sei nie ihre Absicht gewesen, die Seite von Mollath einzunehmen. »Das haben wir auch nicht getan. Wir wollten aufzeigen, was da passiert ist. Das macht uns aber noch lange nicht zu Herrn Mollaths Anwalt oder zu dessen PR-Abteilung«, sagt Ritzer. Im Gegensatz zu Mollaths Unterstützern glauben Ritzer und Przybilla nicht an die große Weltverschwörungstheorie, die hinter dem Fall stecken soll. Przybilla erinnert sich noch an die vielen Leserbriefe. Er solle genauer hinschauen, es sei doch allzu offensichtlich, dass hier alle miteinander unter einer Decken stecken, hieß es darin unter anderem. Przybilla sieht das anders: »Es gab keine sinisteren Mächte, die Herrn Mollath mit vereinten Kräften siebeneinhalb Jahre hinter Gitter bringen wollten. Manchmal wünsche ich mir fast, es wäre so gewesen, denn ich finde den Umstand, dass es ein systemisches Versagen gibt, bei dem Leute durch ein Raster fallen und am Ende weggesperrt sind, weitaus beklemmender.« In Ritzers Augen ist es deshalb fast schon perfide, wenn Kollegen meinen, dass Mollath selbstverschuldet in die Psychiatrie musste. »Ich warne da vor Arroganz und Zynismus. Keiner von uns kann nachvollziehen, was du mitmachst, wenn du in deinem Leben in eine absolute Ausnahmesituation gerätst und dann so lange in einer geschlossenen Einrichtung sitzt. Da macht man sicher auch Fehler, die man unter normalen Umständen nicht machen würde.« Er erwarte von einem ordentlich funktionierenden Rechtsstaat, dass er auch bei schwierigen Menschen seine Arbeit macht. »Wenn die Kollegen zu einem anderen Ergebnis kommen, lässt mich das kalt. Ich bin in diesem Punkt überzeugt, dass wir auf der richtigen Seite sind.« Beate Lakottas Anmerkung, dass sie als Erste überhaupt bei den Reifenstecherei-Opfern nachgehakt hätte, tangiert Ritzer nicht. »Als juristische Laien haben wir beim Aktenstudium festgestellt, dass es für die Reifenstecherei keinen Beweis gibt.«

Auch die beiden Journalisten gehen davon aus, dass Mollath ein Täter war. In den eigenen schriftlichen Dokumenten hatte er selbst eingeräumt, dass er sich gegen seine Frau »gewehrt« habe, ihr also Gewalt angetan hat. »Das kann man nicht gutheißen. Ich verachte grundsätzlich die Anwendung von Gewalt. Nur, das ist eine Tat, die in unserem Rechtssystem im Normalfall mit etwa 18 Monaten auf Bewährung abgegolten ist. Mollath wäre in diesem Fall keinen einzigen Tag in Unfreiheit gewesen«, sagt Przybilla.

Die freie Journalistin Lisa Rokahr hat für das Magazin *stern* über Mollath geschrieben. Auch sie ist bereit, über ihre Recherchen zu reden. Bei einem Interview im Dezember 2014 in ihrer Wohnung in Stuttgart erinnert sich die Journalistin, wie sie auf die Geschichte aufmerksam wurde: Sie absolvierte damals ein Praktikum beim *stern*, als sie bei ihren Recherchen im Internet auf eine Chronologie des Falls stößt. Nachdem sie Gerichtsurteile, Gutachten und Briefe gelesen hatte, sei ihr klar gewesen: Hier stimmt etwas nicht. Ähnlich wie Przybilla und Ritzer macht Rokahr das Urteil stutzig: »An bestimmten Stellen blieb ich hängen, etwa beim Protokoll einer Gerichtsverhandlung, die sehr kurz war und in der wenig nachgehakt wurde. Umso schwerwiegender das daraus entstandene Urteil: Ein Freispruch wegen Schuldunfähigkeit, die folgende Einweisung in die Psychiatrie. Ich war in meinem persönlichen Rechtsempfinden irritiert, als ich erfuhr, dass jemand auf unbegrenzte Zeit in die Psychiatrie wandern kann, weil er seine Frau geschlagen oder Reifen zerstochen hat.« Rokahr kontaktiert Mollaths früheren besten Freund, der wiederum den Kontakt zu Mollath vermittelt. Zuerst telefoniert Rokahr mit Mollath, einige Tage später trifft sie ihn dann in der Psychiatrie in Bayreuth.

Rokahr ist zunächst skeptisch: »Zu diesem Zeitpunkt wusste ich nicht, ob Gustl Mollath nicht völlig zu Recht in der Psychiatrie sitzt. Schließlich haben viele Menschen das Gefühl, ihnen geschehe Unrecht, sachlich betrachtet ist das manchmal anders zu bewerten.« Rokahr interviewt deshalb nicht nur Gustl Mollath in der Bayreuther Psychiatrie, sondern spricht auch mit anderen, die Mollath kennen oder mit dem Fall in Verbindung stehen: Sie trifft Freunde und Unterstützer, spricht mit dem Richter und der Bank, die er beschuldigt, sowie externen Experten. Mit der Ex-Frau von Mollath kam kein Gespräch zustande, sie wollte sich nicht im *stern* äußern. Gleichzeitig unterstützt *stern*-Mitarbeiterin Ingrid Eißele Rokahr bei der Recherche.

Im November 2012 erscheint ihr erster Artikel über Mollath: »Penibel. Pedantisch. Paranoid?«, lautete die Überschrift. Es folgen weitere Artikel in der Printausgabe des *stern* sowie auf *stern.de*. Unter anderem interviewt Lisa Rokahr Mollath nach seiner Entlassung aus der Psychiatrie zusammen mit dem *stern*-Kollegen Jan-Christoph Wiechmann. Das Gespräch erscheint im August 2013: »Ich bin draußen, aber ich bin nicht frei«. Dutzende Gespräche führt Rokahr bis dahin mit Gustl Mollath, um mehr über seine Beweggründe und Verhalten zu erfahren. »Mich interessierte, inwiefern Mollath die ihm zugeschriebene Bezeichnung ›Justizopfer‹ zu Recht trägt, oder ob er vielleicht zu einem Teil selbst verantwortlich ist für den Verlauf des Falls.« Rokahr betont, dass sie weder Partei für noch gegen Mollath ergreifen wollte. »Ich habe keine Mutmaßungen angestellt oder mich an Verschwörungstheorien beteiligt, sondern zusammen mit Ingrid Eißele alle Belege und Behauptungen detailliert geprüft.«

Dabei stoßen sie auch auf das Attest, das später zu einem Wiederaufnahmeverfahren führen wird, in dessen Zuge Mollath aus der Psychiatrie entlassen wurde und später vor Gericht erneut freigesprochen wird. In diesem Attest bezeugt eine Ärztin Verletzungen der Ehefrau, die ihr durch ihren damaligen Mann Gustl Mollath zugefügt worden sein sollen. Doch die Recherche der *stern*-Journalisten ergab, dass der Ärztin der Name Mollath nichts sagte, sie erinnerte sich nicht, diese Patientin jemals behandelt zu haben. Auch als Zeugin wurde sie nie geladen. Weitere Recherchen anderer Medien ergeben schließlich, dass der Sohn der Ärztin das Attest in Vertretung unterzeichnete. Die Staatsanwaltschaft nahm die Medienrecherche zum Anlass, die Beweise von damals zu prüfen. Schließlich wertete der 1. Strafsenat das Attest als »unechte Urkunde«, was gemäß der Strafprozessordnung ein Wiederaufnahmegrund ist.

Die *stern*-Reporter sind froh, dass ihre Recherchen zu einer Aufklärung – auch einer juristischen – beitrugen, doch eine Freilassung Mollaths sei nie das Ziel ihrer Arbeit gewesen.

»Es ist deren Geschichte – ich erzähle sie nur, ich bin kein Akteur der Geschichte.« Eine Frage, die Lisa Rokahr wiederum immer wieder aus ihrem Umfeld gestellt bekam, lautet: »Jetzt mal unter uns, ist der Mollath jetzt verrückt oder nicht?« Für die Journalistin kann es darauf nur eine Antwort geben: »Ich bin kein Arzt, ich bin kein Gutachter und es ist nicht meine Aufgabe als Journalistin, zu beurteilen, ob jemand verrückt ist. Aber es ist meine Aufgabe, augenscheinlich verrückten Menschen nicht zu Unrecht eine Plattform zu bieten, und dafür muss ich jeden Fall sorgfältig prüfen.« Ähnlich wie die Kollegen Ritzer und Przybilla will Rokahr Mollath nicht in irgendeiner Weise »frei schreiben«. Sie möchte vielmehr die Aufklärung des Falls vorantreiben. »Ob nun psychisch krank oder nicht: Jedem Menschen steht eine gerechte Behandlung zu. Sowohl durch die Medien als auch durch die Justiz.«

Tödliche Gerüchte

Noch dramatischer als Mollaths Erfahrungen ist das Schicksal der Familie Bögerl aus Heidenheim in Baden-Württemberg. Maria Bögerl, Ehefrau des Heidenheimer Kreissparkassenleiters Thomas Bögerl, wurde am 12. Mai 2010 aus ihrem Haus entführt. Die geplante Lösegeldübergabe von 300.000 Euro platzt, weil das Geld zu spät am vereinbarten Ort abgelegt wird. Ebenfalls fatal: Ein Mitarbeiter der Autobahnmeisterei nimmt das deponierte Geld versehentlich mit, es landet nicht bei den Entführern. Ein Aufruf von Kindern und Ehemann in der *ZDF*-Sendung *Aktenzeichen XY ungelöst* eine Woche nach der Entführung bleibt erfolglos. Drei Wochen später findet ein Spaziergänger an einem Waldrand, zehn Kilometer vom Haus der Familie entfernt, die Leiche von Maria Bögerl. Die Polizei hat keine Spur zu den Tätern, und in Heidenheim verbreitet sich das Gerücht, der Mord sei eine Beziehungstat gewesen.

Einige Printmedien veröffentlichen diese Vermutungen. So schreibt die *Schwäbische Post*, dass Thomas Bögerl Gerüchten zufolge in Untersuchungshaft sitze. Auch der Umstand, dass Bögerl so schnell nach dem Tod seiner Frau wieder arbeiten geht, wird unter den Heidenheimern als Beleg gewertet, dass der Witwer nicht trauert. Anfang 2011 berichtet die *Südwest Presse* über Hinweise, dass Thomas Bögerl eine Geliebte habe und Vater von Zwillingen geworden sei. Weiter meint sie zu wissen, dass die Ehe der Bögerls schon lange kaputt war und die Eheleute Affären hatten. *Bild* erfährt, was auch der lokale Sender *Radio 7* kolportiert: »Vor allem im Stadtteil (…) wollen die Gerüchte einfach nicht verstummen, wonach Thomas Bögerl im Dezember und damit nur sieben Monate nach dem grausamen Verbrechen an seiner Frau Vater von Zwillingen geworden sei.« Später erklärt die Polizei, dass an den Geschichten nichts dran ist. Im April 2011 nehmen tschechische Beamte in der Nähe von Budweis einen Rocker fest, der versucht haben soll, eine Bankiersfrau in Österreich zu entführen. Sein Äußeres passt zum Phantombild des mutmaßlichen Täters aus Heidenheim. Doch aus Mangel an Beweisen verfolgt die Polizei die Spur nicht weiter.

Thomas Bögerl schottet sich immer mehr ab, er versucht, öffentliche Veranstaltungen zu meiden, und trifft sich nur noch mit engen Freunden. Zweimal ist er in einer Klinik, um seine Depressionen zu bekämpfen. Doch der Familienvater schafft es nicht, seine Krankheit zu besiegen. Im Juli 2011 erhängt er sich in seinem Fitnesskeller. »Unser geliebter Vater, Sohn, Bruder und Schwager hat den Verlust seiner Frau, die erfolglosen polizeilichen Ermittlungen, die unsäglichen Verleumdungen und den zuletzt daraus resultierenden Abschied aus seinem Beruf nicht mehr ertragen können«, heißt es in der Traueranzeige der Familie. Bis heute ist unklar, wer Maria Bögerl entführt und ermordet hat.

Eine Journalistin, die sich mit dem Verbrechen beschäftigt hat, ist Simone Salden vom *Spiegel*. Ende Dezember 2014 sitzt Simone Salden im *Spiegel*-Büro in Frankfurt am Main. Neben ihr stapeln sich die Akten zu verschiedenen Recherchen. Zwei Stunden wird sich Salden Zeit nehmen, um über ihre Erfahrungen zu berichten.

Mai 2010: Kurz nach der ersten Meldung, dass Maria Bögerl entführt wurde, fuhr Salden nach Heidenheim zur Pressekonferenz. Veröffentlicht hat sie zunächst nichts. »Für uns war klar, wir berichten da nicht, bevor Maria Bögerl nicht gefunden ist. Schließlich wusste zu diesem Zeitpunkt niemand, ob es sich tatsächlich um eine Entführung handelt und welches Ende die Geschichte nehmen würde.« Ziemlich schnell hatte sie jedoch von den Pannen bei der Lösegeldübergabe erfahren. Als die Leiche von Maria Bögerl entdeckt wurde, veröffentlichte der *Spiegel* nur kurze Meldungen in der Online-Ausgabe und im Heft. »Es war zunächst einmal ein Mordfall von einer ganz normalen Privatperson, die nicht im Fokus der Öffentlichkeit steht«, sagt Simone Salden. Erst als Thomas Bögerl den Freitod wählte, war für Simone Salden und ihre Kolleginnen Conny Neumann und Antje Windmann klar, dass der Entführungsfall eine neue Dimension bekommen hatte. Sie schrieben zusammen den Artikel »Die Hetzjagd«, der im Juli 2011 veröffentlicht wurde.

Die drei Journalistinnen thematisierten die Berichterstattung anderer Printmedien, die Spekulationen aus diversen Foren oder aus dem Heidenheimer Umfeld übernommen hatten. »Die Polizei hat meiner Meinung nach nicht früh genug versucht, diese Spekulationen zu unterbinden«, kritisiert Salden auch die Behörden. Vor allem habe es immer wieder Hinweise von Dritten gegeben, denen Salden und ihre Kolleginnen schnell auf den Grund gehen wollten. »Normalerweise kann man als Journalist in so einem Kriminalfall auf die Kooperation der Polizei zählen und nach Rücksprache über den Ermittlungsstand ›falsche‹ Informationen und Gerüchte ausschließen. Eigentlich sind daran ja beide Seiten interessiert.« Unter anderem führe man aus diesem Grund ja vertrauliche und durchaus auch kritische Hintergrundgespräche mit den Ermittlern. »Im Fall Bögerl war es jedoch so, dass die Polizei erstens so gut wie gar nicht zu Hintergrundgesprächen bereit war – oder sich weigerte, in diesen Gesprächen auf Fragen detailliert einzugehen, was eine seriöse Berichterstattung mitunter sehr erschwert hat.«

Dieses Misstrauen gegenüber den Medien hatte Salden bisher noch nicht bei ihren Recherchen erlebt. Doch die Journalistin verfolgt den ungelösten Entführungsfall weiter. 2013 schreibt Salden dann zum vorerst letzten Mal über das Verbrechen. In »Teure Lügen« berichtete Salden 2013 über einen Mann, der die Ermittler mit falschen Informationen bezüglich der Ermordung von Maria Bögerl versorgte und dafür hohe Geldsummen als Honorar kassierte. Wie für die Polizei bleibt für Salden die Causa eine offene Akte. »Man behält so einen Fall natürlich im Auge. Ich hatte inzwischen gute Kontakte vor Ort geknüpft, bei denen ich mich in unregelmäßigen Abständen immer wieder melde und von denen ich hoffe, dass sie mich kontaktieren, wenn sich etwas Neues ergibt.«

Ebenfalls 2013 berichtete der *stern* über die Ereignisse in Heidenheim – und erstmals wurde die Sichtweise der Familie öffentlich wahrgenommen. Die Journalistin Ingrid Eißele interviewte zusammen mit ihren Kollegen Rainer Nübel und Malte Arnsperger die beiden Kinder der Bögerls.

Ingrid Eißele sitzt Ende Dezember 2014 am großen Küchentisch im *stern*-Büro Baden-Württemberg und erinnert sich an die Recherchen. Wie Simone Salden hatte auch *stern*-Mitarbeiter Rainer Nübel von der zeitlichen Verzögerung der Lösegeldübergabe erfahren. »Rainer Nübel hat dann herausgefunden, dass für die verpatzte Geldübergabe nicht – wie zunächst behauptet – der Ehemann verantwortlich war, sondern die Polizeiführung«, erzählt Eißele. Daraufhin hatten die Journalisten versucht, mit Thomas Bögerl Kontakt aufzubauen, dieser wollte jedoch die Ermittlungen nicht gefährden und entschied sich gegen ein Interview. Nach dessen Suizid erhielten Eißele und ihre Kollegen ein Signal von den Kindern, dass sie für ein Gespräch bereit wären. »Aufgrund der damaligen Situation – die Familie wurde lange von der Polizei abgehört – trauten Carina und Christoph Bögerl den üblichen Kommunikationswegen nicht mehr und deshalb erfolgte der erste Kontakt über Briefe. »Es nahm viel Zeit in Anspruch, bis eine Antwort kam. Wir mussten sehr lange daran arbeiten, bis Vertrauen da war.« Für Eißele war wichtig, dass die beiden ihren Schritt an die Öffentlichkeit als Möglichkeit sahen, das Erlebte aus ihrer Sicht zu schildern. »Sie sollten das Gefühl haben, dass nicht wieder jemand über sie hinweg walzt und sie nicht wieder zum Objekt werden.« Nach mehreren Briefen kam es zum ersten persönlichen Treffen. Die Journalistin und ihre Kollegen erklärten den Geschwistern genau ihre Arbeitsweise. Diese intensive Betreuung war in Eißeles Augen absolut notwendig, um das Vertrauen der Geschwister in die Medien wiederherzustellen.

Carina und Christoph Bögerl schilderten den Journalisten ihre Sicht der Ereignisse. »Wir sind mit den Geschwistern bei der anschließenden Autorisierung jeden Satz Wort für Wort durchgegangen.« Ein großer zeitlicher Aufwand, aber: »Wir wollten, dass die Geschwister zu ihren Worten stehen können. Mir war klar, dass der Schritt in die Öffentlichkeit für die beiden sehr schwierig war. Sie sollten das eingegangene Risiko nicht bereuen«, erklärt Ingrid Eißele. Tabus während des Gesprächs habe es dennoch nicht gegeben. »Wenn wir den Eindruck haben, das ist wichtig für die Geschichte, dann fragen wir selbstverständlich auch bei heiklen Themen nach.« So sei auch die angebliche Affäre des Vaters bei den Treffen besprochen worden. »Das Interview war für Carina und Christoph Bögerl wie ein Befreiungsschlag«, sagt Ingrid Eißele.

Kumpel oder Kritiker?

Am 6. September 2003 kommt es in der *ARD* zu einem denkwürdigen Zusammentreffen. Sportreporter Waldemar Hartmann interviewt den damaligen Bundestrainer Rudi Völler. Deutschland hat gegen Island 0:0 gespielt. Gerhard Delling und Günter Netzer, die beiden Fußballexperten bei der *ARD*, hatten zuvor das Spiel der deutschen Mannschaft kritisiert. Das Gespräch zwischen Hartmann und Völler eskaliert. Völler moniert die mediale Berichterstattung, die immer alles in den Dreck ziehe. Hartmann versucht daraufhin, den wütenden Trainer zu beruhigen, der aber holt zum Rundumschlag aus: »Du sitzt hier locker bequem auf deinem Stuhl, hast drei Weizenbier getrunken und bist schön locker.« Später entschuldigt sich Völler bei Hartmann, der seinem Gegenüber verzeiht. »Ich bin dir nicht beleidigt, Rudi.« Nicht nur Völlers Ausraster, sondern auch der Gesprächsverlauf ist interessant. Zwar begrüßt Hartmann Völler mit Rudi, aber siezt ihn zunächst. Erst als Völlers Wutrede beginnt, geht der Journalist zum Du über, auch Völler wechselt zu »Waldi«.

Der Sportjournalist als Kumpeltyp? Duzen ist im Sportjournalismus keine Seltenheit, das wissen neben Rudi und Waldi, auch Poschi, Scholli, Anni und Vicki. Doch mangelnde Distanz äußert sich nicht nur durch die Kumpelmentalität, sondern auch durch fehlende Kritik. Lieber jubeln und bangen viele Berichterstatter mit den Sportlern oder kritisieren deren Spielstil, anstatt Probleme wie Doping, Korruption, Spielmanipulation oder Finanzskandale zu beleuchten. Zudem tragen die Plattitüden mancher Sportreporter zu keinem seriösen Image bei. Zuletzt hat der *ARD*-Sportkommentator Steffen Simon bei der Fußball-WM 2014 in Brasilien mit seinen Äußerungen für einen Shitstorm in den sozialen Netzwerken gesorgt. Simon hatte das Vorrundenspiel Nigeria gegen den Iran mit den Worten »Die Iraner, das sind Südländer, da ist nicht alles perfekt organisiert« kommentiert.

Gunter Barner, Sportressortleiter bei den *Stuttgarter Nachrichten*, hat sich eine kritische Distanz zu den Verhältnissen im Sport bewahrt. Die oft beeindruckenden Rekorde von Sportlern hindern ihn nicht daran, die Kehrseite dieser Höchstleistungen zu beleuchten. »Überall wo übertriebener Ehrgeiz und Geld im Spiel ist, ist die Gefahr groß, dass Leistungen manipuliert werden«, sagt er beim Gespräch am 27. Januar 2015 in der Kantine des Stuttgarter Pressehauses. Warum berichten die Medien aber so selten über Doping – speziell im Fußball? Ein Grund sei, so Barner, dass es sehr schwierig sei, im geschlossenen System des Profifußballs an Informationen und Hinweise zu kommen, die Leistungsmanipulationen zweifelsfrei und rechtlich unantastbar belegen. »Und Sportfunktionäre, Trainer oder aktive Spieler neigen in der Regel nicht dazu, Missstände offenzulegen. Sie leben und profitieren ja vom Leistungssportsystem. Man beißt nicht die Hand, die einen füttert.« Als Quellen bleiben ihm dann ehemalige Spieler oder Auswechselspieler, die gerade nicht zum

Zug kommen, weil der andere Spieler auf derselben Position eventuell dopt.

Neben dem Mangel an Informanten und Hinweisen kommt für Barner erschwerend hinzu, dass der Fußball jene Sportart ist, die am intensivsten medizinisch betreut wird. »Die Systeme, um Doping zu vertuschen, sind im Fußball viel subtiler. Da ist einfach viel mehr Geld da als beispielsweise in den Ausdauersportarten.« Auch die seltenen Trainingskontrollen im Fußball erleichtern das Dopen. In der Regel wird ein Fußballer nach den Spielen per Losverfahren kontrolliert. »Als Fußballer helfen Doping-Praktiken aber am ehesten in der Rekonvaleszenz nach Verletzungen oder zur schnelleren Regeneration nach intensiven Trainingsphasen. Da kann ich die Mittel so ein- und rechtzeitig wieder absetzen, dass die Wahrscheinlichkeit, ins Netz eines Doping-Kontrolleurs zu gehen, ganz erheblich sinkt.« Es ist nicht völlig auszuschließen, dass manche Spieler so agieren. Sie kämpfen um Stammplätze im Team und damit auch um viel Geld. Möglich, dass der eine oder andere das Risiko dann eingeht. Barner liebt Fußball, aber er betont: »Ich bin Journalist und kein Fan.« Er sei nur mit ganz wenigen Sportlern per Du. Den einen oder anderen kenne man quasi eben schon von Kindesbeinen an. Einen guten Draht zum Sportler bekomme man ohnedies nicht durch eine Kumpelmentalität, sondern dadurch, dass man den Athleten über die Jahre begleite, den Menschen und seine Leistung respektiere. Deshalb müsse man aber nicht unkritisch sein. »Ich sage immer zu jungen Journalisten, ihr müsst die ersten sein, die bei einem jungen Profisportler auf dem Sofa sitzen. Einer meiner Kollegen schrieb beispielsweise eine Geschichte über den Fußballspieler Kevin Kuranyi, als der noch in der A-Jugend des VfB Stuttgart spielte.« Er pflegt bis heute einen guten und konstruktiv-kritischen Kontakt zu ihm.

Der Grenzgänger

Für Thomas Kistner, Sportredakteur der *Süddeutschen Zeitung*, ist die Kumpelmentalität im Sport zwischen Sportler und Journalist einfach erklärbar. »Zum einen hat der Sportjournalismus ein Bildungs- und ein Ausbildungsproblem. Viele Sportjournalisten sind verkappte Sportfans, die es über die Absperrung geschafft haben und einfach nur froh sind, mit ihren Helden auf Tuchfühlung gehen zu können. Andererseits ist die Kumpanei mit dem Sportjournalismus auch von den Verbänden so angelegt. Die beiden Säulen des Weltsports, das Internationale Olympische Komitee (IOC) und der Weltfußballverband (FIFA), bezeichnen sich als Familien. Bei Olympischen Spielen oder Fußball-Weltmeisterschaften ist auch jeder akkreditierte Journalist ein ›Member of the Olympic Family‹ oder ein ›Member of FIFA's Football Family‹«. Man müsse sich nur vorstellen, die Berichterstatter der Berliner Politik würden als »Member of the Governement's Family« bezeichnet – dann sehe man schon, wie klebrig das alles angelegt sei, sagt Kistner.

Der Journalist hat sich durch seine kritischen Berichterstattungen über Doping oder über die FIFA nicht nur Freunde in der Sportszene gemacht. Gerade sein aktuelles Buch »FIFA-Mafia. Die schmutzigen Geschäfte mit dem Weltfußball« versucht, einen Einblick in die Strukturen des Verbandes zu geben. Kistner schreibt seit mehr als 20 Jahren über das Milliardenunternehmen FIFA und das Buch fasst seine Erkenntnisse zusammen: Kritikern werde mit der Entführung der Kinder gedroht. Belastendes Beweismaterial wie Protokolle oder Tonbänder würden manipuliert oder verschwinden. Private Ermittler sammelten Material über diejenigen, die sich dem System widersetzen. Die Telefone der FIFA-Zentrale würden abgehört, die FIFA verbitte sich mit dem Hinweis auf die »Autonomie des Sports« jegliche Einmischung. Auch die von Blatter einberufene Ethikkommission dürfe nur ermitteln, wenn er es erlaube. Zudem würden Geschäftsverträge einfach gebrochen oder neu definiert, wenn das Geschäft nicht läuft.

Unter anderem berichtet der Autor in einem Kapitel über das Missmanagement der FIFA. 2007 musste die FIFA der Firma Mastercard 90 Millionen Euro Schadenersatz zahlen, weil der Verband das Erstverhandlungsrecht des bisherigen Werbepartners Mastercard missachtet hatte. Die FIFA wollte stattdessen mit dem Mastercard-Konkurrenten Visa kooperieren. Ein New Yorker Gericht beschäftigte sich mit dem Fall und fand anhand eines Nachrichtenverkehrs von 18.000 Mails heraus, dass die FIFA weder Mastercard von den Verhandlungen mit Visa informierte noch umgekehrt. Dadurch wurde der Preis in die Höhe getrieben. Den damaligen Verhandlungsführer der FIFA, Jérôme Valcke, bezeichnete der Richter als Lügner, Betrüger und Erpresser. Er wurde zunächst entlassen, doch seit Juni 2007 ist er wieder Generalsekretär der FIFA. Im Zuge dieser Auseinandersetzung ging der FIFA ihr bekanntes Logo abhanden, die zwei Globusbälle, das dem Mastercard-Logo sehr ähnelt.

Warum schreibt Kistner über die Schattenseiten des Sports? »Ich kann den Sport nur so zeigen, wie ich ihn sehe. Der Sport ist die größte Unterhaltungsshow von allen, ein Industriezweig. Der Profisport ist aber vor allem auch ein knallhartes und oft menschenverachtendes Gewerbe, menschenverachtend deswegen, weil der Hang zum Doping angelegt ist. Es ist keine freie Entscheidung für viele Athleten, es ist schlicht und einfach ein Systemzwang. Speziell in Kraft- und Ausdauersparten muss dopen, wer mithalten will«, sagt Kistner. Seinen Recherchen zufolge ließ dieser Strukturzwang international operierende Netzwerke entstehen, die nur per Zufall entdeckt werden, wenn staatliche Organe ermitteln: In Kalifornien und Madrid, in Wien oder Freiburg, wo Koryphäen der nationalen Sportmedizin systematisch gedopt haben. Doch das eigentliche Problem ist für Kistner, dass der Profisport rechtliche Autonomie genießt. Laut dem Sportredakteur könne der Sport alles bis auf Kapitalverbrechen selbst regeln und darum entstünden in so einem Gesamtmilieu natürlich mafiöse Strukturen.

Kistners Artikel und Bücher zeigen, dass er die Konfrontation nicht scheut: 1998 veröffentlicht er mit Jens Weinreich das Buch »Muskelspiele. Ein Abgesang auf Olympia«. Zwei Jahre später – ebenfalls gemeinsam mit Weinreich – folgt »Der olympische Sumpf. Die Machenschaften des IOC«. 2001 steht wieder der Fußball im Vordergrund: »Die Spielmacher. Strippenzieher und Profiteure im deutschen Fußball« entsteht in Zusammenarbeit mit Markus Hägele und Ludger Schulze. »Natürlich gibt es immer Suppressionen. Als ich über dem Manuskript zu ›FIFA-Mafia‹ saß, kamen dann schon die Mails von der FIFA, ich solle ihnen doch bitte das Manuskript vorlegen, damit man das juristisch prüfen kann, und überhaupt sei der Titel schon nicht haltbar.« Kistner händigt zwar das Manuskript der FIFA nicht aus, aber erfährt später, dass der Verband das Buch vor der Veröffentlichung bereits gelesen hatte. Trotz einiger Drohungen versucht Kistner das Risiko auszublenden. »Ich denke darüber nicht nach, ob ich mich mit meinen Artikeln oder Büchern gefährde.« Interessanterweise bekommt der Journalist kaum wütende Leserbriefe von Fußballfans.

Möchte überhaupt noch ein Sportler oder Funktionär mit Kistner sprechen? »Sportler durchaus. Und was Funktionäre angeht, bekomme ich die Informationen natürlich in der Regel nicht von denen, über die ich schreibe. Aber so ein System wie der Sport schafft so viele Opfer und Verlierer oder auch Missgunst, dass mehr als genug Material und Informationen verfügbar sind. Der Rest ist das, was man als journalistischer Fan und Befindlichkeitsfragen-Steller natürlich nicht so gerne leistet: Recherche.« Generell sei es im Sport schwieriger, investigativ zu arbeiten als in anderen Bereichen. Kistner sieht leichtere Arbeitsbedingungen bei Investigativkollegen in anderen Ressorts. »Wenn sie gute Kontakte insbesondere zu Rechtsanwälten und Staatsanwälten geknüpft haben, dann erhalten sie mehr oder weniger kontinuierlichen Zugang zu juristisch erhobenen und juristisch abgesicherten Informationen. Aber im autonomen Sport gibt es diese Dinge naturgemäß kaum, zumal es hier ja gar keine unabhängige juristische Ebene gibt. Da gibt es nur die Sportrichter am Ende – und dass man die als unabhängig bezeichnen kann, gilt es zu bezweifeln.« Darum gelte es im Sport besonders, seine Kontakte zu pflegen und auf die Qualität der Aussagen zu achten: Schildert jemand Beobachtungen oder schildert jemand Sachvorgänge?

Wenn letzteres der Fall ist, dann geht Kistner davon aus, dass die Person zumindest Einsicht in die Dokumente und wahrscheinlich auch Zugang zu ihnen hat. Thomas Kistner hat den Präsidenten der FIFA, Sepp Blatter, auch wiederholt persönlich getroffen. In der Rückblende beschreibt der Redakteur Blatter als »Charming Boy«. »Mit ihm war es oft lustig und sehr amüsant. Er hat mir auch öfter versichert, dass er ein großer Fan meiner Berichterstattung sei und dass er, da er ja selbst aus dem Journalismus komme, gerne so geschrieben hätte, wie ich es tue. Mit einer einzigen Einschränkung: Nur mit meinen FIFA-Berichten sei er nicht einverstanden, ich sei da auf einer völlig falschen Fährte.« Kistner bleibt auf dieser Fährte und schreibt das Buch »FIFA-Mafia«, seither gibt es zwischen Blatter und Kistner kein geselliges Miteinander mehr.

Laura Matz, Jahrgang 1989, machte ihren Bachelor of Arts in Kunstgeschichte und Allgemeine Rhetorik an der Universität Tübingen. Für ihre Interviews reiste sie nach Hamburg, Frankfurt/Main, Nürnberg und Stuttgart. Doch das intensivste Gespräch führte sie telefonisch mit dem *SZ*-Redakteur Thomas Kistner. Nach genau 132 Minuten Unterhaltung über FIFA-Skandal und Doping war nicht nur ihr Mund staubtrocken, sondern auch der linke Arm eingeschlafen.

Lesen, lernen, liken

Jugendliche informieren sich bei YouTube und Facebook. Datenschutz ist Nebensache, Tageszeitungen sind out. Stimmt das wirklich? *Jacqueline Andres* traf Realschüler, Gymnasiasten und Medienexperten.

Die Pausenglocke läutet, ein Zeichen für die Schülerinnen und Schüler des Ferdinand-Porsche-Gymnasiums in Stuttgart-Zuffenhausen zurück in die Klassenräume zu gehen. Es ist ein grauer Freitagvormittag im November 2014 und nur noch wenige Wochen trennen die Kinder und Jugendlichen von den Weihnachtsferien. Punkt 10.30 Uhr stürmen 28 Jungen und Mädchen der fünften Klasse in den Computerraum. Dort wartet bereits Stephanie Fächner auf ihre Schützlinge für die kommenden drei Schulstunden. Fächner ist Medienexpertin an der Pädagogischen Hochschule Schwäbisch Gmünd und Referentin für das Landesmedienzentrum Baden-Württemberg. Heute steht ein Workshop zum Thema »Recherchekompetenz« auf dem Stundenplan.

»Wer von euch schon einmal im Internet war, steht jetzt bitte auf«, bittet Fächner die Kinder. Die gesamte Klasse steht. In den nächsten Stunden lernen die Schüler mit Suchmaschinen zu arbeiten, verstehen die Vor- und Nachteile dieser Recherchewerkzeuge. Google sei kostenlos, weil sich die Seite durch Werbung finanziere und sich die Treffer nicht nach Qualität, sondern nach bezahlten Anzeigen und der Häufigkeit der

Aufrufe richteten, erklärt Fächner. Die Medienexpertin erläutert, dass Suchmaschinen persönliche Daten über ihre Nutzer sammeln und diese weiter verarbeiten. Diese Informationen setzen sich aus den gespeicherten Suchanfragen der Benutzer zusammen. Jedes Gerät, das mit dem Internet verbunden ist, hat eine eigene IP-Adresse, eine Art Personalausweis für den Computer. Auf diese werden die Spuren, die eine Person im Internet hinterlässt, zurückgeführt. Obwohl die Identität des Nutzers nicht bekannt ist, können Suchmaschinen anhand der gesammelten Daten ein Persönlichkeitsprofil erstellen. Hier wird es interessant für Unternehmen: Das Wissen über Vorlieben und Interessen der Nutzer ist ihnen viel Geld wert. Dadurch können sie ihre Zielgruppen intensiver kennenlernen und ihre Produktvermarktung individueller gestalten. Den Nutzern verpackt Google dieses Vorgehen in seiner Datenschutzerklärung vom 25. Februar 2015 so: »Wir nutzen die im Rahmen unserer Dienste erhobenen Informationen zur Bereitstellung, zur Wartung, zum Schutz und zur Verbesserung dieser Dienste, zur Entwicklung neuer Dienste sowie zum Schutz von Google und unserer Nutzer. Wir nutzen diese Informationen außerdem, um Ihnen maßgeschneiderte Inhalte anzubieten – beispielsweise, um Ihnen relevantere Suchergebnisse und Werbung zur Verfügung zu stellen.« »Google ist trotzdem cool«, finden die Zehn- und Elfjährigen.

Stephanie Fächner unterrichtet im Rahmen des Programms »101 Schulen«, einer Initiative des Kindermedienlands Baden-Württemberg, im Auftrag des Landesmedienzentrums. Ziel des 2011 ins Leben gerufenen Projekts ist die Vermittlung eines kompetenten Umgangs mit Medien im schulischen und familiären Bereich. Workshops, Informationsveranstaltungen und aktive Medienarbeit für Schüler, Eltern und Lehrkräfte vermitteln medienpädagogische Kenntnisse generationsübergreifend. Bewerben können sich alle Schulen und Klassenstufen in Baden-Württemberg. Aus einem abwechslungsreichen Programm wählen die Schulen maximal sechs Angebote aus: Im Bereich der Aktiven Medienarbeit bietet das Programm »(Trick-)Filmproduktionen/Handyfilmproduktionen« und »Blogs, Podcasts, Videocasts« an. Workshops gibt es für die Kleinen der Klassen zwei bis fünf zum Beispiel zum Thema »Erste Schritte im Netz – Surfschein«, für die Klassen fünf bis acht sind »Cybermobbing« und »WhatsApp, Facebook & Co« interessant, die älteren Schüler der Klassen sieben bis zehn können sich mit Themen wie »Rechtsextremismus im Internet« oder »Zwischen legal und illegal – Rechtslagen im Netz« beschäftigen.

Mit den Angeboten des Projektes »101 Schulen« verfolgen die Medienpädagogen ein Ziel: Schüler sollen ihre persönlichen Daten schützen. Suchmaschinen sind dabei nur ein Aspekt. Über Chats, Messenger und Webcams geben viele Heranwachsende unzählige private Details von sich preis. Im Februar 2015 berichtete der *Spiegel* über die Livestream-Plattform YouNow, über die sich Teenager von Fremden live ins eigene Zimmer schauen lassen. Die Folgen solcher Sorglosigkeiten sind oft fatal. Die Studie »Jugend, Information, Multi-Media« (JIM) 2014 des Medienpädagogischen Forschungsverbunds Südwest, die 1200 Jugendliche zu ihrem Mediennutzungsverhalten befragte, zeigt: Von 14 Prozent der befragten Zwölf- bis 19-Jährigen sind schon einmal »peinliche oder beleidigende Videos beziehungsweise Fotos« ungefragt veröffentlicht worden. Dramatisch auch, dass 38 Prozent der Befragten Menschen im näheren Umfeld kennen, die mit Hilfe von Handys oder Internet gemobbt wurden. Mädchen sind dabei häufiger betroffen als Jungen. »Man kann mit einem Handy und einer Kamera einen Mitschüler stärker fertig machen, als mit einer Tafel und Kreide«, kommentiert das Fächner. »Online-Medien haben eine viel größere Reichweite. Cybermobbing erhält so eine deutlich größere Brisanz als klassisches Mobbing.« Für Fächner birgt das Internet die meisten Probleme: »Manchmal ist man auch in einem Bereich, in dem es ratsam ist, die Polizei einzuschalten, beispielsweise wenn es sich um Straftaten oder die Androhungen solcher handelt. Präventionsarbeit kann auf diese Problembereiche theoretisch vorbereiten, aber das ist Trockenschwimmen. Wenn dann der Tsunami kommt, das ist schwierig.«

Aus Sicht von Stephanie Fächner genügen einzelne Workshops nicht, um die Jugendlichen gegenüber den Gefahren der neuen Medien zu sensibilisieren. Stattdessen fordert sie eine kontinuierliche Medienpolitik: »Es gibt zwar diverse Programme zur Förderung von Medienkompetenz, aber das, was gerade gemacht wird, ist Tröpfchenpolitik: Man verteilt hier und da ein paar Tropfen, aber man müsste einfach einen größeren Topf aufmachen.« Sie sagt auch, es fehle an einer Gesamtstrategie und Geld für eine nachhaltige Medienbildung: »Man hat immer das Gefühl, dass das alles Einzelbausteine sind, die am Ende aber kein großes Puzzle ergeben.«

Die Welt auf einem Handydisplay

Laut der repräsentativen JIM-Studie fühlt sich mehr als die Hälfte der befragten Teenager bezüglich ihrer Daten im Internet unsicher. Häufig stehen genau die Dienste in der Kritik, die die Jugendlichen am liebsten nutzen: Facebook und WhatsApp. Hacker stehlen Passwörter und gelangen so an persönliche Daten der Nutzer. Nur 46 Prozent der Befragten erklärten, dass sie sich sehr sicher oder sicher fühlen, das sind zehn Prozent weniger als 2013. Deutlich wird, dass die Jugendlichen allmählich ein stärkeres Gespür dafür bekommen, welcher Gefahr sie ihre Daten im Internet aussetzen.

Die Experten fragten nicht nur nach dem Datenschutz, sondern erkundigten sich auch, welche Glaubwürdigkeit die verschiedenen Medienformate bei den Rezipienten genießen. Ein Ergebnis: Obwohl nur jeder fünfte Jugendliche in seiner Freizeit täglich gedruckte Medien liest, gelten Tageszeitungen als Medien mit der höchsten Glaubwürdigkeit. Demnach vertrauen 40 Prozent der Zwölf- bis 19-Jährigen dem geschriebenen Wort von Journalisten. Gleichzeitig nutzen 94 Prozent täglich das Internet, 93 Prozent ihr Handy. Doch was verbirgt sich hinter diesen Zahlen? Wie reagieren Schüler, wenn sie Medien in den Händen halten, mit denen sie nicht scrollen, posten oder liken können?

Ein Unterrichtsbesuch in einer zehnten Klasse des Keplergymnasiums in Tübingen: Es ist Anfang Januar 2015 und die 13 Schüler der Oberstufe sind zunächst irritiert, dass statt der Doppelstunde Französisch ein Exkurs zum Thema Zeitungen geplant ist. Um die Schüler auf die kommende Stunde einzustimmen, bekommen sie sechs verschiedene tagesaktuelle Zeitungen zum Durchstöbern ausgeteilt. Darunter die *Süddeutsche Zeitung*, die *Stuttgarter Zeitung*, das *Schwäbische Tagblatt*, die *Bild*-Zeitung und die *Frankfurter Rundschau*. Da die Klasse bilingualen Unterricht mit zweiter Sprache Französisch hat, ist auch die französische Tageszeitung *Le Monde* dabei. Von den sieben Jungs und sechs Mädchen lesen drei nach eigenen Angaben regelmäßig die Zeitung, die ihre Eltern abonnieren. Zwei schauen vor der Schule ein paar Minuten rein, eine Schülerin widmet sich der Zeitung zwischen Unterrichtsende und Mittagessen. Oft sei Zeitmangel für dieses Ergebnis verantwortlich, denn ein grundlegendes Interesse am täglichen Weltgeschehen bestünde prinzipiell schon, erklären die Schüler.

Maximilian schaut fast täglich in die Zeitung, scannt aber nur die Headlines, für eine gründliche Lektüre ist keine Zeit. Er ist gern auf dem aktuellsten Stand: »Wer informiert ist, kann mitreden«, sagt der 15-Jährige und erzählt, dass ihm das in der Schule oft nützlich ist, wenn zum Beispiel nach aktuellen Themen gefragt wird, so wie heute. Sein Klassenkamerad Damian nimmt Zeitungsartikel zum Anlass, anschließend gezielt nach Informationen im Internet zu den Themen zu suchen, die ihn interessiert haben. Am Tag des Besuchs ist das eine Zeichnung in der *Stuttgarter Zeitung*, auf der sich ein Islamist und ein Karikaturist küssen. Wikipedia ist ihm bei seiner tieferen Recherche zu einseitig, lieber schaut er sich mehrere Quellen an, die am besten auch noch Videos bereitstellen. Thalia mag das Gefühl, eine Zeitung in der Hand zu halten. Allerdings sucht sie sich auch lieber selbst aus, was sie lesen möchte, und recherchiert auf Websites. Ein Sammelsurium an Neuigkeiten über das aktuelle Weltgeschehen braucht sie nicht.

Der Kommunikationswissenschaftler Alexander Ort hat eine Erklärung für das geringe Bedürfnis der Jugendlichen zur Zeitung zu greifen: »Die Art und Weise, wie sich Jugendliche und junge Erwachsene informieren, hat sich verändert: Sie haben einen völlig anderen Zugang zu Informationen, wie zum Beispiel durch Posts in Facebook oder Meldungen in Apps für das Handy. Auch das Fernsehen verliert zu Gunsten von Streaming-Angeboten an Bedeutung. Die Jugendlichen bestimmen selbst, wann sie was wo anschauen. Außerdem steigt die Handynutzung und damit vor allem die Nutzung von Nachrichtendiensten wie WhatsApp und Co. Es geht weniger darum, dass sich Jugendliche nicht für aktuelle Themen interessieren, vielmehr haben sie ein anderes Mediennutzungsverhalten und andere Präferenzen, die sich mit dem Angebot in klassischen Medien nicht unbedingt decken. Besonders relevant sind dabei sogenannte jugendkulturelle Themen, mit denen Jugendliche im Alltag in Berührung kommen und die im Austausch mit anderen von Bedeutung sind. Was früher die *Bravo* war, ist heute vielleicht eine Kombination aus Facebook und YouTube.« Die von so vielen Seiten beschworene Politikverdrossenheit der Jugendlichen sei jedoch nach neuesten Ergebnissen nicht nachzuweisen, sagt Ort weiter. »Junge Menschen haben meiner Meinung nach ein anderes Verständnis vom Begriff ›Nachrichten‹: Wichtig für sie sind individuell relevante Informationen, die in ›unserem‹ Verständnis auch Nachrichten enthalten können. Aber ich habe das Gefühl, Jugendliche trennen da nicht so scharf. Entweder etwas ist interessant oder nicht. Da klassische Nachrichtenmedien wie Zeitungen oder die *Tagesschau* kaum eine Rolle in der Lebenswelt der Jugendlichen spielen, kommt auch der Begriff ›Nachrichten‹ nicht unbedingt im klassischen Sinne im Sprachgebrauch der Jugendlichen vor«, erläutert der Kommunikationswissenschaftler.

Während Jugendliche Tageszeitungen kaum lesen, ihnen laut JIM-Studie erstaunlicherweise aber vertrauen, ergibt sich ein anderes Bild, wenn Mediennutzer aller Altersgruppen befragt werden. So diagnostiziert eine Untersuchung des *NDR*-Medienmagazins *Zapp* von 2014 ein großes Misstrauen gegenüber klassischen Medien. Die Experten fragten unter anderem nach dem Vertrauen in die Berichterstattung bei politischen Ereignissen. So erklärte am Beispiel des Ukraine-Konflikts nur knapp ein Drittel der Befragten, dass sie die Berichterstattung der großen Medien für glaubwürdig halten. Elf Prozent der 1002 Befragten haben nach eigener Aussage jedes Vertrauen verloren, ausgewogen informiert zu werden. Dieses Misstrauen ist unabhängig von Einkommen, Alter und Geschlecht. Für 31 Prozent der Befragten liegt ein Grund für den zunehmenden Vertrauensverlust in der einseitigen Berichterstattung, 18 Prozent nehmen eine bewusste Fehlinformationen seitens der Medien wahr und neun Prozent sind der Meinung, die Berichterstattung wird (von der Politik) gesteuert beziehungsweise beeinflusst. All dies sind Gründe, die zur Abkehr der Leser von klassischen Tageszeitungen führen.

Fakt ist: Seit Jahren sinken die Auflagen der Tageszeitungen. 2014 betrug die Gesamtauflage aller in Deutschland publizierten Tageszeitungen rund 17 Millionen. Vor zehn Jahren waren es noch rund 22 Millionen. Als Kernkompetenz von Tageszeitungen gilt bis heute die lokale Berichterstattung. Nach einer Untersuchung des Bundesverbandes Deutscher Zeitungsverleger (BDZV) von 2014 lesen 86 Prozent der Deutschen am liebsten den Lokalteil, gefolgt von politischen Meldungen aus Deutschland (67%). Weiter unten auf der Beliebtheitsskala stehen Kultur (38%) sowie Wissenschaft und Technik (31%).

Eine von der Autorin durchgeführte Online-Befragung mit 237 Teilnehmern kommt zu einem anderen Ergebnis: Bei dieser nicht-repräsentativen Umfrage erklärten 67 Prozent, dass für sie die Politikberichterstattung am wichtigsten ist. Der Kulturteil ist mit knapp 60 Prozent der zweitbeliebteste Teil der Zeitung. Den Lokalteil fanden knapp 40 Prozent der Befragten relevant. Medienexperte Ort erklärt dieses abweichende Ergebnis so: »Der Mehrwert, den Zeitungen noch liefern, ist in den eher weicheren Bereichen wie Kultur, Panorama, Feuilleton und anderen zu finden. Auch verändert sich die Informationskultur. Stichwort Globalisierung: Da verlieren lokale oder regionale Themen zwangsläufig an Bedeutung. Die Kapazitäten zur Aufnahme von Informationen und das zeitliche Budget der Nutzer sind begrenzt. Deshalb werden Abstriche gemacht.«

Zurück in der zehnten Klasse des Tübinger Keplergymnasiums: Nachdem die Schüler erzählt haben, wie sie sich informieren, sollen sie erkennen, um welche Textgattung es sich bei ausgewählten Artikeln handelt. Die Klasse wird in zwei Gruppen à sechs und sieben Schüler aufgeteilt. Danach bekommen sie sechs Exemplare des aktuellen *Schwäbischen Tagblatts* ausgeteilt, die sie sich zu zweit beziehungsweise zu dritt teilen. Die Ausgaben der anderen Tageszeitungen werden wieder eingesammelt. Gruppe 1 hat die Aufgabe, einen Bericht auf der ersten Seite zu lesen, wiederzugeben und Besonderheiten zu notieren, Gruppe 2 soll das gleiche mit dem Kommentar auf derselben Seite erledigen.

Mangelnde Medienausbildung an Schulen

Es ist der 8. Januar 2015, ein Tag nach dem Terroranschlag auf die Redaktion des französischen Satiremagazins *Charlie Hebdo* in Paris. Zwei islamistische Terroristen töteten zwölf Menschen. Weltweit beherrschte dieser Anschlag die Titelseiten fast aller Zeitungen. Eine der wenigen Ausnahmen: *Le Monde*. Das Blatt wählte den umstrittenen Roman »Unterwerfung« des Autors Michel Houellebecq als Aufmacher.

Nach zehn Minuten Bearbeitungszeit stellen die Gruppen ihre Ergebnisse vor. Damian meldet sich als Erster, er ist in der Bericht-Gruppe: »Der Artikel auf der ersten Seite des

Schwäbischen Tagblatts erzählt hauptsächlich nach, was geschehen ist. Er gibt keine Meinung wieder, nur Fakten. Es geht um die W-Fragen: Was, wer, wo, wann und wie.« Die Tafel ist in zwei Hälften unterteilt. Links werden die Antworten der Schüler zu Eigenschaften eines Berichts gesammelt, rechts die Eigenschaften eines Kommentars. Eine weitere Schülerin ergänzt, dass ein Bericht häufig durch kurze, prägnante Sätze gekennzeichnet ist. Schnell füllt sich die linke Seite der Tafel. Auch die Schülerinnen und Schüler der zweiten Gruppe haben keine Probleme, ihren Artikel als Kommentar zu identifizieren. »Ein Kommentar ist wertend«, sagt Maximilian. »Er gibt die Meinung des Autors wieder. In diesem Fall ist es eine Erweiterung zum Bericht davor, eine Art Stellungnahme, die daran anschließt. Man sieht die persönliche Handschrift des Journalisten.« Für die Schüler war es kein Problem, die Gattungen voneinander zu unterscheiden. Auch die Online-Studie der Autorin bestätigt: knapp 90 Prozent der Teilnehmer konnten eine Nachricht als solche erkennen, rund 80 Prozent haben einen Kommentar erkannt. »Ein klassisches Qualitätskriterium im Journalismus besteht darin, dass Medien kenntlich machen, was Tatsachendarstellung und was Meinungsäußerung ist«, sagt Simone Ehmig, Leiterin des Instituts für Lese- und Medienforschung der Stiftung Lesen.

Zumindest die Schüler dieser zehnten Klasse des Tübinger Gymnasiums können Meinung und Bericht sicher unterscheiden – eine wichtige Voraussetzung, um Informationen richtig einordnen zu können. Woher haben sie diese Fähigkeiten? Geht es um die technische Nutzung, aber auch das Wissen um Gefahren, die Medien und vor allem Online-Angebote in sich bergen, haben alle Schüler ihre Fähigkeiten zuhause in der Familie erlernt oder sich selbst beigebracht. In der Schule finde kaum etwas zum Bereich Medien statt, sagen die 15- und 16-Jährigen.

Die Erfahrungen der Schüler bestätigt Medienreferentin Fächner: »Bei der Technik- und Medienkompetenz gibt es sehr große Unterschiede zwischen verschiedenen Schülergruppen, die vermutlich auf den unterschiedlichen Umgang mit Medien im Elternhaus zurückzuführen sind.« Ehmig sagt auch: »Die Aufgabe, Kindern Kompetenzen zu vermitteln, die sie lebenslang benötigen, liegt bei den Eltern beziehungsweise Familien und bei den Schulen. In der Erziehung und Ausbildung von Kindern spielt Medienkompetenz eine wichtige Rolle. Dazu gehört, dass Kinder lernen, welche Medienvielfalt es überhaupt gibt, wozu und wie man verschiedene Angebote nutzen kann. Hier ist es wichtig, nicht normativ oder restriktiv zu sein, indem zum Beispiel das ›gute Buch‹ gegen die ›schlimmen digitalen Medien‹ ausgespielt wird. Alle Medien sollten in den Alltag der Heranwachsenden integriert werden und dort ihren Platz haben. Dies zu gewährleisten, ist die Aufgabe derjenigen, die Kinder erziehen und ausbilden. Zu den Inhalten, mit denen Kinder vertraut gemacht werden müssen, gehören journalistische Darstellungsformen, also die Berichterstattung im klassischen Sinne. Nicht nur Kindern und Jugendlichen wird die Orientierung in journalistischen Quellen durch eine klare Trennung von Tatsachendarstellung und Meinungsäußerung erleichtert. Dieses klassische journalistische Qualitätskriterium ist eine Grundlage dafür, dass Heranwachsende Kriterien zur Beurteilung von Inhalten und Vertrauen in die Medien entwickeln können.«

Die Schönbein-Realschule in Metzingen an einem Montagmorgen im Januar 2015: vierte Stunde, in der zehnten Klasse beginnt der Deutschunterricht. Auch hier sollen die Schüler berichten, wie sie Medien nutzen. Informieren sich die Realschüler aus anderen Quellen als ihre Altersgenossen auf dem Gymnasium? Zunächst werden die Schüler gefragt, wer Zeitung liest. Ergebnis: Keiner der 28 Schülerinnen und Schüler meldet sich. Anschließend sollen auch sie in sechs Gruppen verschiedene Tageszeitungen untersuchen, darunter die *Süddeutsche Zeitung*, die *Frankfurter Rundschau*, die *Bild*-Zeitung, die *Welt*, die *Stuttgarter Zeitung* und das *Schwäbische Tagblatt*. Zehn Minuten lang stöbern die Jugendlichen in den Gazetten. Einhelliges Fazit: Die Themen sind zu langweilig, die Zeitungen zu groß, zu viel Text, nicht genügend Bilder. Laura hat im *Schwäbischen Tagblatt* den Bericht über das Attentat auf die Zeitschrift *Charlie Hebdo* gelesen. »Die Ausdrucksweise ist so langweilig, da schlafe ich fast ein.« Sie würde sich wünschen, der Artikel sei von jemandem geschrieben, der vor Ort beim Geschehen dabei war. »Im Internet gibt es viel interessantere Schreibweisen. Mir würde die Zeitung besser gefallen, wenn sie von ›richtigen‹ und nicht so Journalisten-Menschen geschrieben würde.« Sanja hat sich mit einem Kommentar zum selben Thema beschäftigt. Sie findet den Kommentar deutlich spannender, allerdings noch nicht optimal. »Am liebsten wäre mir ein Interview, in dem man den Satz direkt vom Menschen hört, das wäre viel emotionaler.«

Sie würde gern mehr über Medien lernen, was sie auch später mal im Beruf gebrauchen könne, erklärt Sanja am Ende der Unterrichtsstunde. Auch die anderen Schüler würden solche Workshops gerne wiederholen. Sie sehen viele Vorteile darin, dass Leute außerhalb des schulischen Umfelds dafür eingesetzt werden: »Es ist schön, mal was anderes zu machen. Da sind wir gleich viel konzentrierter und aufmerksamer als sonst«, äußert sich Lars. Auch Laura sagt, die Klasse sei viel ruhiger und aufgeschlossener. »Ich finde gut, dass Leute, die uns nicht kennen, so unvoreingenommen sind und uns offen entgegenkommen.« Außerdem hält sie Externe für kompetenter als ihre eigenen Lehrer.

Kommunikationswissenschaftler Ort betont die Notwendigkeit einer guten Medienausbildung, vor allem auch im Zusammenhang mit Online-Medien: »Das Schlimmste, was passieren kann, ist, dass Kinder völlig unvorbereitet und unbegleitet auf eigene Faust die Möglichkeiten neuer Medien entdecken. Natürlich probieren sich Kinder und Jugendliche aus und testen Grenzen – das gab es früher ohne das Internet auch schon. Das Problem ist, dass heutzutage alles nachvollziehbar ist und Daten dauerhaft gespeichert werden – ohne dass der Einzelne Einfluss darauf hat, zumindest in den meisten Fällen. Jugendlichen ist das aber so nicht bewusst. Woher sollen sie es auch wissen? Die meisten Eltern sehen die Pflicht zur Vermittlung der Medienkompetenz in der Schule, auch unter anderem weil sie sich oft selbst nicht damit auskennen. Die Schule würde sich dem Thema gerne annehmen. (2014 fasste die Landeslehrerkonferenz dazu einen Beschluss und richtete eine Forderung an das Kultusministerium: mehr Zeit für solche Themen.) Das Ministerium wiederum sagt, dafür haben wir keine Zeit – was sollen wir denn noch alles in den Lehrplan quetschen – und verweist wiederum auf die Pflicht der Eltern. So dreht sich die Spirale.«

Kurz nach Ende des Workshops *Recherchekompetenz* in der fünften Klasse des Ferdinand-Porsche-Gymnasiums erzählt die Referentin Stephanie Fächner auf dem Weg zum Lehrerzimmer, welche Eigenschaften ein Medienverantwortlicher an einer Schule mitbringen muss, um in der Medienbildung wirklich etwas bewegen zu können: »Es ist wichtig, dass die

Person eine hohe intrinsische Motivation besitzt. Diesen Job macht man nicht primär aus Karrieregründen. Im Idealfall ist das jemand, der wirklich Spaß an der Arbeit mit Medien und Kindern hat.«

Jacqueline Andres, Jahrgang 1990, erwarb ihren Bachelorabschluss in Sozialwissenschaften an der Philipps-Universität Marburg. Besonders beeindruckte sie, dass die Realschüler und Gymnasiasten, mit denen sie sprach, in Tageszeitungen persönliche Berichte von Journalisten am meisten vermissten.

Der Aufschrei nach dem Herrenwitz

Anfang 2013 beschrieb Laura Himmelreich im *stern* anzügliche Bemerkungen des FDP-Politikers Rainer Brüderle. Zwei Jahre später erinnern sich die Reporterin sowie weitere Journalistinnen und Bloggerinnen an die auf den Beitrag folgende Debatte über Sexismus in Politik und Medien.
Von ***Michaela Kuich***

Wir leben in einer mediatisierten Welt. Schon der Soziologe und Systemtheoretiker Niklas Luhmann wusste: »Was wir über unsere Gesellschaft, ja über die Welt, in der wir leben, wissen, wissen wir durch die Massenmedien.« In demokratischen Gesellschaften ist ein gewisses Maß an Übersichtlichkeit und Öffentlichkeit notwendig, denn will die Politik demokratisch sein, bedarf es der Zustimmung einer Bevölkerungsmehrheit. Für die Legitimierung politischen Handelns spielen Medien und andere Kommunikationsformen eine gewichtige Rolle. Die Geschichte des politischen und des Mediensystems sind seit jeher eng miteinander verknüpft. Politische Kommunikationsprozesse und Medienpolitik haben zur Schaffung eines Mediensystems beigetragen, innerhalb dessen politische AkteurInnen heute agieren. Medien tragen dabei laut den Kommunikationswissenschaftlern Otfried Jarren und Patrick Donges ein hohes Maß an gesellschaftlicher Verantwortung: Sie bestimmen sowohl, was Gegenstand des öffentlichen Diskurses ist, als auch nach welchen Regeln dieser Diskurs verläuft. Medien bestimmen, worüber gesprochen wird und wie darüber gesprochen wird. Sie sind damit in der Lage, die Welt zu schaffen, in der wir leben.

Doch sind sowohl das politische wie auch das mediale System Teil der Gesellschaft. Sie funktionieren damit nach den Regeln und Mustern, welche in dieser Gesellschaft vorherrschen. Medien sind nicht nur in der Lage, unsere Welt zu erschaffen, sondern dienen gleichzeitig als Spiegel unserer Gesellschaft. Dasselbe gilt für die Politik. JournalistInnen – sehen sie sich auch der Objektivität verpflichtet – sowie PolitikerInnen stehen nicht außerhalb der Gesellschaft, sondern mittendrin. Da verwundert es nicht, dass auch gesellschaftliche Herrschaftsverhältnisse medial und politisch widergespiegelt werden und damit Politik und Medien nicht selten von Sexismus geprägt sind. Die Politikwissenschaftlerin Eva Kreisky meint: »Die staatlichen Institutionen sind (…) ihrer Provenienz nach nichts anderes als sedimentierte männliche Interessen und männliche Lebenserfahrungen. Männlichkeit ist nicht nur gesellschaftlich konstruiert (…), sondern sie konstruiert auch selbst gesellschaftliche und politische Strukturen.«

Gender, im Deutschen oftmals als »soziales Geschlecht« bezeichnet, benennt nach der Kommunikationswissenschaftlerin Wiebke Schoon »das in unserer Kultur als selbstverständlich und natürlich empfundene, gesellschaftliche Klassifizierungssystem der Zweigeschlechtlichkeit«. Dabei wird von einem Dualismus ausgegangen, einer polaren Ordnung: auf der einen Seite das männliche, auf der anderen das weibliche Prinzip. Nicht zu vergessen ist hierbei, dass Geschlechterverhältnisse aktiv hergestellt und gestaltet werden und dadurch stets in Bewegung sind. So heißt es bei Schoon: »Das Geschlechterverhältnis wird als historisch entstanden, sozial hergestellt und damit veränderbar begriffen.«

Tatsache ist, dass der Bereich Journalismus von Männern dominiert ist. In der Politik ist ihre Dominanz sogar noch ausgeprägter. Journalistinnen bekommen dies auch immer wieder zu spüren.

»Das wirksamste theoretische Mittel zur Errichtung und Erhaltung männlicher Überlegenheit besteht darin, dass sich das männliche Denken durchaus nicht als solches begreift und somit der Sphäre des Weiblichen als andersartig, aber doch auf derselben Ebene (Geschlecht vs. Geschlecht) gegenübersteht, sondern dass sich das männliche Denken zum Allgemein-Menschlichen aufschwingt und die eigene Geschlechtsgebundenheit leugnet«, schrieb die Philosophin Cornelia Klinger 1986 in ihrem Aufsatz »Das Bild der Frau in der Philosophie und die Reflexion von Frauen auf die Philosophie«.

Über ein Vierteljahrhundert später steht der Vorsitzende der FDP-Bundestagsfraktion Rainer Brüderle in der Hotelbar des Maritim in Stuttgart und unterhält sich mit der Reporterin Laura Himmelreich. Es ist der 6. Januar 2012; die Liberalen haben gerade ihr Dreikönigstreffen beendet, Politiker und Journalisten führen die üblichen Hintergrundgespräche. »Sie können ein Dirndl auch ausfüllen«, sagt der damals 66-jährige Brüderle zu der über 30 Jahre jüngeren *stern*-Redakteurin und blickt ihr dabei auf den Busen, wie Laura Himmelreich später berichten wird. Es bleibt demnach nicht das einzige zweifelhafte Kompliment des FDP-Manns an diesem Abend. Später erklärt Brüderle, »ich würden Ihnen auch meine Tanzkarte anbieten«, und versucht im Laufe des Abends, der Journalistin die Hand zu küssen. Irgendwann führt Brüderles Pressesprecherin ihren Chef aus der Bar.

»Der FDP-Hoffnungsträger befindet sich selbst in einem Zustand von Dauererotisierung. Er gefällt sich als Verkörperung des wandelnden Herrenwitzes. Den Ruf des Unseriösen nimmt er in Kauf, solange die Männer um ihn herum lachen«, schrieb Himmelreich ein Jahr später in einem Artikel. Es sei nicht immer angenehm, 29 Jahre alt zu sein, eine Frau und Politikjournalistin. Das liege an Männern wie Rainer Brüderle, monierte sie. Der Text löste eine heftige Debatte zum Thema Sexismus in Politik und Medien aus.

Auch die *Spiegel*-Journalistin Annett Meiritz schrieb offen über ihre Erfahrungen. Ihr wurde eine Affäre mit einem ihrer Informanten aus der Piratenpartei nachgesagt, in einem Tweet des Piraten Simon Lange wurde sie als Prostituierte bezeichnet. »Ich kenne viele männliche Journalisten, für die es selbstverständlich ist, sich mit einem Politiker zum Abendessen zu treffen. Bei den Piraten reicht es schon, wenn man sich in einem Café mit einem Informanten trifft, um eine Affäre angedichtet zu bekommen«, schrieb Meiritz auf *Spiegel Online*.

Am selben Tag veröffentlichte die Autorin und Bloggerin Maike Hank im Blog *kleinerdrei.org* einen Artikel mit dem Titel »Normal ist das nicht«, in dem sie über Street Harassment (Belästigung auf der Straße) berichtete. Sie rief Frauen dazu auf, auf Twitter unter einem gemeinsamen Hashtag ihre Erfahrungen zu teilen.

Die Bloggerin und Autorin Anne Wizorek erfand den Hashtag *#aufschrei*, der zum Synonym wurde für eine wochenlange Debatte zum Thema Sexismus.

Zwei Jahre nach dem *#aufschrei* sitzt Laura Himmelreich im Konferenzzimmer des *stern*-Hauptstadtbüros in Berlin. Es ist Ende 2014 und die Journalistin wirkt souverän, entspannt und freundlich. Der Abend im Hotel Maritim sei nicht die erste Begegnung mit Rainer Brüderle gewesen. Sie habe ihn auch davor schon ein paarmal getroffen. »Auch bei vorherigen Treffen wurden mein Alter, mein Geschlecht oder meine Kleidung angesprochen. Er hatte bei jedem Gespräch thematisiert, dass ich eine junge Frau bin. Die Szene aus dem Text war allerdings die Situation, die ich am respektlosesten empfunden habe«, erzählt Himmelreich.

Nach ihrer Veröffentlichung im *stern* wurde die Journalistin nicht nur gelobt, sondern auch kritisiert. Aus der FDP bekam Brüderle Unterstützung. In einem Interview mit *Bild am Sonntag* sagte Schleswig-Holsteins FDP-Chef Wolfgang Kubicki: »Der *stern* behauptet, er wolle damit das Thema Sexismus in der Politik aufgreifen. Ich sehe einen ganz anderen Grund: Hier soll ein Hoffnungsträger der FDP mutwillig beschädigt werden. Die *stern*-Chefredaktion sollte sich die Frage stellen, ob sie das Blatt auf ein Niveau bringen will, dass man es nicht mehr empfehlen kann.«

Kubicki wolle für sich selbst aus dem Vorfall Konsequenzen ziehen und »künftig Situationen wie Gespräche an der Hotelbar meiden, wenn Journalistinnen beteiligt sind. Denn natürlich rutscht einem da schon mal eine lockere und nicht gelungene Bemerkung heraus. Jetzt muss ich damit rechnen, dass das gegen mich verwendet wird.« FDP-Parteichef Philipp Rösler witterte »eine Kampagne gegen die gesamte FDP«. Der Beschuldigte selbst, Rainer Brüderle, weigerte sich, zur Debatte Stellung zu beziehen.

Laura Himmelreich bestreitet die Vorwürfe, sie habe die FDP in Wahlkampfzeiten schädigen wollen: »Bevor Rainer Brüderle Spitzenkandidat wurde, sah der *stern* keine Notwendigkeit, ein größeres Porträt über ihn zu drucken. Durch seine Ernennung hat sich das geändert. Ich habe für das Porträt die

Szenen verwendet, die ich für relevant hielt. In dem Text standen auch Szenen, die vor fünf, zehn oder fünfzehn Jahren passiert sind. Das hat niemand kritisiert. Es ist ja auch völlig normal in einem Porträt.«

Besonders online tobte die Debatte. UserInnen kritisierten, dass der Vorfall an einer Hotelbar stattgefunden hatte. »Letztlich muss jeder selbst wissen, was er tut. Ich bin auch in einem Angestelltenverhältnis und ich als Mann würde mich jedenfalls nicht mitten in der Nacht mit meiner Vorgesetzten an der Bar treffen. Ich hoffe, dass meine Tochter (…) etwas mehr Niveau haben wird und nicht ihr übergeordnete Leute persönlich beleidigt und ihnen altersbedingte Unfähigkeit unterstellt«, schrieb ein User auf *Spiegel Online*. »Seine Bemerkung war, naja, nicht ganz die feine englische Art, aber von einer erwachsenen Frau sollte man eigentlich schon erwarten können, so etwas professionell zu behandeln. Bei Leuten wie ihr frage ich mich, was sie eigentlich in einer Bar macht, wo jemand wirklich anzüglich wird. Sich hinsetzen? Zu weinen anfangen? Nach ihrem Papi rufen?«, meinte ein anderer. »Wäre diese Nachwuchsjournalistin nicht so schrecklich unprofessionell, hätte sie diesen Kommentar einfach überhört oder darüber gelacht. Vor allem aber hätte sie sich nicht alleine mitten in der Nacht mit einem fremden und bereits angetrunkenen Mann an der Bar getroffen. Viele Dinge kann man mit dem nötigen Feingefühl im Vorfeld verhindern, wenn man das möchte. Manche Leute wollen das aber gar nicht«, war der Tenor in vielen Kommentaren.

#aufschrei-Mitinitiatorin Anne Wizorek meint zum Verlauf der Debatte: »Es war sehr typisch, dass Himmelreich vorgeworfen wurde, abends an der Bar noch unterwegs zu sein und Brüderle in eine unmögliche Lage gebracht zu haben – ja,

sich sogar irgendwie rächen zu wollen, statt sich das Verhalten Brüderles anzuschauen.« Bloggerin Jasna Strick, die sich ebenfalls von Beginn an am *#aufschrei* beteiligte, sieht das ähnlich: »Das ist ihr Job, den Typ zu beobachten, und das sind dann die Plätze, an denen die anderen Herren Journalisten mit dem problemlos wo sitzen dürfen, Bier trinken und die großen Deals ausmachen. Ihr als Frau wird vorgeworfen, wenn sie genauso dort sitzt und ihre Arbeit tut, dass sie das provoziert hat. Das sind genau diese Ungerechtigkeiten. Das verwehrt ihr uns als Frauen, das dürfen wir nicht oder wir dürfen das, aber müssen dann damit rechnen, dass irgendwas passiert.«

Diese Form der Täter-Opfer-Umkehr ist häufig zu beobachten, wenn von Frauen sexistische Übergriffe angeprangert werden. Eine ähnliche Argumentation wird tragend bei der alten Diskussion um die »Mitschuld« von Vergewaltigungsopfern. Auch hier wird das Verhalten (z.B. der Kleidungsstil) der Betroffenen zur Debatte gestellt und danach gefragt, ob die Frauen nicht selbst schuld daran seien und die Tat quasi herausgefordert oder heraufbeschworen hätten. So legte die Journalistin Birgit Kelle in ihrer *The European*-Kolumne als Antwort auf Laura Himmelreichs Artikel Frauen nahe, doch einfach »die Bluse zu«zumachen, um Situationen wie diesen zu entgehen. Heute sagt Laura Himmelreich: »Im Nachhinein glaube ich, ich hätte in dem Artikel deutlicher machen können, dass es eine berufliche Veranstaltung war. Das war ein fester Event von dieser Partei. Da standen hundert Leute um uns herum. Insofern hatte das überhaupt nichts Intimes, dieser Moment.«

Von mehreren Seiten war zu hören, dass Laura Himmelreich eine journalistische Grenze überschritten habe. Matthias

Matussek schrieb in *The European*: »Keiner sprach darüber, dass die Denunziation durch die Redakteurin moralisch weit abgründiger war als dieses weinselige Kompliment eines alten Mannes.« Und FDP-Mann Kubicki echauffierte sich im *Bild*-Interview: »Ich bin jetzt vier Jahrzehnte in der Politik: Das ist ganz klar ein Tabubruch. Denn bislang waren abendliche Gespräche, ob beim Essen oder nach einem Parteitag an der Hotelbar, ein durch Vertraulichkeit geschützter Bereich.« Laura Himmelreich entgegnet: »Ich bin mit dem Auftrag losgegangen, ein Porträt über Herrn Brüderle zu schreiben, und dafür habe ich ihn zu mehreren Terminen begleitet und ihn am Ende so porträtiert, wie er sich mir gegenüber präsentiert hat. Hätte das Porträt ein 50-jähriger männlicher Journalist geschrieben, hätte er eine andere Perspektive auf Herrn Brüderle gehabt. Aber ich hielt und halte es für richtig, die Szene aufzuschreiben. Wenn jemand Spitzenkandidat einer Partei ist und sowohl von Männern als auch von Frauen gewählt werden möchte, dann ist es politisch relevant, wie er sich gegenüber Frauen verhält.«

Am 3. März 2013 veröffentlichte *Spiegel Online* einen Artikel über ein Gespräch mit dem Bundespräsidenten Joachim Gauck. Darin bezeichnete dieser die Debatte als »Tugendfuror«. Er könne keine »besonders gravierende, flächendeckende Fehlhaltung von Männern gegenüber Frauen« erkennen.

Auch aus Kollegenkreisen war häufig Kritik zu hören. Ulf Porschardt konstatierte in der *Welt*: »Ihm (Brüderle) aber zum Vorwurf zu machen, dass er einen etwas archaischen, kleinbürgerlichen Machismo nach dem zweiten Glas Wein an den Tag legt, ist eher ein Indiz für das neue Puritanertum der Deutschen als für die Abgründe eines Weinköniginnen-

Liebhabers aus der Pfalz. Die Anständigen erobern nicht nur den politischen Diskurs, sondern neigen zunehmend zu moralischen Überheblichkeitsgesten im zwischenmenschlichen Alltag.« Und weiter: »Wer weiß, wie trostlos hierzulande geflirtet und charmiert wird, ahnt, welche Sterilität im Umgang zwischen den Geschlechtern droht. Der Spießer war stets eher unsinnlich und steif, sein postmoderner Wiedergänger jedoch giftet besonders jungfernhaft und bitter. Das Land hat weiß Gott andere Sorgen.« Jan Fleischhauer veröffentlichte auf *Spiegel Online* eine Kolumne, in der er schrieb: »Wo es früher noch Welthunger oder Atomtod brauchte, um in ›große Sorge‹ zu verfallen, reichen heute schon ein paar als unsensibel empfundene Äußerungen zum Geschlechterverhältnis, damit einen die Empörungswelle erfasst. Dass Humor- oder Ironiezeichen hier nichts verloren haben, versteht sich von selbst. Die heilige Ernsthaftigkeit ist das Eintrittsbillet in diese Welt.« Laura Himmelreich erwidert: »Das Thema ist so leidenschaftlich diskutiert worden, weil jeder mitdiskutieren kann, jeder hat einen Erfahrungsschatz, jeder hat eine Meinung dazu.«

Das Magazin *Focus* schrieb, dass Himmelreich im Herbst 2012 einen Artikel über eine CSU-Politikerin mit dem Titel »Dirndltauglich« veröffentlicht hatte, und stellte die Frage: »Darf eine Frau eine Frau gedanklich ins Dirndl stecken? Was ist Sexismus, was Kompliment?« Auf den Artikel angesprochen, muss Laura Himmelreich lachen. »In der Tat, in diesem Text wird erwähnt, dass Ilse Aigner öffentlich im Dirndl auftritt, als Zeichen ihrer bayrischen Volkstümlichkeit. Es geht aber nicht um ihre Brüste. Das ist der Unterschied. Rainer Brüderle hat ja nicht gesagt ›Sie wirken auf mich so volkstümlich. Ihnen steht ein Dirndl sicher auch gut.‹ Dass der Artikel die Überschrift ›Dirndltauglich‹ trug, haben dann andere Medien während der Debatte als Zeichen meiner Unglaubwürdigkeit gewertet. Ich halte die Überschrift aber nach wie vor für völlig in Ordnung, weil es in dem Text um Ilse Aigners Rückkehr nach Bayern ging.«

Auch die Inititatorinnen von *#aufschrei* mussten sich Angriffe gefallen lassen. Morddrohungen und Hassmails erhält Jasna Strick bis heute. »Das sind Leute, die die feministische Weltherrschaft sehen und meinen, wir könnten wahnsinnig viel bewegen, wenn wir einen Blogartikel schreiben. Und wer in der Öffentlichkeit steht, muss natürlich damit rechnen, Hass abzubekommen. Das ist die übliche Erklärung dafür, was natürlich Quatsch ist. Nur weil ich irgendwo ein Interview gebe, ist es keine Rechtfertigung dafür, dass man mir haarklein erzählt, wie man mich gern vergewaltigen würde. Ich glaube, das kann man mit nichts rechtfertigen, aber das ist die Reaktion, die da kommt«, erzählt die 25-jährige Neu-Berlinerin. Mit der Angst könne man manchmal schlechter, manchmal besser umgehen. »Ich hab so ein Grundrauschen immer im Hintergrund, dass wieder einer einen Kommentar schreibt, aber es gibt Zeiten, da kommt das hoch, entweder weil eine von uns einen Artikel geschrieben, ein Interview gegeben oder einen Vortrag gehalten hat, der dann mit Aufzeichnung im Internet ist. Es gibt Veranstaltungen, die ich nicht mehr ankündige im Internet, weil ich gesehen hab, dass Leute sich organisieren, um da hinzukommen, da bekommt man natürlich Angst. Und an anderen Tagen ist es irgendwie Standard. Da machst du deinen E-Mail-Account auf, o.k., eine Morddrohung, weggeklickt, weitergemacht. Irgendwann wird das Alltag, aber es ist trotzdem komisch.«

Die Hemmschwelle, Hassreden (Hatespeech) zu verbreiten,

ist im Netz, dank der vermeintlichen Anonymität, niedriger. Anne Wizorek meint hierzu: »Dies sind leider Erfahrungen, die Frauen im Netz machen, erst recht, wenn sie sich gegen Sexismus engagieren. Das Netz ist eben nicht frei von Machtstrukturen, dementsprechend finden sich also auch Sexismus, Rassismus, Homophobie wieder. Werkzeuge und Plattformen wie Twitter werden missbraucht, um Menschen anzugreifen: aufgrund ihres Geschlechts, ihrer Herkunft, Hautfarbe – aber erst recht, wenn sich diese Menschen auch noch gegen diskriminierendes Verhalten engagieren. Es geht am Ende darum, diese Leute wieder aus einem öffentlichen Raum zu drängen, den sie sich mittels Social Media viel leichter nehmen können.« Laura Himmelreich sieht das etwas anders: »Es ging bei der Debatte nicht primär um mich oder Herrn Brüderle als Personen, sondern wir dienten als Projektionsflächen für die Gefühle und Erfahrungen von anderen. Ich glaube, man muss eine gewisse Distanz schaffen und nicht jeden Hasskommentar, aber auch nicht jede Lobpreisung zu sehr an sich heranlassen. Ich hab aufgeschrieben, was passiert ist. Punkt. Das ist keine besondere Leistung. Das ist mein Job.«

Es sind vor allem politische Journalistinnen, die immer wieder damit konfrontiert werden, dass es in Gesprächen mit Klienten zu unpassenden Sprüchen und Übergriffen kommt. Dies liegt auch daran, dass das Feld der Politik bis heute von Männern dominiert ist. Diese waren es laut Politikwissenschaftlerin Eva Kreisky, die zunächst Rechtssubjekte und Staatsbürger waren, während Frauen »über ihr Verhältnis zu anderen Personen (…) bestimmt (waren) und staatlich behandelt wurden«.

Laura Himmelreich ist dennoch zuversichtlich. Mit Sexismus habe man heute als Journalistin selten zu tun. »Bis auf wenige Ausnahmen habe ich Politiker im persönlichen Umgang als professionell erlebt.« Und sie sagt auch: »Alle jungen Journalistinnen, die ich näher kenne, die Hauptstadtberichterstattung machen, haben im Job Situationen erlebt, in denen ein Gesprächspartner ihr Geschlecht thematisiert hat, ihr Aussehen oder ihre Attraktivität. Frauen werten solche Situationen unterschiedlich. Ich persönlich empfinde solche Situationen als Grenzüberschreitung, als respektlos.« Über den Umgang mit solcherlei Kommentaren meint Himmelreich: »Wenn Grenzen überschritten werden, sollte man das sagen. In der Situation mit Herrn Brüderle habe ich zu ihm gesagt ›Mir ist lieber, wir halten das hier professionell.‹ Das Problem ist, oft finden solche Sprüche in einem witzelnden Umfeld statt. Und es ist dann nicht einfach, die eigenen Grenzen aufzuzeigen, ohne die Gesprächssituation komplett zu zerstören. Es funktioniert ja nicht, zu sagen ›Ich möchte nicht, dass Sie so mit mir sprechen. Aber lassen Sie uns über andere Dinge gerne entspannt weiterplaudern.‹« Die öffentliche Debatte, die mit der Veröffentlichung des »Herrenwitz« und der *#aufschrei*-Tweets einherging, sieht sie positiv: »Menschen haben unterschiedlichen Humor. Eine Frau empfindet einen Spruch als lustig und charmant, die andere empfindet ihn als Grenzüberschreitung. Beide Positionen sind berechtigt. Eine Gesellschaft muss so etwas aushalten. Wenn aber Frauen das Recht abgesprochen wird, einen Spruch als Grenzüberschreitung zu empfinden, finde ich das respektlos. Eine Gesellschaft muss das aushalten, dass Menschen auf ein Ereignis unterschiedlich reagieren.«

In diesem Punkt widerspricht Anne Wizorek Laura Himmelreich: »Sexismus ist eindeutig ein strukturelles Problem, das immer wieder dadurch relativiert werden soll, indem behauptet wird, es würde sich lediglich um Einzelfälle handeln. Natürlich verstehen manche Leute sexistische Witze anders, das hängt eben auch maßgeblich davon ab, wie sexistisch sie selbst sind. Wir alle wachsen in einer Gesellschaft auf, die uns immer noch vermittelt, dass es diesbezüglich kein Problem mehr gäbe und Witze sich daher über eine Vergangenheit lustig machen, die nicht mehr existiert, wobei sie eben in Wahrheit nur den Status Quo zementieren. Brüderle ist weder ein Sonderfall, noch ist er eine Ausnahme, das haben nicht zuletzt die vielen Erfahrungsberichte von Frauen im Politikbetrieb gezeigt, die auch im Rahmen von *#aufschrei* gezeigt wurden. Sicher gibt es mittlerweile weniger Männer, die von Tanzkarten reden, aber sexistisches Verhalten und das Reduzieren von Frauen auf ihr Äußeres beschränkt sich nicht auf die Brüderle-Generation, schließlich dient deren Verhalten allein als Vorbild für nachfolgende Generationen.« Jasna Strick drückt es so aus: »Im Prinzip ist nicht die Tatsache, dass er sich sexistisch verhält, aus der Zeit gefallen, denn das tun junge Männer auch, aber die Art und Weise, wie er sie herabgesetzt hat, mit Tanzkarte, diese Selbstverständlichkeit, mit der ältere Männer über jüngere Frauen sprechen und davon ausgehen, dass es ok ist.«

So schreibt der Psychologe Thomas Eckes in seinem Text »Geschlechterstereotype: Von Rollen, Identitäten und Vorurteilen«, dass Sexismus auf Stereotypen, Vorurteilen und diskriminierenden Verhaltensweisen aufbaut, die »auf einen ungleichen sozialen Status von Frauen und Männern hinwirken«. Es handelt sich um ein gesellschaftliches Herrschaftsverhältnis. Die moderne Form des Sexismus gehe, im Gegensatz zum traditionellen (offenen) Sexismus, davon aus, dass es heute keine Diskriminierung von Frauen mehr gäbe. Auch die unverhältnismäßige Idealisierung von Frauen sei nur »die andere Seite ein und derselben ›sexistischen Münze‹«. Denn beim Sexismus handle es sich um eine »duale Bewertungsstruktur«, die sowohl ablehnende wie auch wohlmeinende Einstellungen umfasse.

Laura Himmelreich hat diese Erfahrung ebenso machen müssen. »Meine Generation wächst auf mit dem Gefühl, dass Frauen oder Mädchen genauso viel erreichen können wie Männer oder Jungs. Es ist für uns selbstverständlich, dass wir eine gute Ausbildung haben. Mädchen fühlen sich nicht ihren Brüdern unterlegen oder auch nicht ihren Freunden. An den Universitäten erzielen Frauen bessere Abschlüsse als Männer. Ich hatte bis zum Einstieg ins Berufsleben nie das Gefühl, dass junge Frauen Nachteile haben. Im Berufsalltag ändert sich das. Männer, vor allem ältere Männer, sind in der Mehrzahl. Die FDP ist eine sehr männerdominierte Partei, die meisten Kollegen der Hauptstadtpresse sind Männer. Als junge Frau hat man einen gewissen Exotenfaktor. Du fällst mehr auf. Das hat sicher auch Vorteile. Es gibt aber in diesem Job auch Abendtermine, häufig fließt Alkohol. Und da kann es zu Situationen kommen, in denen man als junge Frau in einer Art und Weise von Männern angesprochen wird, wie ich es persönlich für unprofessionell halte.«

Die zuletzt veröffentlichte Studie, die sich auch mit dem Frauenanteil im deutschen Journalismus beschäftigte, stamme aus dem Jahr 2005, schreibt die Kommunikationswissenschaftlerin Wiebke Schoon in »Gendering im Berufsfeld Journalismus«. Insgesamt sei dieser Anteil seit 1993 von 31 Prozent auf 37 Prozent angestiegen. Hier zeige sich vor allem eine vertikale Segregation. Je höher die Hierarchiestufe, desto weniger Frauen seien anzutreffen. Während bei den VolontärInnen noch die Hälfte weiblich sei, gebe es bei den RedakteurInnen

39 Prozent und in der Ressortleitung 29 Prozent Frauen und auf der Gesamtleitungsebene seien nur noch 22 Prozent der Führungskräfte weiblich. Es zeichne sich aber ab, dass in kleineren Redaktionen der Frauenanteil in den leitenden Positionen oftmals höher sei. Es zeige sich, dass die sogenannten traditionellen Medien, Nachrichtenagenturen und Tageszeitungen jene mit dem geringsten Frauenanteil seien.

Bei der horizontalen Segregation zeichne sich ab, dass diese im Rückgang begriffen sei. Nur im Bereich Wirtschaft liege der Frauenanteil bei lediglich 19 Prozent. In den Ressorts Lokales/Regionales dagegen bei 40 Prozent, in Kultur/Feuilleton bei 45 Prozent und in der Politik bei 34 Prozent. War das Politikressort bis in die 1980er noch »quasi frauenfrei«, fänden sich diese heute »proportional entsprechend ihrem Anteil an der Profession insgesamt«.

Eine Quote könnte zumindest das Problem der personellen Unterrepräsentation lösen. Laura Himmelreich, die selbst Mitglied beim Verein ProQuote ist, sieht dies so: »Wenn man beispielsweise die Position des Chefredakteurs und seiner Stellvertreter ausschließlich mit Männern besetzt, dann sollte man vor den Mitarbeitern gut rechtfertigen, warum man keine Frau gefunden hat. Ich bin für eine Quote für Führungspositionen. Die Quote ist ein brachiales, unangenehmes Mittel. Denn eigentlich wäre eine Gesellschaft wünschenswert, in der Gleichberechtigung selbstverständlich ist und Firmen frei entscheiden können, wer einen Posten bekommt. Doch wir sehen, dass die Gleichberechtigung im Beruf in Deutschland ohne Quote bisher nicht vorankommt. Für mich ist die Quote ein Mittel, um die Herstellung der Gleichberechtigung zu beschleunigen. Das Ziel sollte ein Umfeld sein, in dem Frauen die gleichen Chancen haben. Ohne Quote scheint das bisher nicht zu gehen.«

Nora Jakob, Vorstandsmitglied beim Verein ProQuote, erklärt: »Die Initiative ist wichtig, um Flagge zu zeigen. Es gibt zu wenige Frauen in den Medien, die auf entscheidenden Positionen sitzen und auch Macht haben. Mit einem Verein im Hintergrund ist es leichter, daran etwas zu ändern. Durch die Unterstützung von Journalistinnen wie Anne Will, Ines Pohl oder auch Antonia Rados erreichen wir mehr Öffentlichkeit. Und dann ist da das Netzwerk innerhalb der Gruppe. Mit ProQuote haben wir zunächst einmal das Ziel, bis 2017 Führungspositionen auf allen Hierarchiestufen in den Redaktionen mit Frauen in einer Quote von über 30 Prozent zu besetzen. Viele junge Kolleginnen haben Angst, sich klar zu positionieren und für die Frauenquote auszusprechen, weil sie befürchten, dass ihnen das zu einem späteren Zeitpunkt bei einer Bewerbung auf die Füße fällt oder sie einen Job, für den sie eigentlich sehr gut qualifiziert wären, nicht bekommen.«

Wiebke Schoon schreibt, viele Journalistinnen seien unter 36 Jahre alt. Dies hänge unter anderem damit zusammen, dass diese oftmals das Berufsfeld nach einiger Zeit verließen und beispielsweise zur Öffentlichkeitsarbeit wechselten. Zudem sei es auch im Journalismus so, dass Frauen für die gleiche Arbeit weniger Geld bekämen. Dies hänge oftmals damit zusammen, dass sie in den »unteren Hierarchiestufen überrepräsentiert« seien. Bei Klaus und Lünenburg heißt es dazu: »Im Segment der freiberuflich Tätigen und der geringer Verdienenden ist der Frauenanteil am höchsten. Der *sex pay gap* hält sich im Journalismus stabil und beträgt über 500 € monatlich. Das wiegt umso schwerer, als Journalistinnen durchschnittlich besser ausgebildet sind als ihre Kollegen.«

Diesem Problem, so Himmelreich, könnte man mit einer transparenten Gehaltspolitik beikommen. Das Gehalt sollte offengelegt werden. »Ich bin für eine größere Transparenz bei Gehältern. Wenn Gehaltsunterschiede nicht fachlich oder durch Alter und Betriebszugehörigkeit erklärbar sind, ist es Aufgabe eines Unternehmens, für Gleichberechtigung zu sorgen.«

Ein weiteres Problem ist, dass der Beruf des Journalisten auf die »männliche Normalbiografie« ausgerichtet ist. Es sei kaum möglich, so Wiebke Schoon, Familie und Beruf unter einen Hut zu bekommen. Zudem gebe es keine Möglichkeit der Teilzeitarbeit für festangestellte JournalistInnen. Der Beruf nehme viel Zeit in Anspruch, die Arbeitsmodelle ließen kaum Flexibilität zu, Kinderbetreuungsmöglichkeiten seien selten und zudem werde eine unbegrenzte Verfügbarkeit vorausgesetzt. Auch Laura Himmelreich stimmt dem zu. »Im Journalismus ist es sicher von Vorteil, wenn man abends flexibel ist, gerne Veranstaltungen besucht und gut darin ist, Kontakte zu pflegen. Ich kenne genauso Frauen, die das gut machen, wie Männer. Das ist eher eine Frage der Zeiteinteilung, der Zeitpriorisierung. Ab dem Moment, ab dem man Kinder hat, wäre mein Ideal, dass die Frage der Kinderbetreuung Männer und Frauen gleichermaßen beschäftigt. Ich hoffe, dass sich das in Zukunft noch stärker angleicht.« Doch sie ist zuversichtlich: »Politiker und Journalisten spiegeln auch nur die Gesellschaft wider. Die Priorisierung verändert sich. Früher wurde im Journalismus definitiv mehr getrunken und mehr abends zusammen an der Bar rumgehangen. Zu Bonner Zeiten war es für Frauen viel schwieriger, da reinzukommen. In der Wirtschaft werden allgemein die Hierarchien flacher und der Umgangston weniger machomäßig.«

Dennoch leben auch heute geschlechtsspezifische Erwartungen und Zuschreibungen weiter. So ist es laut Wiebke Schoon möglich, Professionalität und Weiblichkeit als einander entgegengesetzt zu konstruieren. Dabei werde jedoch vergessen, dass Geschlechterverhältnisse historisch entstanden seien, aktiv hergestellt und gestaltet würden und dadurch veränderbar und stets in Bewegung seien.

Ein Problem, das sich für Schoon daraus ergibt, sei die »Heterosexualisierung des Arbeitsalltags«. Hieraus resultierten »Verhaltenserwartungen«, Leistung werde nach Geschlecht unterschiedlich bewertet und oftmals schwinge eine »potenzielle sexuelle Komponente« mit. Nora Jakob meint hierzu: »Ich würde mir wünschen, dass wir nicht mehr von Quotenfrauen oder Quotenmännern sprechen, sondern Menschen, Männer wie Frauen, nach ihrer Leistung bewerten – und dass dann der oder die Beste den Job erhält.« Die unausgesprochene Norm der Objektivität des journalistischen Arbeitens führe oft dazu, dass sich ReporterInnen aus ihren eigenen Geschichten »tilgen«, sich von ihren Themen distanzierten, um Neutralität zu bewahren. Eine Regel, an die sich *stern*-Redakteurin Laura Himmelreich nicht uneingeschränkt gehalten hat, womit sie eine Kontroverse auslöste. Dennoch ist sie weiterhin überzeugt von ihrer Entscheidung, die Geschichte zu veröffentlichen. »Hätte ich ein halbes Jahr danach den Text nochmal schreiben müssen, dann hätte ich einen besseren Text geschrieben. Wenn man von hunderten Leuten Feedback auf einen Text bekommt, sind ja durchaus auch viele gute Anmerkungen dabei. Aber die umstrittene Szene wäre immer noch drin gewesen.«

Immerhin hat die Debatte dazu geführt, dass dem Problem Sexismus inzwischen in breiten Teilen der Bevölkerung Aufmerksamkeit geschenkt wird. Jasna Strick meint hierzu, es gebe inzwischen »mehr Menschen, die erkennen, das ist Sexismus und das ist nicht ok. Sexismus wird in Schulen besprochen, wird an Universitäten besprochen. Es gibt Seminare, die sich mit Sexismus beschäftigen. Und wir haben auf einmal ein Wort für ein Phänomen, das die ganze Zeit schon da war. Allein die Debatte ist schon so viel wert. Es findet Berichterstattung statt, wenn feministische oder Frauen betreffende Themen aktuell werden. Ich muss gewisse Dinge jetzt nicht mehr so erklären, dass sie passieren und dass ich das scheiße finde. Es gibt immer noch genug Leute, die können das nicht verstehen, aber wissen zumindest, wovon ich rede.«

Auch Anne Wizorek empfindet die Debatte als positiv. »*#aufschrei* ist zum Label für das Thema Alltagssexismus geworden und wird ja auch heute noch als Referenz benutzt. Dafür werden sexistische Stereotype auch in den klassischen Medien wieder stärker diskutiert und auch kritisiert. Das Thema ist gewissermaßen zu einem Grundrauschen geworden.«

Ähnliches berichtet Laura Himmelreich: »Laut einer Umfrage hat jeder vierte Deutsche im Zuge der Debatte das eigene Verhalten, den Umgang zwischen den Geschlechtern, hinterfragt und reflektiert. Die Leute haben sich gefragt: ›Verhalte ich mich sexistisch? Was ist Sexismus? Bin ich immer so respektvoll, wie ich sein könnte? Wann muss ich als Frau klar sagen, hier wird eine Grenze überschritten?‹ Es war nie mein Ziel, diese Debatte auszulösen, aber aus meiner Sicht war das eine wichtige Debatte.«

Mit Rainer Brüderle hat Laura Himmelreich seit dem Artikel kein Wort mehr gewechselt. »Ich habe weiterhin FDP-

Veranstaltungen besucht, aber wir hatten keinen persönlichen Kontakt mehr.«

Im Zuge der *#aufschrei*-Debatte monierte die Autorin Birgit Kelle in ihrer *The European*-Kolumne, der Sexismus-Begriff verkomme »zur Beliebigkeit« »(w)o persönliche Befindlichkeit als ausreichender Gradmesser erscheint, um Sexismus zu definieren«, um Laura Himmelreich zu unterstellen, bei George Clooney hätte diese die Aufdringlichkeiten als Flirt aufgefasst. Dabei wird aber vergessen, dass die Attraktivität des Gesprächspartners nicht als geeigneter Gradmesser für dessen Sexismus gilt. Ob die plumpe Anmache eines Brüderle aus Clooneys Munde weniger plump geklungen hätte, sei ebenso dahingestellt. Was als sexistisch angesehen wird, ist tatsächlich Teil eines gesellschaftlichen Aushandlungsprozesses, der auch medial geführt wird, und damit ebenso wie Geschlechterverhältnisse und -rollen sowie gesellschaftliche Regeln in ständigem Wandel begriffen.

Medien nehmen in diesem Aushandlungsprozess eine wichtige Rolle ein. Denn sie entscheiden, ob und wie berichtet wird. Die Stellung von Frauen in diesem Diskurs, die Möglichkeit, selbst zu Wort zu kommen, hängt auch davon ab, wie zahlreich und vor allem in welchen Positionen Frauen in Medien vertreten sind.

Nora Jakob erklärt: »Fakt ist, dass immer noch 95 Prozent aller deutschen Tages- und Wochenzeitungen von Männern geleitet werden. Die öffentliche Meinung wird also vor allem von Männern gesteuert – und hätte dabei durchaus ein bisschen mehr Abwechslung verdient. Ohne eine Quote würden bei diesem Tempo im Jahr 2060 die Hälfte aller Zeitungen von Frauen geführt werden. Der Journalismus scheint also ein männlicher Beruf zu sein, der, wie sollte es anders sein, auch viele männliche Sichtweisen vertritt.«

Wenn der Journalismus also in der Lage ist, die Welt zu schaffen und damit die hierarchischen Verhältnisse – sowohl personell als auch inhaltlich – aufrechtzuerhalten, besteht die einzige Chance von Frauen, sich ebenfalls an dieser »Schaffung der Welt« zu beteiligen, darin, an die Hebel der Meinungsmaschinerie zu kommen. Dafür bedarf es aber eines gesellschaftlichen Wandels, an dem die »alten Herren« jedoch oftmals nicht interessiert sind. Denn wer nimmt schon freiwillig einen Machtverlust in Kauf, wenn er es sich in der Machtposition so gemütlich eingerichtet hat?

Die sozialen Medien haben die Möglichkeit der weiblichen Teilhabe an der öffentlichen Meinungsbildung um einiges erleichtert. Ob ein Thema jedoch einer größeren Öffentlichkeit zugänglich ist, ist noch immer davon abhängig, inwieweit Mainstream-Medien auf den Zug aufspringen. Laura Himmelreichs *stern*-Artikel hat dazu beigetragen, dass das Thema Sexismus von einem größeren Bevölkerungsteil wahrgenommen wurde. Die Debatte, die sich im Zuge dessen entwickelte, ist für sich schon Bestätigung dafür, dass die Auseinandersetzung mit dieser Thematik längst überfällig war.

Michaela Kuich, Jahrgang 1986, studierte Politikwissenschaft an der Universität Wien, bevor sie ihr Masterstudium in Medienwissenschaft an der Universität Tübingen begann. Nach einem Interview mit der *stern*-Journalistin Laura Himmelreich war ihr klar, wie stark Sexismus auch in Politik und Medien verankert ist.

Spindlers Schmerzen

Nach einem Autounfall ist der erfolgreiche Manager Heinz Spindler ein chronisch kranker Mann, er will sterben. Mit Hilfe seiner Frau fasst er neue Hoffnung. ***Constanze Ramsperger*** schreibt über Leid, Liebe, Lebensmut und ihre Schwierigkeiten als Autorin, hunderte Episoden in eine Geschichte zu verwandeln.

Es ist der 1. März 1982, als der damals 36-jährige Heinz Spindler mit seinem Wagen von Neu-Ulm nach Mindelheim unterwegs ist. Er fährt auf einer Landstraße kurz vor Mindelheim, einer bayrischen Kleinstadt rund 60 Kilometer südlich von Augsburg, hinter einem VW Scirocco und einem Lastwagen mit Anhänger. Als der Fahrer des VW Scirocco den Transporter überholen möchte, kommt ihm auf der Höhe des LKW ein anderes Fahrzeug entgegen. Der Fahrer des Scirocco versucht, möglichst nah an den Lastwagen heranzufahren, quetscht sich in den Bereich zwischen Fahrzeug und Anhänger, damit das entgegenkommende Fahrzeug vorbeifahren kann. Heinz Spindler hat auch hinter dem LKW ausgeschert. Als er das entgegenkommende Fahrzeug sieht, überquert er die Gegenfahrbahn und weicht auf den Grünstreifen aus. Der entgegenkommende Fahrer lenkt seinen Wagen angesichts des LKW und des Scirocco auf seiner Spur ebenfalls auf die angrenzende Wiese. Er rammt den Wagen Spindlers vorne rechts, so dass Spindlers Wagen sich um die eigene Achse dreht, dann rammt er ihn noch einmal von hinten. Spindlers

Auto rutscht die Böschung hinunter, landet in einem kleinen Bach neben der Straße.

Scheinbar unverletzt klettert er aus seinem demolierten Wagen. »Mir fehlt nichts«, sagt er zu den Rettungssanitätern, die nur zufällig am Unfallort vorbeifahren und ihn mitnehmen wollen. Heinz Spindler ist seit Jahren ehrenamtlich beim Roten Kreuz beschäftigt, glaubt, seinen Zustand einschätzen zu können. Er rappelt sich auf, läuft den Hang nach oben zu den Polizisten auf die Straße – und bricht zusammen. Sie rufen im Krankenhaus an, doch dort gibt es keine Rettungsfahrzeuge mehr, weil sich zeitgleich ein anderer schwerer Unfall ereignet hat. Die Beamten fahren ihn ins Krankenhaus nach Mindelheim, nicht in die Notaufnahme, sondern begleiten ihn durch den normalen Eingang. Etwa anderthalb Stunden wartet er im Krankenhausflur. »Ich hab innerlich vibriert, hatte Schmerzen wie ein Tier«, erzählt er. Ein Arzt, der ihn schließlich behandelt, diagnostiziert ein Schleudertrauma und eine Gehirnerschütterung. Er wickelt Heinz Spindler eine Mullbinde um den Hals, zur Stabilisierung.

Von diesem Tag an wird Heinz Spindler Schmerzen haben. Im Nacken, im Rücken, im Kopf, auf der Haut. Beim Gehen, im Sitzen, im Liegen. Mittlerweile seit über drei Jahrzehnten.

Ich habe mehrmals mit Heinz Spindler über jenen 1. März 1982 geredet. Er sagt, wenn er die Augen schließe, sehe er alles vor sich, wie einen Film. Doch er habe Probleme, sich so lange zu konzentrieren, seine Bilder im Kopf so zu beschreiben, wie er sie sehe. Deshalb erfahre ich bei jedem Gespräch ein neues Detail. Zuletzt, dass es sein erster Arbeitstag für die US-Firma Flexcon war. In den folgenden Jahren wird Heinz Spindler sehr viel Geld verdienen, wirtschaftlich geht es für ihn bergauf. Körperlich bergab.

November 2014: Heinz Spindler sitzt am Küchentisch seiner Drei-Zimmer-Wohnung in Neu-Ulm und berichtet vom Unfallhergang und seiner Krankheitsgeschichte. Er raucht ununterbrochen, trägt eine Kette aus Bernstein an seinem Handgelenk, seine Haare stehen wirr zu allen Seiten, er hat etwas Verwegenes an sich. Er spricht sehr langsam, formt mühsam seine Worte. Früher sei er ein guter Redner gewesen, sagt er, aber bei dem Unfall habe er sich auch das Kiefergelenk gebrochen und er habe nun muskuläre Probleme. Dass ich mich für ihn interessiere, freut ihn. »Meine Geschichte«, sagt er, »die muss man aufschreiben.«

Genau das werde ich tun. Zumindest einen Teil davon. Der Journalist Rainer Nübel hatte mir den Kontakt vermittelt. 2004 hatte er das Ehepaar Spindler bei einer Recherche für den *stern* kennengelernt. Spindlers Krankheit spielte damals keine Rolle; die Verbindung zu dem Ehepaar hält er bis heute aufrecht. Jetzt sitze ich bei Heinz Spindler in der Küche und höre zu, wie er versucht, die Ereignisse seines Lebens zu rekonstruieren.

Doch es ist schwierig für den 68-Jährigen, eine Chronologie zu finden. Oft springt er zwischen den Jahren. Ich frage mich: Was bedeutet es überhaupt, »eine Geschichte« zu erzählen?

Der französische Philosoph Paul Ricœur (1913-2005) begriff das Erzählen als eine »poetische Lösung«, um Zeit zu beschreiben. In einer Erzählung werden laut Ricœur »unterschiedliche, vielfältige und zerstreute Ereignisse (...) zu einer umfassenden, vollständigen Geschichte ›zusammengefasst‹ und integriert«. Das bedeutet, dass willkürliche Geschehnisse, Zufälle erst durch eine nachträgliche Narration zu einem sinnvollen Ganzen verbunden werden, sie machen so Zeit erfahrbar. Wir alle tun das, wenn wir von unserem Leben erzählen. Eine

Aneinanderreihung von Anekdoten und Lebensdaten ist keine Geschichte. Wir konstruieren Geschichten, indem wir einzelne Ereignisse in einen Zusammenhang bringen, und werden so zu Erzählern unseres eigenen Lebens. Doch diese Sicht ist immer subjektiv. Wir interpretieren, akzentuieren, simplifizieren. Wir betonen Details oder lassen sie einfach weg. Dinge, die auch jeder Autor beim Schreiben machen muss.

Wichtig ist es, jene Entscheidungen, Wege und Wegbegleiter eines Lebens zu finden, die den Menschen charakterisieren. Was charakterisiert Heinz Spindler? Das möchte ich herausfinden.

Auf das erste Gespräch an diesem Novemberabend konnte ich mich kaum vorbereiten. Wie auch? Ich kannte Heinz Spindler nicht. Zu dem Treffen hatte ich bewusst kein Aufnahmegerät mitgenommen, es sollte ein erstes Kennenlernen sein, dessen Intimität ich nicht zerstören wollte. Zwei Stunden lang berichtet Heinz Spindler von seinem Leben, seiner Krankheit. Danach habe ich große Mühe, meine Notizen zu sortieren. Ich ringe darum, eine zeitliche Abfolge in die Erzählungen Spindlers zu bringen, aber es gelingt nur schwer. Ich hatte ihn immer wieder nach Jahreszahlen gefragt, doch die wusste er kaum und das Gespräch stockte. Deshalb muss ich darauf verzichten. Nur das Datum des Unfalls, das wusste seine Frau sofort. »Das Datum sitzt«, sagte Christine Spindler.

Seit 47 Jahren ist sie mit ihrem Mann verheiratet. Kennengelernt haben sie sich als Lehrlinge. Christine Spindler, die damals noch Hess hieß, machte ebenso wie Heinz Spindler eine Ausbildung zur kaufmännischen Angestellten.

Spindler erinnert sich noch gut an ihre erste Begegnung: »Ich war spazieren in der Mittagspause und da kam eine, die ich noch nie beachtet hatte, mit der ich noch nie ein einziges

Wort gewechselt hab«, erzählt er. Mit einem großen jungen Mann sei sie durch die Toreinfahrt gelaufen. Bis heute wisse er nicht, welcher Teufel ihn geritten habe, ihren Begleiter so unverblümt abzuservieren. Er sei auf die beiden zugegangen und habe zu dem wesentlich größeren Mann gesagt: »Das Mädchen, das gehört mir. Und wenn du jetzt nicht abhaust, dann schlag ich dir die Backen voll.« Über seinen Wagemut von damals kann er heute noch lachen: »Dem ist das Kinn heruntergefallen, der hat mich angeschaut, hat kein Wort gesagt, hat sich umgedreht und war weg.« »Ich war mit dem anderen sowieso schon am Zweifeln«, erzählt Frau Spindler, »dann hab ich gedacht, wunderbar. Gott sei Dank ist der weg.« Was ihm von dieser waghalsigen Aktion geblieben sei, sagt Heinz Spindler, sei seine Frau, die er bis heute unendlich liebe.

Ist Heinz Spindler ein Held? Der US-Literaturwissenschaftler Joseph Campbell (1904-1987) hat in den 1950er Jahren Märchen, Mythen und moderne Erzählungen analysiert und daraus eine Grundstruktur abgeleitet, die sich in fast allen Geschichten wiederfindet. Der Drehbuchautor Christopher Vogler hat diese Grundstruktur in seinem Buch »Die Odyssee des Drehbuchschreibers« auf den Film übertragen. Nach Vogler besteht die klassische Heldenreise aus zwölf Teilschritten. Der Held befindet sich zunächst in der gewohnten Welt. Dies ist die Ausgangssituation, von der aus sich Dinge verändern können. Wenn der Held den »Ruf des Abenteuers« erhält, weigert er sich zunächst, diesem Ruf zu folgen. Schließlich begegnet er aber seinem Mentor und nimmt das Abenteuer an. Er muss Hindernisse überwinden, trifft Verbündete und gelangt danach zur »entscheidenden Prüfung«. Wenn der Held diese Prüfung bestanden hat, erhält er eine Belohnung und kehrt zurück in die alte Welt. Die zwölf Teilschritte können auch als eine Kurve mit stetiger Auf- und Abbewegung dargestellt werden, denn der Weg des Helden ist nicht von Anfang an als erfolgreich vorgezeichnet. Es bleibt spannend bis zum Schluss.

Die Heldenreise ist eine dramaturgische Form, die es auch Autoren journalistischer Texte ermöglicht, Informationen zu ordnen und aus bloßen Fakten eine Geschichte zu weben. Christian Friedl führt das in seinem Buch »Hollywood im journalistischen Alltag« (2013) sehr detailliert und anhand vieler Beispiele aus. Die Heldenreise erweist sich, so Friedl, auch deshalb in der journalistischen Praxis als hilfreich, da man sie nach Belieben variieren kann. Das Abenteuer muss kein »Abenteuer« im eigentlichen Sinne sein und der »Widersacher« muss keine Person sein. Friedl beschreibt beispielsweise den Kampf von Weinbauern gegen neue Schädlinge als Heldenreise. Der Gegner der Weinbauern ist hier der Klimawandel, der dafür sorgt, dass sich die Schädlinge auch in Deutschland vermehren können. Hätte man einen Weinbauern als »Held« gesehen? Wohl eher nicht. Aber wir können seine Geschichte als Heldenreise erzählen, wenn wir uns dafür entscheiden.

Wie würde Spindlers Heldenreise verlaufen? In seiner gewohnten Welt ist er ein erfolgreicher Manager mit Frau, zwei Kindern, einem Haus. Dann kommt der Unfall. Sein Widersacher taucht auf, der Antiheld, es ist der Schmerz, seine Krankheit. Als Mentor steht ihm seine Frau zur Seite. Die Reise von Spindler ist sein Leben mit dem Schmerz. Auf dieser Reise muss er viele Hindernisse überwinden, einen Gerichtsprozess beispielsweise. Die »neue Welt« wird kein schmerzfreies Leben sein. Aber vielleicht ein Leben, in dem er sich mit seinem Leiden arrangiert hat.

Mit Spindlers Crash beginnt diese Geschichte. Der Moment, in dem er mit seinem Fahrzeug im Straßengraben landet, verändert sein Leben vollständig. Deshalb steht die Unfallszene am Textanfang. Vielleicht hätte ich auch damit beginnen können, die gesundheitlichen Folgen der Karambolage aufzuzählen. Doch es sind erzählerische Einstiege, die Leser in Geschichten ziehen, keine Fakten. Journalisten suchen deshalb Szenen, Situationen, die sie an den Anfang ihrer Texte stellen können. Am eindrucksvollsten zu beschreiben sind Situationen, die Journalisten selbst erlebt haben. Kennt man die Ereignisse nur aus Berichten, müssen das die Leser wissen. Der *Spiegel*-Redakteur René Pfister verzichtete auf diese Information. 2010 schrieb er das Porträt »Am Stellpult« über den bayerischen Ministerpräsidenten Horst Seehofer. Pfister schilderte zu Beginn seines Stücks detailliert, wie Seehofer im Keller seines Hauses mit einer Modelleisenbahn spielt – eine Parabel auf den Führungsanspruch des CSU-Politikers. Das Problem: Der Leser glaubt, dass der Autor mit eigenen Augen beobachtet hat, wie Seehofer die Züge steuert. Doch Pfister war niemals in diesem Keller, er kannte die Eisenbahn nur aus Erzählungen von Kollegen, also aus zweiter Hand. Nachdem Pfister seinen Fauxpas offengelegt hatte, erkannte ihm die Jury des Henry-Nannen-Preises die für den Text verliehene Auszeichnung ab.

Auch ich kenne den Unfallhergang nur aus den Erzählungen Spindlers. Beim mehrfachen Aufprall wird der Manager so stark nach oben geschleudert, dass der Sicherheitsgurt die Halsschlagader quetscht. Er prallt ans Autodach, wird zurückgeschleudert, stößt mit der Hüfte auf den Schaltknüppel. »Das Autodach hat eine Delle gehabt, da hat man genau sehen können, wo der Kopf dagegen geknallt ist«, sagt Christine Spindler. Heinz Spindler erlitt seinerzeit einen Bruch des ersten und zweiten Halswirbels, einen Genickbruch. Dieser verläuft normalerweise tödlich, da er das Rückenmark beschädigt. Bei Spindler haben sich die Knochen jedoch zur Seite verschoben und das Rückenmark blieb unverletzt, deshalb habe er überlebt. Diese Diagnose stellt ein Arzt aber erst Jahre später. »Sie haben ein Schweineglück gehabt«, habe der Mediziner gesagt, erinnert sich Heinz Spindler.

Doch jener Arzt, der ihn unmittelbar nach dem Unfall behandelt, merkt anscheinend nichts von Spindlers Schäden, schickt ihn nach Hause. Christine Spindler holt ihren Mann aus dem Mindelheimer Krankenhaus ab. » Auf der Rückfahrt vom Krankenhaus hat er sich innen im Auto an einem Bügel festgekrallt, solche Schmerzen hat er gehabt«, erzählt sie.

Nach seinem Unfall, sagt Herr Spindler, sei er in ein großes Loch gefallen. Er habe sich gefühlt wie ein Zug, den man auf ein Gleis setzt und der immer nur in die vorgegebene Richtung fahren kann. Trotzdem beginnt er nach kurzer Zeit wieder zu arbeiten. »Der Umsatz schoss in die Höhe wie eine Rakete«, erzählt er auch heute noch mit Stolz. Heinz Spindler redet lieber über seine Erfolge, Dinge, die ihm gelungen sind. Seiner Frau verschweigt er oft seine Schmerzen. Doch irgendwann kann er ihr nichts mehr vormachen. Zunächst konnte er noch selbst Auto fahren, als das nicht mehr ging, hat er sich hinten auf die Rückbank gelegt und seine Frau ist gefahren, später hatte er einen Chauffeur. »Ich war gefangen in der Depression. Wie? Wo ist eine Weiche, damit ich in eine andere Richtung kann?«, erzählt er. Sein Hausarzt verschreibt ihm Rohypnol, ein sehr starkes Beruhigungsmittel. Das Medikament gehört zur Gruppe der Benzodiazepine, Verbindungen, die in kürzester Zeit abhängig machen können. Der Hausarzt verordnet immer mehr Tabletten, stellt zuletzt sogar Blankorezepte aus, in die Spindler selbst die benötigte Menge einträgt. Am Ende sind es 30 Tabletten am Tag. Das entspricht in etwa 30 Milligramm.

Ich informiere mich im Internet über Rohypnol und erschrecke über die von Spindler konsumierte Menge. Ich kann mir nur schwer vorstellen, wie er unter derartigem Medikamenteneinfluss auch noch gearbeitet haben kann. Um die Folgen besser einschätzen zu können, verabrede ich mich mit Barbara Schlisio. Die promovierte Medizinerin mit einem Diplom in Anästhesie ist Oberärztin der Schmerzambulanz der Uniklinik Tübingen. Die Expertin bestätigt, dass ein Mensch diese Dosis vertragen kann, warnt aber vor den Folgen. »Rohypnol sollte immer eine kurzfristige Therapie sein. In dem Moment, in dem man es langfristig verabreicht, bringt man die Patienten in eine Abhängigkeitssituation.« Die Dosis, so erklärt sie, beginne bei 0,5 Milligramm, erhöhen würde man maximal auf 2 Milligramm. Nach zwei bis drei Wochen müsse das Medikament allmählich abgesetzt werden.

Auch bei Heinz Spindler hat der Wirkstoff extrem negative Auswirkungen, irgendwann ist er am Ende seiner geistigen Kapazität. Im Job unterlaufen ihm peinliche Fehler. Statt einer Rechnung schickt er einem Kunden eine Zeichnung für die Schrittfolge im Walzer. Tanzen war sein Hobby. Heinz Spindler will den Entzug: »Weil ich gesehen hab, was mit mir passiert«, sagt er. Er wendet sich an das Max-Planck-Institut in München. Doch hier kann man ihm nicht helfen, da man nur Patienten behandelt, die körperlich unversehrt sind. Erst gestern sei einer »verreckt«, habe man ihm in München gesagt, mit 40 Rohypnol, erzählt Spindler. Also macht er den Entzug selbst, mit Hilfe seiner Frau. Heute nimmt er noch zwei Stück, um einzuschlafen. Es ganz abzusetzen, sei nicht möglich.

»Der Hausarzt von damals hat viel kaputt gemacht in unserem Leben«, sagt Christine Spindler mehrmals mit Nachdruck. Schmerzexpertin Barbara Schlisio bestätigt, dass Patienten oft unzureichend aufgeklärt werden. Nicht nur über Medikamente, wie Rohypnol, sondern auch über Diagnosen. Viele Befunde würden Patienten nicht richtig verstehen und das löse Ängste aus, diese wiederum können Schmerzen verstärken. Ein Teufelskreis. Oft würden Patienten verzweifelt nach Verständnis und Hilfe bei Ärzten suchen. Würden immer neue Ärzte, Spezialisten, Therapiemöglichkeiten versuchen. Das sei nicht immer zum Besten des Patienten.

»Wenn Sie so von Schmerzen getrieben sind wie ich, dann packen sie jede Chance«, sagt Spindler. Mitte der 1980er Jahre erfährt er, dass ein Krankenhaus in Köln einen Magnetresonanztomografen (MRT) angeschafft hat. Mit dem Gerät können Gewebe und Organe im Körper sichtbar gemacht werden. Spindler legt sich in die Röhre in der Hoffnung, die Ärzte finden eine Ursache für seine Schmerzen. Zwar sieht man Blutungen in der Hirnrinde, kann diese aber nicht behandeln. Also sucht er andere Spezialisten auf, probiert neue Medikamente, wird operiert. »Ich bewundere meinen Mann dafür, dass er all die Jahre nie die Hoffnung aufgegeben und immer weiter gekämpft hat«, sagt Christine Spindler. Ihr Mann, der sei schon immer so ein »Macher« gewesen. 22 Jahre war er ehrenamtlich beim Roten Kreuz, war immer bereit zu helfen. Als Fahrer im Rettungsdienst endete seine Aufgabe an der Krankenhauspforte. Er habe nie gesehen, was mit den Patienten danach passiert ist. Ob sie genesen sind oder nicht. Vielleicht habe es auch deshalb so lange gedauert, bis er gelernt hatte, dass er nie wieder schmerzfrei sein würde. Jedoch habe sie dafür genauso lange gebraucht.

Neben den körperlichen Beschwerden belastet Heinz Spindler auch die juristische Auseinandersetzung mit der Versicherung des Scirocco-Fahrers von damals. In dem vorangegangenen Strafprozess war der Scirocco-Fahrer als Schuldiger für den Unfall verurteilt worden. Im zivilrechtlichen Prozess geht es um Schmerzensgeld und Schadensersatz. Die gegnerische Versicherung weigert sich zu zahlen, da sie die Schmerzen Spindlers als harmlos einstuft und sie auf ein Halswirbelsäulen-Schleudertrauma zurückführt. Dagegen wehrt er sich. Nicht nur mit dem Prozess.

Seinen Frust verarbeitet er künstlerisch. »Und dann hab ich mir einfach die ganze Frustration in diese Figur reingedacht.« Heinz Spindler deutet auf die Kopie eines Fotos, das vor ihm auf dem Wohnzimmertisch liegt. Darauf zu sehen ist eine mannshohe Figur aus Draht, die mit Aluminium überzogen ist. Es ist »der Schmerzensmann«, so nennt er ihn. Wie Spindler selbst, stützt sich die Figur mit dem rechten Arm auf eine Krücke, ihr Oberkörper ist leicht nach vorne geneigt. Augen, Nase und Mund sind von Alufolie verdeckt, fast denkt man an einen Roboter aus einem Science-Fiction-Film. »Das ist mein Gehirn«, sagt er und zeigt auf den Kopf der Figur, der quer von einer Eisenstange durchbohrt wird. Vor der Figur türmen sich Unmengen kleiner Fläschchen. »Das sind genau 365 Flaschen Valoron N, eine schwere Droge, die ich in einem Jahr konsumiert habe«, erklärt Heinz Spindler. Vor den Flaschen sind an einen Metallstab die kopierten Rezepte der Medikamente gepinnt, die Spindler verschrieben bekommen hat. In der rechten Hand hält sie neben der Krücke einen Artikel zum HWS-Schleudertrauma.

Heinz Spindler lässt den Schmerzensmann von einer Spedition zum Oberlandesgericht nach Augsburg transportieren.

Mehrmals bitten ihn die Juristen, seine »künstlerisch wertvolle Figur« wieder abzuholen. Doch Spindler weigert sich. Die Figur sei ein Beweis für seine Schmerzen. Man solle sie entsorgen. Aber davon will man in Augsburg nichts wissen, dafür sei die Figur zu kostbar. Als Spindler den Prozess gegen die Versicherung des Unfallgegners gewinnt und eine für ihn akzeptable Entschädigung erhält, entsorgt er den Schmerzensmann selbst.

Es ist Anfang Dezember 2014 und ich besuche Christine und Heinz Spindler zum zweiten Mal. Diesmal bin ich gut vorbereitet, habe mir alle Fragen notiert, die die vielen Lücken in seiner Geschichte schließen sollen. Bei unserem ersten Treffen habe ich Spindler alles erzählen lassen, was ihm einfiel. Doch oft ist er abgeschweift von unserem Thema. Meine Notizen: Ein einziges Chaos. Auch an diesem Montagnachmittag merke ich, es ist schwer für Spindler, seine Geschichte chronologisch zu erzählen. Vielleicht konzentriere ich mich zu sehr auf Details: Wann war welche Operation bei welchem Arzt? Heinz Spindler wird das schnell zu viel. Mitten im Gespräch reicht er mir quer über den Küchentisch seine Hand und verabschiedet sich von mir. »Ich kann nicht mehr«, sagt er und deutet auf seine Stirn, auf der sich dicke Schweißperlen gebildet haben.

Nachdem sich Spindler in das Wohnzimmer zurückgezogen hat, zeigt mir seine Frau die übrige Wohnung. Dutzende Bilder hängen an den Wänden, stapeln sich auf den Schränken, gemalt von Heinz Spindler. Ein Feld mit Sonnenblumen ist auf einer Leinwand im Flur zu sehen, gemalt in Öl. Doch es gibt auch abstraktere Gemälde, wie das in seinem Schlafzimmer. Tiefes Dunkelblau umgibt einen nur schemenhaft zu erkennenden Glücksdrachen in Türkis. Es ist das Lieblingsbild seiner Frau. »Wenn mein Mann malt, ist das eine riesige Sauerei«, sagt sie. Die Farbflecken auf dem Teppich in seinem Malzimmer bestätigen ihren Befund. In Gedanken sehe ich Spindler, auf einem Barhocker sitzend, vor seiner Staffelei. Mühsam mischt er die Farben auf seiner Palette. Ein Tropfen gelber Farbe tropft auf den Teppich. Geschickt wirbelt der Pinsel über die Leinwand, seine körperliche Gebrechlichkeit, die man sonst bei jeder Bewegung sieht, scheint zu verschwinden. Doch das geschieht nur in meiner Vorstellung. Ich nehme mir vor, ihn beim nächsten Treffen nach seinen Bildern zu fragen. Vielleicht komme ich ihm dann näher.

Doch Heinz Spindler sagt unsere Termine zweimal kurzfristig ab. Sein gesundheitlicher Zustand lasse eine Begegnung nicht zu. Ich nutze die Zeit und lese meine Aufzeichnungen vom Gespräch mit Barbara Schlisio von der Uniklinik Tübingen. Ich muss mehr über die medizinischen Hintergründe bei Schmerzpatienten erfahren.

Bei unserem Gespräch hatte mir die Medizinerin erklärt, dass die Vorstellung falsch sei, der Schmerz hätte sich sozusagen im Gehirn des Patienten festgesetzt. Chronische Schmerzpatienten litten meist unter Nervenschädigungen und diese würde weiter bestehen, auch wenn die unmittelbaren Verletzungen verheilt sind. Es gibt also auch bei Schmerzpatienten noch Auslöser für Schmerz, sie seien nicht verschwunden, auch wenn das oft behauptet würde.

Bei einer Schmerztherapie hätten Patienten oft unrealistische Erwartungen, was den Behandlungserfolg angeht, so Schlisio. Man spreche von einem »sehr guten Erfolg«, wenn die Schmerzen um 50 Prozent reduziert würden. »Patienten haben aber nicht die Vorstellung von minus 50, sondern von minus 80 oder minus 90 Prozent.« Ein Behandlungserfolg sei außerdem immer eine Balance zwischen Wirkung und Nebenwirkung.

Erst jetzt verstehe ich, warum Heinz Spindler das letzte Treffen abgesagt hatte. »Mein Mann nimmt ein neues Medikament«, hatte Christine Spindler mir am Telefon gesagt, »es hilft gut gegen die Schmerzen, aber jetzt ist ihm nur noch schlecht, schlecht, schlecht.« Er habe 13 Kilogramm abgenommen und wäre aufgrund dessen so geschwächt gewesen, dass er gestürzt sei. »Bei uns ist immer was los«, bemerkte sie lakonisch.

An einem Mittwoch im Januar 2015 treffe ich Heinz Spindler zum dritten Mal. Er hat eine Mappe herausgesucht, in dem er Fotografien einiger seiner Bilder aufbewahrt. Als hätte er geahnt, dass ich ihn nach seiner Malerei fragen will. »Die Malerei war für mich das Nonplusultra, die absolute Lösung meiner Probleme«, erzählt er. Als Motiv wählt er oft die Natur. Vor allem Bäume. Ein Bild zeigt einen Wald in Blau. Die Äste der Baumkronen sind ineinander verschlungen, bilden ein dichtes Gewirr. »Das entspricht meinem Kopf, meinem Gehirn«, sagt er. Er habe schon immer viele Gedanken in seinem Kopf gehabt, die er nur schwer ordnen konnte, nach dem Unfall sei das noch schlimmer geworden.

Wir unterhalten uns auch wieder über seine Krankheit. 2005 bekommt er eine Morphiumpumpe implantiert, die von nun an sein Rückenmark direkt mit dem Schmerzmittel versorgt. 2009 steht es sehr schlecht um ihn. Frau Spindler bemerkt den Gesundheitszustand ihres Mannes bereits am Morgen. Als er auf die Toilette geht, bricht er dort zusammen. Sie verständigt den Notarzt, doch Heinz Spindler kommt immer wieder zu sich und weigert sich, mit ins Krankenhaus zu kommen. Diese Episode erzählt mir seine Frau. Irgendwann sagt er mitten in ihre Erzählung: »Ich wollte sterben.« Der Sanitäter ruft die Polizei, um sich abzusichern, und nimmt Spindler gegen seinen Willen mit. Im Krankenhaus fällt er ins Koma. Diagnose: Multiples Organversagen. Seine Frau wird vom Amtsgericht Ulm innerhalb weniger Tage als Betreuerin bestimmt. Sollte es zu der Entscheidung kommen, ob lebenserhaltende Maßnahmen eingestellt werden oder nicht, wird Christine Spindler darüber entscheiden müssen. Auch die Medikamente für ihren Mann verwaltet sie. »Damit ich nicht abrutsche«, sagt Heinz Spindler.

Als er wieder aus dem Koma erwacht, hat er eine Amnesie, erinnert sich kaum noch an etwas. Wieder ist seine Frau an seiner Seite. Sie sagt, sie hätten sehr viel miteinander gesprochen, sich gemeinsam Fotos angesehen, sich zusammen erinnert, über ihr gemeinsames Leben gesprochen. Allmählich kommen seine Erinnerungen zurück und jetzt will er sie nicht mehr verlieren, beginnt sein Leben aufzuschreiben. Wieder muss ich an Paul Ricoeur und seinen Begriff der »narrativen Identität« denken. Das Erzählen der eigenen Lebensgeschichte wird zur Selbstvergewisserung. Es dient dazu, sich selbst im Zeitverlauf wahrzunehmen. Wenn wir unsere Erinnerungen verlieren, verlieren wir einen Teil von uns.

Doch nach einer halben Stunde wechseln die beiden das Thema. Plötzlich erzählen sie von den schönen Seiten der vergangenen Jahre. Von ihren Abenden beim Wiener Opernball. Gemeinsam lachen sie darüber, als sie sich erinnern, dass sie am nächsten Tag tanzend im Fernsehen zu sehen waren.

Wenn Heinz Spindler von den Reisen erzählt, gerät er ins Schwärmen. Beruflich war er ständig unterwegs. Ägypten, Israel, USA. Er habe viele schöne Bilder im Kopf, von früher. Die bunten Wälder beim Landeanflug auf Kanada zum Beispiel. Oder Bali, wo er balinesische Studenten im Aquarellmalen unterrichtet habe. Er zeigt auf den kleinen Buddha aus Palisanderholz, ein besonderes Mitbringsel von einer seiner vielen Reisen nach Bali. Der Kopf des sitzenden Buddha ist weit nach unten gebeugt, seine Form gleicht fast einer kleinen Kugel. In einem Souvenirladen sei er gewesen und habe kurz mit dem Besitzer gesprochen. »Der hat 500 Buddhas gehabt. Und dann hab ich gesagt, ich möchte aber keinen von den Resten da. Das kauft sich ja jeder. Ich möchte etwas Eigenes.« Also stellt er dem Besitzer die Aufgabe, einen Buddha zu machen, der zu ihm passe. »Büßen, leiden, erleiden, vergeben. Steckt alles da drin. Und da war ich sehr sehr stolz drauf.« Ein wenig später fügt er hinzu: »Der hat mich durchschaut wie ein Röntgenbild.«

Christine und Heinz Spindler erzählen an diesem Tag auch von Spanien oder Frankreich, wo sie früher überwintert hätten. Zuletzt kurz bevor bei Heinz Spindler eine Morphiumpumpe implantiert wurde. Das Gerät muss alle vier Wochen befüllt werden, da lohnt sich das Verreisen nicht mehr.

Während Heinz Spindler von warmen Ländern erzählt, in denen seine rheumatischen Schmerzen etwas nachließen, streichelt er seiner Frau liebevoll den Rücken. Sie zeigen auch ihr Schlafzimmer. Neben dem Ehebett steht ein Sauerstoffgerät, das Spindler nachts tragen muss und dessen Geräusch seine Frau oft weckt. Doch die Spindlers schlafen nebeneinander. Neulich habe sie überlegt, eine Nacht ins Hotel zu gehen, um mal wieder durchzuschlafen, aber da würde sie doch kein Auge zu machen, sagt sie. Ihr Mann ebenso wenig: »Wenn ich alleine bin, dann habe ich keine ruhige Minute, will wissen, wo meine Frau ist, wie es ihr geht«, sagt Heinz Spindler. Wäre ihr Mann nicht so liebenswert, sagt Frau Spindler, würde sie das alles nicht durchstehen.

Sie seien beide froh, dass sie so viel verreist seien, so lange es noch ging. »Wir haben zu unseren Kindern gesagt, bei uns gibt es nicht viel zu erben. Wir haben unser Geld ausgegeben«, sagt Christine Spindler schmunzelnd. »Es gibt nichts Schlimmeres, als sein ganzes Leben am Tisch zu sitzen und seine Arbeit zu machen und zu denken, wenn ich meine Rente habe, dann lebe ich«, sagt er. Herr Spindler hat nicht gewartet. Er sei zufrieden mit all den schönen Dingen, die er erlebt habe.

Nach drei Stunden verlasse ich die Wohnung der Spindlers. Mir ist völlig unklar, wie ich all diese Informationen ordnen soll. Manche Aussagen sind verwirrend, widersprüchlich. Manche Episoden erinnern an ein ganz normales Leben. Andere Geschichten, etwa die seiner Medikamentenabhängigkeit, sind nur schwer zu ertragen. Aber ich möchte das Leben Spindlers nicht als Tragödie schreiben. Er hat sich mir gegenüber nie beklagt. Im Gegenteil. Obwohl sich Heinz Spindlers Gesundheitszustand zusehends verschlechtert, gibt es Dinge, die ihm Freude bereiten. Seine Enkelin zum Beispiel, die fast jedes Wochenende zu Besuch kommt. Mit ihr gehen sie nach draußen, auf den Markt nach Ulm, lassen sie Karussell fahren, essen Würstchen zusammen. »Was man halt so macht«, sagt Heinz Spindler.

Was muss ich schreiben? Was weglassen? Wie soll ich enden? Vielleicht so: Bei unserer ersten Begegnung erzählte mir Heinz Spindler von einem Feuerwehrauto. Damals war er noch ein Knirps. Er war mit seinem Vater unterwegs in den Kindergarten. Neben der Donau verlief ein flaches Metallgeländer, auf dieses hat er sein Feuerwehrauto immer gesetzt und es darüber gezogen. Der Lärm hat seinen Vater, damals schon über 60, sehr gestört. Er fordert seinen Sohn auf, damit aufzuhören, der macht aber weiter. Daraufhin wirft der Vater das Auto in die Donau. Das Feuerwehrauto war Heinz' ganzer Stolz, niemand außer ihm besaß so ein Spielzeug. Am nächsten Tag büchst er aus dem Kindergarten aus, geht zurück an die Donau und taucht nach dem Auto. Seine Kleider hat er dazu ausgezogen. Die Lederhose und das schicke amerikanische T-Shirt. Das Auto bleibt verschwunden und als er sich wieder anziehen will, sind die Klamotten auch weg. Heinz Spindler ist traurig. Aber er hat es wenigstens versucht.

Constanze Ramsperger, Jahrgang 1986, Bachelorabschluss in Vergleichender Literaturwissenschaft an der Universität Augsburg. Nach jedem Gespräch mit Heinz Spindler notierte sie seine Erinnerungen und ihre Gedanken dazu. Blättert sie heute in diesen Aufzeichnungen, wird ihr bewusst, wie gut sie den Helden ihrer Geschichte kennen gelernt hat.

Überraschender Seitenwechsel

Um herauszufinden, wie Medien Skandale aufdecken, traf sich ***Juliane Kessler*** mit einem Whistleblower. Als sie kurz darauf geheime Dokumente erhielt, steckte sie plötzlich selbst in einer investigativen Recherche.

Es ist ein bitterkalter Nachmittag Ende Januar 2015. Vereinzelte Sonnenstrahlen werfen ihr Licht durch das große Fenster am Eingang des Tübinger Cafés. Der angrenzende Marktplatz ist ungewöhnlich leer. Im Café herrscht reger Verkehr, die Kellnerin läuft unablässig zwischen den Tischen und der Theke umher und balanciert dabei gekonnt Speisen und Getränke auf ihrem Tablett. An einem kleinen runden Tisch in einer Nische direkt neben dem Eingang sitzt Petra Koch am Fenster. Ihren richtigen Namen möchte sie nirgends lesen. Koch trägt einen grauen Blazer, Jeans in derselben Farbe und ein schickes Tuch um den Hals. Eine Haarsträhne, die ihr immer wieder ins Gesicht fällt, streicht sie unermüdlich mit dem Zeigefinger hinter das rechte Ohr zurück. Von dem geschäftigen Treiben um sie herum scheint sie nichts mitzubekommen, sie redet schnell und bestimmt, benutzt hin und wieder ihre Hände, um das Gesagte mit einer Geste zu unterstreichen. Ihr belegtes Brötchen verspeist sie nur langsam, das Reden hält vom Essen ab. Petra Koch war Compliance-Mitarbeiterin einer Bank. »Am Ende kam es mir vor, als säße ich im falschen Film.«

Zwei Monate zuvor: Ich wollte wissen, wie investigative Journalisten arbeiten. Wie schaffen sie es, Skandale in Wirtschaft oder Politik aufzudecken? Ich treffe mich mit Hans-

Martin Tillack in Nürtingen. Der 54-Jährige arbeitet im Hauptstadtbüro des *stern*. Er deckte die umstrittenen Nebentätigkeiten des Grünen-Politikers Ludger Vollmer auf, schrieb über Bestechungspraktiken bei Siemens, berichtete, wie sich Bundesministerien von privaten Sponsoren helfen lassen, und offenbarte fragwürdige Zahlungen bei der HRE-Bank. »Eine investigative Recherche beginnt meist mit einem Anstoß«, sagt Tillack. Oft bekomme er einen anonymen Hinweis, manchmal auch geheime Unterlagen zugespielt. Whistleblower heißen Menschen, die Journalisten über Missstände in ihrem Betrieb oder ihrer Behörde informieren. Der Journalist Rainer Nübel, der auch für den *stern* arbeitet, verschafft mir Kontakt zu einem Whistleblower.

Am Abend des 3. Dezember 2014 treffe ich den Informanten in einem Aufenthaltsraum der Tübinger Universität. Lange berichtet er von seinen Erfahrungen als Whistleblower. Er erzählt von mehrfachen Drohungen gegenüber ihm und seiner Familie, und dass seine Kinder von Fremden fotografiert worden seien. Dabei wirkt er nie traurig oder gar eingeschüchtert. Er redet ohne Punkt und Komma, schweift immer wieder ab, lacht hin und wieder kurz auf, eine Erzählpause legt er nur selten ein. »Wenn man Angst bekommt, kann man aufhören«, sagt er, und »dass man sich im Leben den Luxus herausnehmen kann, das zu tun, was man für richtig erachtet.« Zu meiner Überraschung erhalte ich zwei Tage nach unserem Gespräch einen Stapel Unterlagen von dem Mann. Wie er an die Unterlagen gekommen ist, verrät er nicht. Die Dokumente werfen die Frage auf, ob über eine deutsche Bank Geld von Kunden gewaschen worden sein könnte. Bis vor ein paar Tagen wollte ich über aufdeckenden Journalismus schreiben, jetzt stecke ich selbst in einer investigativen Recherche.

Doch interessiert ein solcher Fall, soll ich ihm nachgehen? Ich frage Ahmet Senyurt. Der freie Journalist arbeitet für die *ARD* und fand unter anderem heraus, dass deutsche Firmen trotz EU-Sanktionen Nukleartechnologie in den Iran exportieren, und deckte Sabotagen der Schleusermafia auf türkischen Flüchtlingsschiffen auf. Für Senyurt ist das entscheidende Kriterium die Relevanz. Ob er eine Geschichte verfolge, hänge davon ab, ob ein öffentliches Interesse besteht. Außerdem sollte man die Behauptungen belegen können. Geldwäsche ist ein solches Thema. Deshalb beginne ich, die Unterlagen meines Informanten zu lesen:

Im Juli 2013 sind die Compliance-Mitarbeiterin Petra Koch und eine Kollegin mit dem Transaktionsmonitoring für ihren Arbeitgeber, eine deutsche Bank, beschäftigt. Sogenannte Compliance-Mitarbeiter sorgen im Unternehmen für die Einhaltung von Vorschriften und Gesetzen. Während ihrer routinemäßigen Untersuchung fällt Petra Koch und ihrer Kollegin eine Überweisung in Höhe von mehreren Tausend US-Dollar auf. Ein Kunde der Bank, eine ukrainische Firma aus einer für Geldwäsche anfälligen Branche, überweist diesen Betrag an ein britisches Unternehmen, das seine Konten bei einer Bank in Riga, Lettland, führt. Als Verwendungszweck wird lediglich »delivery of equipment« angegeben, Rechnungsnummer und Rechnungsdatum fehlen. Die Transaktion erscheint den beiden Mitarbeiterinnen seltsam. Petra Koch startet eine Suchanfrage über das begünstigte Unternehmen in 48 Queen Anne Street, London. Sie entdeckt, dass die Adresse in direktem Zusammenhang mit dem Geldwäsche-Providersystem »Vanagels Connection« steht.

ICIJ, eine in Washington ansässige Arbeitsgemeinschaft investigativer Journalisten, entdeckte Ende 2012 in Zusammenarbeit mit der britischen Zeitung The Guardian und dem Panorama

Programm der BBC eine Gruppe von 28 Geschäftsführern, die als Strohmänner mehr als 21.000 Firmen repräsentierten. Laut lettischen Medien waren über 300 Firmen auf zwei Namen registriert: auf den obdachlosen Erik V. und den Versicherungsmakler Stan G. Beide wussten wahrscheinlich nichts von der Verwendung ihrer Namen, ihre Unterschriften wurden vermutlich gefälscht, beziehungsweise auf Formulare kopiert. Nach Schätzungen sollen mindestens zehn Milliarden US-Dollar durch Offshore-Firmen gewaschen worden sein, die V. und G. als fingierte Geschäftsführer anführten. Die Offshore-Unternehmen hatten ihren Sitz meist in 48 Queen Anne Street, London und bei einer Adresse in Limassol, Zypern, die einem Friedhof zugeordnet ist. Weiter zeigt die Suchanfrage, dass die Firma im Verdacht steht, 2009 an einer Waffenlieferung in den Südsudan beteiligt gewesen zu sein.

Um eine Geldwäscheverdachtsanzeige beim Landeskriminalamt (LKA) aufzugeben, müssen die beiden Mitarbeiterinnen den wirtschaftlichen Eigentümer des Unternehmens ermitteln, denn Anzeige kann nur gegen den Eigentümer, nicht gegen die Firma erstattet werden. In den Dokumenten zum Konto der Gesellschaft finden Petra Koch und ihre Kollegin die Passkopie von Erik V. Am 19. Juli 2013 informieren sie wegen Verdacht auf Geldwäsche das LKA.

Mögliche Geldwäsche über eine deutsche Bank? Für die Öffentlichkeit wäre das auf jeden Fall relevant. Doch lässt sich diese Story belegen? *stern*-Reporter Tillack empfiehlt mir, die Unterlagen ausführlich zu studieren und zusätzlich alle Informationen, die ich in öffentlich zugänglichen Quellen finden kann, zu sammeln. Ahmet Senyurt erzählt, dass eine solche Rechercheleistung 80 Prozent seiner täglichen Arbeitszeit beansprucht. Manchmal recherchiert der auf das Thema Islamismus spezialisierte Journalist eine Geschichte bis zu zwei Jahre lang.

Zunächst möchte ich verstehen, wie Geldwäsche funktioniert. Ich kontaktiere den Geldwäsche-Experten Andreas Frank, er ist bereit, die wesentlichen Fragen zu beantworten. Ziel von Geldwäsche sei es, Gewinne, die nicht versteuert oder die durch Korruption und andere illegale Geschäfte – etwa Drogenhandel – realisiert wurden, so in den legalen Wirtschaftskreislauf einzuspeisen, dass die Herkunft des Geldes nicht mehr rekonstruiert werden kann. Dafür werden oft sogenannte Offshore-Briefkastenfirmen gegründet. Das sind Scheinfirmen in Ländern mit niedrigen Steuersätzen und einer geringen Finanzmarktaufsicht. Die Geschäftsführer dieser Unternehmen sind häufig Strohmänner; die tatsächlichen wirtschaftlichen Eigentümer bleiben verborgen. Über die Konten dieser Scheinfirmen in verschiedenen Ländern werden Gelder hin und her geschoben, bis sich der Geldstrom schließlich nicht mehr zurückverfolgen lässt. Das Büro der Vereinten Nationen für Drogen- und Verbrechensbekämpfung (UNODC) geht davon aus, dass weltweit jährlich zwischen 800 Milliarden und 2 Billionen US-Dollar gewaschen werden. Allein in Deutschland sollen es pro Jahr schätzungsweise 50 Milliarden Euro Schwarzgelder sein. Anfang 2014 rügte die OECD Deutschlands mangelndes Engagement bei der Bekämpfung von Geldwäsche und drohte damit, das Land als Risikostaat zu listen.

Um Geldwäsche zu verhindern, müsste die Ursache bekämpft werden und das sei die organisierte Kriminalität, betont Andreas Frank. Dabei gebe es Defizite: »Wir reden immer von den Gefahren des Terrorismus. Damit kann man immer wieder Mittel locker machen und bürgerliche Freiheiten einschränken. Aber das Problem liegt woanders. Durch die organisierte Kriminalität werden jeden Monat mehr Menschen umgebracht, als in allen Terrorakten zusammen.«

Außerdem kritisiert der 63-Jährige die geringe Auseinandersetzung mit dem Thema Geldwäsche. Die Medien würden sich stattdessen mit oberflächlichen Verstößen aufhalten: »Man sieht es bei der britischen Großbank HSBC: Denen wurde nachgewiesen, dass sie Milliardengewinne aus der organisierten Kriminalität gewaschen haben, und dann kommen die mit ein paar Milliarden Strafe davon, aber keine Person in den Banken wird zur Verantwortung gezogen.« Für den Geldwäsche-Experten stellt dies ein »perverses System« dar, für das am Ende meist der Steuerzahler aufkommen muss. »Geldwäsche zerstört das Gemeinwesen, unterwandert die Gesellschaft. Das erkennen die Leute nicht«, kritisiert der erfahrene Banker. Ohne die Hilfe des Finanzsektors ist man laut Andreas Frank aufgeschmissen, da im Bereich der Geldwäsche alle Beteiligten Täter sind und entsprechend keiner da ist, der den jeweils anderen anklagt. Daher können mögliche Verstöße bislang nur durch Verdachtsmeldungen von Bankmitarbeitern und anderen Insidern aufgedeckt werden. Der Berater schlägt vor, dass Aufsichtsbehörden alle Banken regelmäßig untersuchen, um legale Akteure der Finanzwelt zu identifizieren und im Umkehrschluss eine »Blacklist« erstellen zu können. Doch mit seinen Vorschlägen findet er bislang wenig Gehör.

Am 23. Juli 2013 informieren Petra Koch und ihre Kollegin die Geschäftsleiter ihres Geldhauses in einem Risikobericht über ihre Befürchtung, die Bank würde mit den untersuchten Konten für Geldwäsche genutzt. Während der nächsten Tage überprüfen beide insgesamt sieben Kunden der Bank, inklusive aller zugehörigen Firmen und Konten. In den Stammdokumenten von sechs dieser Kunden finden sie Namen, die im Zusammenhang mit der »Vanagels-Connection« stehen. Zusätzlich finden sie bei diesen Kunden Namen, die auf einer vom britischen Guardian im November

2012 veröffentlichten Liste mit weiteren Strohmännern stehen. Am 26. Juli 2013 kommt ein Bankmitarbeiter mit der Bitte zu Koch und ihrer Kollegin, drei Konten für Offshore-Gesellschaften zu eröffnen. Die zwei Compliance-Mitarbeiterinnen lehnen dies ab. In einem späteren Schreiben der beiden an die Bundesanstalt für Finanzdienstleistungsaufsicht (BaFin) heißt es: »In dieser Woche wurden keine Konten eilig eröffnet und schon gar nicht für Offshore-Gesellschaften. Für uns war diese Handlung insofern unverständlich. Alle drei Konten waren wegen falscher Angaben zum wirtschaftlich Berechtigten nicht eröffnungsfähig (als wirtschaftlich Berechtigte war eine Offshore-Gesellschaft genannt). Dies nahmen wir zum Anlass, den Mitarbeiter X entsprechend nachzuschulen.«

Ende Juli überprüfen Vertreter einer Wirtschaftsprüfungsgesellschaft im Auftrag der Bank die Entdeckungen der Compliance-Mitarbeiterinnen vor Ort. Offenbar finden sie nichts, was zu bestanden wäre.

Hinweise von Informanten stehen in den meisten Fällen am Anfang einer investigativen Recherche. Der Schutz von Informanten und Whistleblowern ist eine der wichtigsten Regeln im Investigativjournalismus. Während der Journalist durch die im Grundgesetz geregelte Pressefreiheit und sein Zeugnisverweigerungsrecht weitgehend geschützt ist, bleibt der Informant ungeschützt. »Der Informant ist in einer sehr viel prekäreren Situation als der Journalist. Ich werde für die Veröffentlichung bisher unbekannter Informationen bezahlt und der Informant hilft mir dabei, mein Geld zu verdienen. Der Informant riskiert hingegen seinen Arbeitsplatz«, sagt Hans-Martin Tillack.

Ein Beispiel für dieses Risiko ist der Fall von Margrit Herbst. Die deutsche Veterinärmedizinerin warnte 1994 in einem Fernsehinterview vor der Krankheit BSE und berichtete von Tieren, bei denen der Verdacht auf Rinderwahn festgestellt wurde und die von ihren Vorgesetzten im Veterinäramt des Kreises Segeberg dennoch für den Handel freigegeben wurden. Daraufhin wurde sie fristlos entlassen. »Es ist immer der Whistleblower, der auf die Nase bekommt. Das war bei allen großen Fällen bisher so«, sagt auch Geldwäsche-Experte Andreas Frank. Das bedeute, dass Compliance-Mitarbeiter, deren Job es ist, Verstöße zu melden, oft wenig Rückhalt in der Firma genießen.

Informantenschutz ist nicht nur wichtig für die Informanten, sondern auch eine Art Visitenkarte des Journalisten. Richard Rickelmann, ehemaliger Journalist bei *Spiegel* und *stern*, erklärt dies so: »Wenn man es schafft, dass die Anonymität der Informanten gewahrt wird, dann ist das wiederum eine Motivation für andere Leute, sich bei einem zu melden, weil die ja dann sehen, dass man seine Leute schützt.« Doch woran erkennen Journalisten, dass sie einem Informanten vertrauen können?

Für Ahmet Senyurt ist Augenkontakt ein wesentliches Kriterium dafür, ob er mit einem Whistleblower zusammenarbeitet oder nicht. Der erfahrene Journalist lehnt Hinweisgeber auch schon mal ab, wenn diese nicht dazu bereit sind, sich persönlich mit ihm zu treffen. Hans-Martin Tillack ist es wichtig, auch für merkwürdige Charaktere offen zu sein: »Whistleblower sind häufig Leute, die ein bisschen anders sind. Es gehört ja auch viel Mut dazu und ein bisschen Querköpfigkeit, um die Loyalität zum Arbeitgeber zu brechen.«

In der Zeit nach dem Risikobericht der beiden Compliance-Mitarbeiterinnen stellt die Bank, wie Akteninhalte nahelegen, offenbar ihren internen Kundenanbahnungs- und Kundenannahmeprozess um. Sie erhöht die Sorgfaltspflichten nach dem Geld-

wäschegesetz und verschärft die Vorgaben für die Dokumentation in sogenannten »Know your Customer«-Bögen (»Kenne deinen Kunden«).

Doch: Am 30. September 2013 werden Petra Koch und ihre Kollegin entlassen. Sie hätten sich geweigert, mit ihren Vorgesetzten und wesentlichen Funktionsträgern der Bank weiter zusammenzuarbeiten, wird das Geldinstitut später auf Anfrage eines Mediums erklären. Im Übrigen betont die Bank, externe Prüfer und die interne Revision hätten nichts gefunden, das auf einen Gesetzesverstoß hindeute. Nach den zahlreichen Prüfungen sei der Fall für sie abgeschlossen. Man habe sich nichts vorzuwerfen.

Acht Wochen nachdem ich die Unterlagen von meinem Informanten erhalten habe, ist Petra Koch zu einem Treffen bereit. An jenem kalten Freitag Ende Januar berichtet sie von ihrer mehrjährigen Tätigkeit für die Bank, während der sie eine geschätzte Kollegin gewesen sei, sogar eine Prokura habe man ihr erteilt. Umso mehr habe sie ihre Entlassung fassungslos gemacht. »Ich kam mir vor wie in einem falschen Film.« Über konkrete Inhalte des Falles sagt sie nichts. Sie hat einen Vergleich mit der Bank geschlossen, in dem Stillschweigen vereinbart wurde. Eines betont Petra Koch freilich: »Wir waren keine Whistleblower, wir haben nur unseren Job gemacht.«

Im Laufe meiner Recherche stoße ich auf eine Studie mit dem Titel »The Odessa Network – Mapping facilitators of Russian and Ukranian Arms Transfers«. Die Studie von Tom Wallace und Farley Mesco vom »Center for Advanced Defense Studies« in Washington bringt eine von den ehemaligen Compliance-Mitarbeiterinnen untersuchte Gruppe in Zusammenhang mit Waffenlieferungen in sanktionierte Länder.

Im September 2014 wird die Bank im Auftrag der BaFin einer Prüfung durch eine Wirtschaftsprüfungsgesellschaft unterzogen.

Das interne Kontrollsystem der Bank wird im Ergebnis als gut funktionierend bewertet.

Um die Identität meines Informanten zu schützen, habe ich alle Unterlagen mit Hilfe von Verschlüsselungssoftware codiert. Bei der schriftlichen Kommunikation hilft uns eine Online-Dienstleistung der schweizerischen Post. Ungewöhnliche Umstände einer Recherche, die spannend und lehrreich war. Sie hat mir in diesem konkreten Fall gezeigt, wie komplex ein investigatives Thema wie Geldwäsche ist – und wie schwer, Verdachtsfälle zweifelsfrei aufzuklären. Eine schnelle Berichterstattung würde sich verbieten, weitere Recherchen in der deutschen Bankenszene wären nötig, weitere Informanten und Experten sowie Gespräche mit Geldinstituten. Dies alles braucht Zeit. Zeit, die zumindest bei Tageszeitungen heute oft kaum mehr vorhanden ist.

Juliane Kessler, Jahrgang 1990, machte ihren Bachelorabschluss an der Dualen Hochschule in Stuttgart im Bereich Betriebswirtschaftslehre / Dienstleistungsmanagement / Medien und Kommunikation. Am meisten beeindruckt hat sie das Gespräch mit dem Journalisten Ahmet Senyurt, der trotz riskanter Recherchen in Krisenregionen seinen Humor nicht verloren hat und der Zeit fand, auf Augenhöhe über seine Arbeit zu diskutieren.

Die Welt im Weitwinkel

Skandale um manipulierte Reportagefotos erschüttern das Vertrauen von Mediennutzern. Doch wo endet Bildbearbeitung, wann beginnt Betrug? *Anna Voigtländer* über die Geschichte einer preisgekrönten Aufnahme.

Für Paul Hansen ist diese Episode erledigt. »Ich habe kein Interesse mehr daran, die falschen Gerüchte, die die Glaubwürdigkeit dieses Fotos in Frage stellen, zu kommentieren«, schreibt der Fotograf der schwedischen Zeitung *Dagens Nyheter* im November 2014 in einer E-Mail. Mit dem Foto hatte Hansen 2013 den *World Press Award* gewonnen. Der mit 10.000 Euro dotierte Preis gilt als die höchste Auszeichnung im Bildjournalismus. Hansens Bild zeigt Menschen, die um zwei bei einem israelischen Luftangriff getötete Kinder trauern. »Das Foto sieht aus wie ein Standbild aus einem Film. (…) Das Bild vermittelt eine Schönheit, die fast schon unangebracht scheint«, schrieben die Autoren Matthias Krug und Stefan Niggemeier in einem Beitrag auf *Spiegel Online* wenige Tage nach der Preisverleihung im April 2013.

Kurz darauf löste das Gewinnerfoto eine Diskussion um Manipulation im Bildjournalismus aus. Hansen wurde vorgeworfen, er habe das Foto zu exzessiv bearbeitet und die Trauerszene unsachlich wiedergegeben. Neu ist die Debatte nicht. Wie sehr Nachrichtenfotos bearbeitet werden dürfen, ist umstritten. Hansen teilt in seiner E-Mail noch mit, dass sein Bild von unabhängigen Experten geprüft und seine Echtheit bestätigt worden sei. Weitere Fragen will er nicht beantworten.

Der Streit um Hansens Bild ist kein Einzelfall. 2001 musste sich die *Bild*-Zeitung beim damaligen Umweltminister Jürgen Trittin (Grüne) entschuldigen. Das Blatt hatte ein Foto veröffentlicht, das suggerierte, Trittin habe an einer militanten Demonstration teilgenommen. Anfang 2014 feuerte die Nachrichtenagentur *AP* den Pulitzer-Preisträger Narciso Contreras, weil er nachträglich ein Detail vom Foto eines syrischen Oppositionskämpfers durch Bildbearbeitung verschwinden ließ. Nach den Anschlägen auf das französische Satiremagazin *Charlie Hebdo* und einen jüdischen Supermarkt in Paris im Januar 2015 wurden weltweit Fotos von der Trauerfeier veröffentlicht. Auf den Bildern sieht man Staatschefs aus aller Welt, die geschlossen nebeneinander laufen. Der Betrachter glaubt, die Spitzenpolitiker seien ein unmittelbarer Teil der mehr als eine Million Menschen, die in Paris gegen den Terror demonstrierten. Tatsächlich wurden die Bilder in einer abgesperrten Nebenstraße aufgenommen. Im März 2015 meldet der *Spiegel*, dass beim diesjährigen *World Press Award* 20 Prozent der Fotos, die es bis in die vorletzte Runde geschafft hatten, von der Jury aussortiert wurden. Der Grund: Die Bilder waren manipuliert. Dabei sei es nicht um Aufhellungen oder kleinere Retuschen gegangen, »vielmehr waren Bildinhalte entfernt oder hinzugefügt worden«, so der *Spiegel*. Dem Fotografen Giovanni Troilo, einem der *World Press Award*-Gewinner von 2015, wurde der Preis wieder aberkannt, nachdem bekannt wurde, dass er das Foto inszeniert hatte.

Viele Menschen glauben, dass journalistische Fotos in Zeitungen Abbildungen oder zumindest Bruchstücke der Wirklichkeit seien. Ein Trugschluss. Schon die Wahl eines

Ausschnitts kann eine Bildaussage völlig verändern. Ein Foto zitiert immer den persönlichen Blick des Fotografen. Doch wo endet Subjektivität, wo beginnt Manipulation?

Paul Hansens Foto (Abb. 1) entstand im November 2012. Damals war er im Gazastreifen unterwegs, um den Konflikt zwischen Palästinensern und Israelis zu dokumentieren. Der Gazastreifen, ein Küstengebiet am Mittelmeer, grenzt an Israel und Ägypten. Bis 2005 hatte Israel das Gebiet besetzt, heute ist es palästinensisches Autonomiegebiet. Die Konflikte zwischen Israelis und Palästinensern dauern bis heute an. Am 11. November 2012, wenige Tage bevor Hansen sein Foto schoss, feuerten Palästinenser mehrere Raketen von Gaza aus auf israelische Ziele. Drei Tage später startete die israelische Luftwaffe einen Vergeltungsschlag und bombardierte Gebäude im Gazastreifen. Bei diesen Angriffen starben viele Zivilisten. Unter den Opfern sind die Geschwister Suhaib und Muhammad Hijazi – die Kinder auf Hansens Aufnahme. Eine Menschenmenge geleitet die toten Kinder durch die Straßen von Gaza-Stadt zu einer Moschee, wo sie beigesetzt werden sollen. Die Leiche des Vaters wird hinter ihnen hergetragen. »Die Machthaber auf allen Ebenen – nicht nur dort, sondern in der ganzen Welt – sollten sich schämen, wenn sie solch ein Bild sehen«, kommentiert Hansen diese Szene.

Nachdem er den *World Press Photo Award* gewonnen hatte, erklärte Hansen in einem Video-Interview, das auf der Homepage der *World Press Photo*-Organisation veröffentlicht wurde, wie das Bild entstanden ist. Er habe in der Nacht zum 20. November mit einem Freund und einem Arzt aus dem nahegelegenen Al-Shifa Krankenhaus in einer Gaststätte in Gaza-Stadt gesessen. Der Arzt, Mad Gilbert, erzählte von einer schwer verletzten Frau, die mit ihren Kindern auf seiner

Abb. 1

Station untergebracht war. Die Frau hatte ihren Mann und ihre zwei jüngsten Söhne bei einem Raketenangriff am Abend des 19. November verloren. Bei diesem Angriff wurde ihr Haus zerstört. Am nächsten Morgen habe er sich mit seinem Kollegen Erik Olsson auf den Weg nach Dschabalia, nördlich von Gaza-Stadt, gemacht. Dort gab es ein Krankenhaus, in dem viele Tote untergebracht waren. Hansen erzählt, wie Familien und Freunde in die Klinik kamen, um die Toten abzuholen. Er und sein Kollege wurden auf eine Familie aufmerksam, die die Leichen zweier Jungen und ihres Vaters abholten – sie beschlossen, diese Familie zu begleiten. »Wir sind ihnen gefolgt; die Menschen nehmen die Toten mit und bringen sie zum Haus der Familie, für eine private Zeremonie mit den Frauen, denn die sind nicht Teil der offiziellen Zeremonie. Dann gehen sie zur Moschee und zur Begräbnisstätte.« Irgendwann habe er realisiert, dass das die Familie Hijazi sein muss, die kein Haus mehr hat. Durch Zufall waren Hansen und sein Kollege auf die Familie getroffen, von der Mad Gilbert in der

Abb. 2

Nacht zuvor erzählt hatte. Bei den Toten handelte es sich um den zweijährigen Suhaib, seinen vierjährigen Bruder Mohammad und deren Vater Fuad. Ihre Mutter lag mit vier weiteren Söhnen und zwei Töchtern auf der Intensivstation.

Er erinnere sich gut an die Straße, in der das Foto entstand. Sie war sehr eng, und als die Menschen hineinströmten, wurde überall der Staub aufgewirbelt. Hansen lief um die Menge herum, an die Spitze der Formation. »Und dann bin ich rückwärts gelaufen und das Licht fiel auf die Wand und auf einen offenen Fensterverschlag an einem Fenster – es waren nur ein paar Meter, in denen das Licht und alles zusammen kamen – aber ich hatte keine Ahnung davon in dem Moment, in dem ich das Bild gemacht habe.« Daraus entstand das Bild, das die beiden Jungen in Begräbnisgewändern zeigt. Getragen werden sie von den Brüdern ihres Vaters, der hinter ihnen auf einer Trage transportiert wird.

Bereits am 21. November 2012 erschien das Foto in der Zeitung *Dagens Nyheter* in seiner Originalversion (Abb. 1). Es ist deutlich zu erkennen, dass sich dieses Foto unterscheidet von jener Aufnahme, die Hansen im Januar 2013 zum *World Press Photo Award* einreichte. Er veränderte laut eigener Aussage nachträglich die Farbwerte und die Schattenintensität, indem er das Bild mit unterschiedlicher Belichtung mehrmals übereinander entwickelte (Abb. 2).

Hansens Bild war eins unter 103.480 Bewerbungen aus 24 Ländern. Gesponsert wird der Wettbewerb von dem Kamerahersteller Canon und einer niederländischen Lotterie. Jährlich wählt eine unabhängige Jury, bestehend aus wechselnden Profis der Fotoindustrie, die besten Bilder aus Nachrichten-, Dokumentar-, Sport-, Landschafts- und Porträtfotografie aus. Seit 2014 gibt es auch eine Kategorie für Multimedia-Projekte. Ziel der Organisation ist es nach eigener Aussage, die hohen Standards im Fotojournalismus zu fördern und zu unterstützen. Außerdem soll das Interesse der Öffentlichkeit auf Fotojournalismus gelenkt werden. 2013 waren 19 Jury-Mitglieder für die Beurteilung der Bilder verantwortlich. Jury-Vorsitzender war Santiago Lyon, der Leiter der Fotoabteilung und Vizepräsident der *Associated Press (AP)*, die zu den größten Nachrichtenagenturen weltweit zählt.

Die Jury bestimmt die Regeln zur Bildbearbeitung. Dabei orientieren sich die Jury-Mitglieder an ihren eigenen Standards. Das Unternehmen des damaligen Jury-Vorsitzenden Santiago Lyon, die *AP*, hat sehr strikte Regeln. »*AP*-Bilder müssen immer die Wahrheit vermitteln. Wir verändern oder bearbeiten den Inhalt eines Fotos in keiner Form«, steht in dem »Code of Ethics« von *AP*. »Kleine Anpassungen mit Photoshop sind akzeptabel. Diese schließen Beschneidung, Abdunkeln und Aufhellen, Umwandlung in Graustufenskala, normale Farbausgleiche und Farbanpassungen ein, die auf ein Minimum beschränkt sein sollten und für eine klare und akkurate Wiedergabe nötig sind sowie den authentischen Charakter der Fotografie stärken (analog zu den Methoden des Abdunkelns und Aufhellens, die man früher in der Dunkelkammer verwendete).« Alles, was darüber hinausgeht, ist verboten, nicht einmal rote Augen dürfen retuschiert werden.

Streit um Skalen und Pixel

Die Auswahl der Bilder fand Anfang Februar 2013 statt. »Es gab nicht wirklich viele Diskussionen in der ersten Runde, da gab es wirklich keine Zeit dafür. Man sieht die Bilder auf dem Bildschirm, vielleicht eine Sekunde lang, und wenn man es gut findet, sagt man ›ja‹ und wenn nicht, dann schweigt man.« Die Jury bekommt keine Infos zum Fotografen, nur der Entstehungskontext des Fotos wird geliefert. Den Rest erfahren die Mitglieder erst gegen Ende des Auswahlverfahrens. »Man versucht zu sehen, ob das Bild in sich schlüssig ist, ob es einen berührt auf einer bestimmten Ebene, ob es nun der Kopf, das Herz oder der Bauch ist. Man schaut, ob es gut komponiert ist, ob es kommuniziert, ob es eine Geschichte erzählt«, sagt Santiago Lyon. Auf der *World Press Photo*-Homepage wurde ein Interview mit ihm veröffentlicht, in dem er auf Hansens Bild und seine Favoriten im Wettbewerb eingeht. »Dieser Schwall an Menschen, der auf die Kamera zukommt, eingerahmt von dieser schmalen Gasse und dem Licht, ist uns vom Bildschirm aus wiederholt entgegen gesprungen. Es war eins dieser Bilder, über das man schon früh im Auswahlprozess denkt: ›Das ist ein Kandidat für das *World Press Photo* des Jahres‹.«

»Die Kombination der kleinen Kinderkörper mit einer breiten Vielfalt von Gesichtsausdrücken – Schmerz, Wut und

Trauer – es ist einfach eine unglaubliche Sammlung von ausdrucksstarken Motiven und Bildern, die, wenn sie zusammenkommen, ein unglaublich starkes Foto machen«, beschreibt Lyon Hansens Foto, nachdem es am 14. Februar 2013 zum Gewinner ernannt wurde.

Kurz nachdem Hansen den Preis gewonnen hatte, meldeten sich die ersten Kritiker. Einer von ihnen war der US-amerikanische Datenforensiker Neal Krawetz, der das Foto analysiert hatte. »Ich habe seit Februar verschiedene Varianten dieses Fotos auf der Internetseite *Foto Forensics* gesehen. Meiner Meinung nach wurde dieses Bild maßgeblich verändert«, schreibt Krawetz in seinem Blog, wo auch seine Ergebnisse zu den Tests zu finden sind. *Fotoforensics.com* ist ein von ihm betriebener Online-Dienst, mit dem Nutzer feststellen können, ob ein Foto mit einem Bildbearbeitungsprogramm verändert wurde. Dazu nutzt Krawetz ein Verfahren, das als »Error Level Analysis« bezeichnet wird. Mit Hilfe dieser Methode könne man feststellen, welche Teile eines Bildes bearbeitet wurden, da die Datendichte zwischen unbearbeiteten und bearbeiteten Bildteilen stark variiere. »Ich kann euch nichts zu dem(n) Originalbild(ern) sagen, aber ich kann euch sagen, dass das umstrittene Bild definitiv kein Original ist. Des Weiteren scheint es extra für diesen Wettbewerb manipuliert worden zu sein.«

Krawetz beschreibt in seinem Blog, wie er Versionen des Fotos von *Fotoforensics.com* für seinen Test nutzte. »Als Erstes fällt auf, dass keines der Fotos ein Größenverhältnis aufweist, welches normal für Digitalkameras wäre. Das absolute Minimum ist, dass das Bild erheblich beschnitten und/oder skaliert wurde.« Dass er nicht die Originaldatei untersuchte, die von Hansen beim *World Press Award* eingereicht wurde, könnte jedoch ausschlaggebend dafür sein, dass er skalierte und beschnittene Versionen zur Verfügung hatte. Viele Online-Zeitungen und -Nutzer griffen das Gewinnerfoto auf und verbreiteten es weiter. Diese Verbindung knüpft Krawetz jedoch nicht. Abschließend kommt er zu folgendem Ergebnis: »Hansens Bild ist eine Zusammensetzung aus mehreren Bildern. Der diesjährige *World Press Photo Award* wurde nicht an eine Fotografie verliehen. Er wurde an eine digitale Zusammensetzung mehrerer Bilder, die maßgeblich überarbeitet wurde, verliehen. *World Press Photo* schafft es nicht, die akzeptierten Standards des Journalismus einzuhalten, wie sie von *Reuters*, *Associated Press*, *Getty Images*, *National Press Photographer's Association* und anderen Medienabnehmern vertreten werden«, kritisierte Krawetz. »Die Jury besteht aus Führern der Industrie und ihre Entscheidungen können richtig sein, auch wenn sie nicht genau mit den Regeln von *AP* übereinstimmen«, räumte Jury-Vorsitzender Santiago Lyon ein.

Neben der »Error Level Analysis« verwendete Krawetz auch die sogenannte »XMP Analysis«, die dazu dient, die Metadaten eines digitalen Bildes, das mit Photoshop bearbeitet wurde, auszulesen. So könne man laut dem Datenforensiker feststellen, was zu welchem Zeitpunkt an einem Bild verändert wurde. Sein Vorwurf lautete hier, dass das Bild extra für den Wettbewerb nachbearbeitet und noch einmal am 15. Februar 2014 bearbeitet wurde. Also einen Tag, nachdem es zum Gewinnerfoto ernannt wurde. Hinzu kam der Vorwurf, dass Lichteinfall und Schattenwurf beim Stand der Sonne um diese Jahres- und Uhrzeit nicht möglich seien sowie dass die Schatten auf den Gesichtern nicht mit denen auf den Händen übereinstimmten. Krawetz gestand Hansen zwar zu, dass die Szene echt sei, er habe jedoch Dinge im Bild nachträglich verändert sowie das Bild zusammengebastelt aus mehreren anderen Bildern. Krawetz veröffentlichte seine Testergebnisse am 12. Mai 2013.

Mythos Objektivität

Dass sich die beim Wettbewerb eingereichte Version von der Erstveröffentlichung in *Dagens Nyheter* unterscheidet, ist offensichtlich. Das Original ist weniger atmosphärisch. Das Gewinnerfoto weist insgesamt starke Veränderungen in der Farbsättigung auf, die blauen Flecken im Gesicht des Jungen rechts sind weniger deutlich zu erkennen und die Frisur des Mannes links sieht anders aus. Diese Veränderungen können, unter anderem, durch Abdunkelung und Aufhellung einzelner Bildelemente sowie Sättigungsveränderung einzelner Farbwerte erzielt werden. Auf Krawetz' Kritik reagierte Hansen mit einem Beitrag im Nachrichtenportal *News.com.au:* »Das Foto ist ganz sicher keine Zusammensetzung mehrerer Bilder oder eine Fälschung«, wurde er am 15. Mai 2013 zitiert. Er habe die Farbtöne nachbearbeitet und das ungleichmäßige Licht ausgeglichen. »Ich habe die RAW-Datei mit unterschiedlichen Lichtstärken entwickelt, um das natürliche Licht zu verwenden, anstatt das Bild abzudunkeln oder aufzuhellen. Dies tat ich, um das zu rekonstruieren, was ich mit den Augen gesehen habe.« Was der Betrachter sehe und was die Kamera festhalte, variiere in den meisten Fällen, da die Sicht durch Emotionen und Aufmerksamkeit des Gehirns mitbestimmt werde, rechtfertigt sich Hansen. Das wisse jeder, der schon einmal ein Foto gemacht hat. »Um es einfach auszudrücken, es handelt sich um dieselbe Datei – übereinander entwickelt.« Dreimal habe er das Bild mit unterschiedlicher Belichtung übereinander gelegt, um Belichtung und Farbgebung so zu rekonstruieren, wie er sie in Erinnerung hatte. Bestimmte Aspekte bleiben länger und klarer im Gedächtnis als andere. In einem Artikel des *British Journal of Photography* wird Santiago Lyon mit der Aussage zitiert: »Was hat der Fotograf gesehen oder an was erinnert er sich? Erinnert er sich daran, dass eine bestimmte Farbe besonders lebhaft war? Und wenn dieser Fotograf nun sein Bild sieht, kann es sein, dass es nicht mit dieser Erinnerung übereinstimmt. Erinnerung spielt hier eine Rolle. Und manchmal spielt die Erinnerung einem Streiche.«

Tatsächlich ist Objektivität in der Fotografie ein Mythos. Die Wahrnehmung eines Fotografen ist wie die jedes Menschen subjektiv. Uli Reinhardt, einer der Gründer der Reportageagentur *Zeitenspiegel* und seit vielen Jahren Fotograf, etwa für den *stern*, bearbeitet Bilder nur minimal nach. »Ich verändere das Bild, aber ich verändere das Bild so, wie ich das sehe. Ich sehe nicht nur mit meinen Augen rein technisch, sondern ich sehe durch den Filter von meinem Kopf, meinem Gehirn.« Für ihn ist die Nachbearbeitung von Helligkeit und Kontrast eines Bildes legitim. »Wenn ich geradeaus schaue, nehme ich auch wahr, was rechts oder links von mir geschieht, ohne dass ich meine Augen bewege. Das heißt, ich habe einen Blickwinkel von 180 Grad, nur gesteuert durch meinen Kopf, nicht durch die Kopfdrehung oder dadurch, dass ich meine Augen in die Richtung bringe. Das kann eine Kamera nicht, sie hat einen festgelegten Blickwinkel und Fokus. Jetzt habe ich als Fotograf das Problem, dem Leser, der nicht dabei war, ein zweidimensionales Bild zu geben und seine Augen genau so zu führen, wie ich das vor Ort hatte, und das kann ich mit Helligkeitsausgleich machen.« Ein Fotograf versucht also, den Eindruck, den er von einer Szene hat, an einen Dritten weiterzugeben.

Nach Krawetz' Beschuldigungen ließ *World Press Photo* das Bild von einer Expertenkommission überprüfen. Bereits am 14. Mai 2013 lagen die Ergebnisse vor. Sie wurden auf der Homepage der Organisation veröffentlicht. Die Kommission bestand aus Experten für digitale Fotografie von *World Press Photo*-unabhängigen Instituten aus den USA und den Niederlanden. Das Ergebnis: Hansens Bild sei im Rahmen der vertretbaren Standards bearbeitet worden. Hansen habe mehrmals ausführlich beschrieben, wie er das Bild bearbeitet hatte. Die Expertenkommission zweifelte nicht an seinen Aussagen. »Wir haben die RAW-Datei, die wir von *World Press Photo* erhalten haben, mit dem daraus entstandenen JPG-Bild verglichen. Es ist offensichtlich, dass das veröffentlichte Bild nachbearbeitet wurde, was die Farbgebung und Farbtöne sowie einzelne Bereiche des Bildes anbelangt. Darüber hinaus finden wir jedoch keinen Beweis dafür, dass das Bild auf maßgebliche Weise manipuliert oder aus mehreren Bildern zusammengesetzt wurde«, heißt es im Abschlussbericht. »Alle Pixel im JPG-Bild sind an genau derselben Stelle, wie in der RAW-Datei. Deshalb würde ich die Frage eines zusammengesetzten Bildes ausschließen«, wird Eduard de Kam, Mitbegründer des Niederländischen Instituts für digitale Fotografie, in dem Bericht zitiert. Des Weiteren seien die Analyseverfahren (die Krawetz benutzte, Anm. d. Autorin), um Manipulationen aufzudecken, zutiefst fehlerhaft.

Doch die Debatte um Bildbearbeitung und Bildmanipulation war damit nicht abgeschlossen. »Das Bild hat eine längst überfällige Diskussion über die Legitimität von bestimmten Praktiken im Fotojournalismus ausgelöst und uns dazu gebracht, zu realisieren, dass uns zum Großteil immer noch die Werkzeuge fehlen, um zu definieren, was angemessen ist und was nicht.« Das ist die Meinung von Ruben Salvadori, einem italienischen Fotografen, der das Projekt »Photojournalism Behind the Scenes« gegründet hat. Salvadori beschreibt eine Episode, die ihm während seines Studiums in Jerusalem auffiel. Er arbeitete dort zwischen 2010 und 2011 an seinem Projekt und war bei einer örtlichen Nachrichtenagentur angestellt. In dem Dorf Silwan in Ost-Jerusalem fanden jeden Freitag um dieselbe Uhrzeit Aufstände der palästinischen Einwohner statt. Sie lieferten sich Auseinandersetzungen mit dem israelischen Militär aufgrund der wachsenden jüdischen Bevölkerung in dem Dorf.

Während einer dieser Aufstände bemerkte Salvadori, wie manchmal mehr Journalisten als Aufständische und Soldaten zusammen anwesend waren. »Jeder, der eine Kamera auf sich gerichtet hat, wird davon beeinflusst. Das wird um ein Vielfaches verstärkt, wenn es in einer sehr angespannten politischen, kulturellen oder sozialen Situation geschieht.« Salvadori berichtet von einem sehr eindrucksvollen Beispiel. Er fotografierte zwei palästinische Jugendliche, die eine israelische Flagge verbrannten. »Anfangs dachte ich, sie wollten die israelischen Soldaten provozieren, die vor Ort waren. Aber dann sah ich, dass die das, von ihrer Position aus, gar nicht hätten beobachten können. Die beiden Jungen zündeten die Flagge an und dann bemerkten sie, dass ich in der Nähe war und Bilder von ihnen machte. Sie kamen zur Kamera gewandt auf mich zu und hielten ihre Botschaft in die Linse.« Nach Meinung von Salvadori müssen alle, die am Entstehungs- und Konsumprozess von Nachrichten beteiligt sind, die Mediennutzer über diese Dynamiken informieren.

Auch *World Press Photo* beschäftigt sich weiter mit dem Thema. »Wir haben Professor David Campbell beauftragt, Recherchen zu Manipulation im Fotojournalismus durchzuführen«, sagt eine Pressesprecherin der Organisation auf Anfrage. Ein Grund sei auch die Auseinandersetzung um Paul Hansens Gewinnerfoto von 2013. Campbell, Experte für digitale Fotografie und Bildmanipulation, sollte den aktuellen Zustand der Fotoindustrie analysieren, um eine Orientierung an den neusten Standards für die Teilnahmebedingungen und Regeln des Wettbewerbs zu liefern. Tatsächlich ist es schwierig, allgemeine Regeln für die Praktiken im Fotojournalismus festzulegen, da sich Technik und Methoden der Bildbearbeitung laufend weiterentwickeln.

Campbells Bericht wurde im November 2014 veröffentlicht. Unter der Überschrift »The Integrity of the Image« (»Die Integrität des Bildes«) gibt er einen Überblick über aktuelle Standards der Fotoindustrie. Dies soll zum allgemeinen Verständnis von digitaler Fotografie und deren Manipulation beitragen. Er ist frei zugänglich auf der Homepage von *World Press Photo* zu finden. Campbell hatte Fragebögen an führende Fotografen und Nachrichtenagenturen versandt sowie Interviews geführt. Insgesamt wurden 45 Fragebögen aus 15 Ländern beantwortet. Das Ergebnis ist eine Art Kodex für Fotografen.

Erstens: Manipulation ist das Hinzufügen oder Wegnehmen von Bildelementen, meist um Rezipienten zu täuschen. Dies ist verboten. Sobald Pixel verschoben werden, handelt es sich um Manipulation. Staub auf der Linse, Kratzer oder ähnliches dürfen nachträglich durch Bearbeitung entfernt werden. Manchmal ist es erlaubt, je nach Landesgesetzen, Gesichter und andere Erkennungsmerkmale zu verwischen, wenn dies für nötig erachtet wird.

Zweitens: Kleinere, moderate Nachbearbeitungen wie Beschneiden, Abdunkeln, Aufhellen sowie Farbe und Sättigung zu verändern sind zugelassen, wenn sie nicht zu exzessiv betrieben werden und zu einer klaren Bildaussage beitragen. Was unter kleineren Nachbearbeitungen zu verstehen ist, muss jedoch von Fall zu Fall entschieden werden. Das Problem: Wie viel »nicht zu exzessiv« bedeutet, ist eine Entscheidung, die nicht objektiv beantwortet werden kann. Verschiedene Betrachter haben verschiedene Toleranzschwellen für das Maß der Nachbearbeitung.

Dass es nicht immer selbstverständlich ist, Medienrezipienten nicht zu täuschen, zeigt ein Fall in Deutschland aus dem Jahr 2001. Die *Bild*-Zeitung veröffentlichte ein Foto von Jürgen Trittin, der angeblich 1994 auf einer Gewalt-Demo fotografiert wurde. Die Behauptung: Man sehe im Hintergrund Schlagstock und Bolzenschneider. Es handelte sich um das Standbild eines Fernsehbeitrags, welches ausgedruckt, kopiert und beschnitten wurde, wodurch sich die Bildqualität extrem verschlechterte. Wäre das Bild jedoch nicht beschnitten worden, hätte man den angeblichen Schlagstock im Hintergrund eindeutig als Seil identifizieren können. Auch bei dem angeblichen Bolzenschneider handelte es sich um einen harmlosen Gegenstand, der durch die mangelhafte Qualität unkenntlich geworden war. Ein Beispiel für Manipulation, das ohne digitale Nachbearbeitung zustande kam.

Nicht immer sind Tricks so klar zu durchschauen. Campbell weist in seinem Bericht darauf hin, dass digitale Fotografie computergeneriert ist. Das heißt, die Kamera nimmt kein fertiges Bild auf, das anschließend bearbeitet werden kann oder nicht. Die Kamera hält lediglich Daten fest. Die Daten bilden die RAW-Datei, also Rohdaten. Diese sind jedoch nicht vollständig und variieren von Kamera zu Kamera. Erst durch die Bearbeitung mit einer Software werden die Daten zu einem vollständigen Bild. So erklärt Campbell, dass zwei Drittel der Farbe eines Fotos erst durch die Bearbeitung mit Software dem Bild hinzugefügt werden. Entweder die Software ist in die Kamera integriert und liefert ein fertiges Bild im JPG-Format, wobei der Fotograf hierbei sehr eingeschränkt ist, da die Kamera das ausgibt, was ihre Sensoren wahrnehmen, und nicht, was der Fotograf gesehen hat. Oder die Kamera liefert lediglich die RAW-Datei, die dann am Computer mit Hilfe von Bildbearbeitungsprogrammen wie Photoshop vervollständigt und zu einem JPG-Bild gemacht werden kann. Hier hat der Fotograf wesentlich mehr Möglichkeiten in die Farbgebung einzugreifen und das Bild entsprechend seiner Wahrnehmung auszugeben. So gesehen ist jedes digitale Bild manipuliert. »Es gibt kein Original in computergenerierter, digitaler Fotografie«, betont Campbell.

Die *World Press Photo*-Organisation hat ihre Teilnahmebedingungen inzwischen angepasst. Seit 2014 müssen die Teilnehmer grundsätzlich immer die RAW-Datei mitliefern. Eine Woche haben Experten dann anschließend Zeit, die RAW-Dateien und JPG-Bilder zu vergleichen, um eine Manipulation auszuschließen. »Weil Fotografie eine Interpretation der Welt durch die Konstruktion eines Bildes ist, kann sie weder ein Spiegel für die Welt, noch ein Fenster zur Welt sein«, erklärt Experte Campbell. »Wenn wir erst einmal den falschen Glauben an Objektivität abgelegt haben, muss die Wahrhaftigkeit des Bildes in Bezug auf seine Funktion und seinen Zweck hinterfragt werden, anstatt anhand seines ›philosophischen Status‹. Wir müssen das Problem angehen, indem wir fragen, was Bilder tun, anstelle zu fragen, was sie sind.«

Zeitenspiegel-Fotograf Uli Reinhardt vertritt eine ähnliche Meinung: »Die Idealform ist für mich journalistischer Text plus Bild. Und wenn das so ist, dann haben die Bilder nicht die Funktion, die man der Fotografie immer unterstellt, nämlich die tatsächliche, reale Wiedergabe der Situation. Die Fotografie bewegt sich nie auf der Ebene der Übermittlung der Nachricht, sondern immer auf der Ebene des Kommentars.« Kommentare sind immer subjektiv. Genau wie die Wahrnehmung eines Menschen. Und noch einen anderen Aspekt betont Reinhardt: »Der Text geht durch den Filter Gehirn, wird also hinterfragt, während die Fotografie direkt vom Auge das Herz erreicht.«

Anna Voigtländer, Jahrgang 1987, machte ihren Bachelor in Anglistik / Amerikanistik und Kunstgeschichte an der Universität Tübingen. Besonders staunte sie darüber, wie viele unterschiedliche Interpretationen ein einzelnes Foto hervorrufen kann.

Toben für die Quoten

Unter uns leben Menschen ohne Sinn für Sitte, Stil und Schamgefühl, suggerieren Sendungen wie *Frauentausch*. Dabei sind manche Hauptakteure selbstbewusste Persönlichkeiten, deren Leben von TV-Produzenten als Zerrbild inszeniert wurde.
Von ***Vanessa Goth***

Köln, Oktober 2010: Als Anja Müller (Name geändert) an diesem Montagnachmittag die Wohnung betritt, in der sie die kommenden zehn Tage leben soll, trifft sie fast der Schlag. Staub und Gerümpel, wohin das Auge reicht; Lebensmittel mit abgelaufenem Haltbarkeitsdatum in der Küche. Zwischen all dem Chaos leben vier Katzen, drei Kornnattern, diverse Ratten, ein Wellensittich – und Patrizia Kerste mit ihrem Freund Sven. »Ihr habt doch eine Messi-Wohnung«, schimpft Anja Müller. Es sei eine Zumutung, so zu leben. Es bleibt nicht ihr einziger Streit mit dem Pärchen. Tage später scheucht Anja Müller die etwas übergewichtige Patrizia Kerste durch einen Park. Die 15-Jährige hatte erzählt, dass sie sich später bei der Bundeswehr bewerben will, und deshalb soll sie jetzt in Straßenkleidung ein Sprinttraining absolvieren. Kerste weigert sich, Anja Müller tobt. Kurz darauf taucht Müller mit einem Finanzberater in der Wohnung auf. Die arbeitslose Patrizia Kerste und ihr gering verdienender Lebensgefährte Sven hatten ihren Gast beauftragt, nach einer passenden Eigentumswohnung zu suchen. Der Experte erklärt den beiden, dass ihr

Einkommen einen Wohnungskauf nicht erlaube. Auch in den folgenden Tagen macht das Paar keine gute Figur. Ihr Leben ist anscheinend eine Dauerschleife aus Pannen, Provokationen und Peinlichkeiten.

Willkommen bei *Frauentausch* auf *RTL 2*. Als ein »unterhaltsames soziologisches Experiment rund um die Frau als Managerin der Familie« preist Constantin Entertainment das Format an. Die Filmproduktionsfirma produziert die Folgen im Auftrag von *RTL 2*. Das Prinzip: Zwei Familien, meist mit völlig unterschiedlichen Lebenseinstellungen, tauschen für zehn Tage die Mütter. Während der Tauschphase können die Frauen ihre Ehemänner und Kinder nur einmal mit einer Videobotschaft über die Situation in der fremden Familie informieren. Ansonsten ist jeder Kontakt verboten. Am Ende des Spiels treffen sich beide Mütter zur großen Aussprache, anschließend dürfen sie heim. Diese Konstellationen böten »jede Menge Konfliktpotential und stecken voller Dramatik, Spannung und unfreiwilliger Comedy«, wirbt Constantin Entertainment. Bei den Zuschauern kommt das Konzept an. Über 400 der 90-minütigen Episoden hat *RTL 2* seit Juli 2003 ausgestrahlt. Nach eigenen Angaben schalten bis zu 18 Prozent der Zuschauer zwischen 14 und 49 Jahren ein.

In Folge Nummer 242 soll unter anderem Familie Kerste die so genannte werberelevante Zielgruppe unterhalten. Angelika Kerste, die Mutter von Patrizia, zieht von Köln nach Freiburg zu Anja Müllers Mann Thorsten (Name geändert) und zwei kleinen Kindern. Im Gegenzug muss Anja Müller in Köln mit Patrizia Kerste und Freund Sven klar kommen. Angelika Kerstes Mann Stephan zog es vor, während der Dreharbeiten seine Wohnung nicht zu betreten. Gestritten wird in beiden Tauschfamilien. In Freiburg verlangt Angelika Kerste, dass sich Tauschmann Thorsten Müller wie ein Gothic-Fan kostümiert und mit ihr durch die Innenstadt spaziert. In schwarzer Jeans, schwarzem Hemd und einem schwarzen Umhang mit rotem Kragen aus der Karnevalsabteilung eines Kaufhauses wirkt Müller wie eine Witzfigur. Später sitzen beide gemeinsam im Wohnzimmer, spielen Poker und qualmen die Stube mit Zigarrenrauch zu. Unter uns leben Leute ohne Sinn für Sitten, Stil und Schamgefühl, suggerieren solche Szenen. Was sind das für Menschen, die sich öffentlich derart vorführen lassen?

Köln, Januar 2015: Angelika und Patrizia Kerste sitzen in einem Café – zwei freundliche Frauen, die gar nichts gemein haben mit den unordentlichen, faulen und naiven Protagonisten, die *RTL 2* seinen Zuschauern präsentiert hat. Sie möchten darüber reden, was sich hinter den Kulissen von *Frauentausch* abgespielt hat, wie sie zur Zielscheibe von Hohn und Spott wurden. »Als die Folge ausgestrahlt wurde, musste ich heulen«, sagt Patrizia Kerste. Zwei Tage habe sie sich nicht vor die Tür getraut. Freunde und Familie reagierten glücklicherweise nicht negativ. »Die, die uns kennen, wussten, dass wir nicht so sind.« Doch bis heute sei sie nach jeder Wiederholung der Sendung Anfeindungen ausgesetzt, klagt die 20-Jährige. Obwohl sie mittlerweile eine Ausbildung zur Einzelhandelskauffrau mit Auszeichnung abgeschlossen hat, werde sie in Internetforen von fremden Menschen als »arbeitsloses Stück Scheiße« beschimpft. Auch ihre Mutter ist sehr enttäuscht. Vor allem von der Produktionsfirma und der Autorin vor Ort.

Warum sie sich überhaupt an der Sendung beteiligt hätten? »Ich hatte schon Erfahrung mit solchen Formaten«, erklärt Patrizia Kerste. Als 15-Jährige sei sie auf der Domplatte in Köln angesprochen und für die *Pro 7*-Sendung *Teenie-Tausch* engagiert worden. Später castete *RTL* die Familie für die Pseudo-Doku *Mitten im Leben.* Beides gute Erlebnisse, wie die Frauen betonen. Dann kam die Anfrage von Constantin Entertainment. »*Frauentausch* wollte ich zu dem Zeitpunkt eigentlich nicht machen, weil Patrizias Freund damals mit seinem kompletten Haushalt zu uns gezogen war; wir mussten zwei Wohnungseinrichtungen auf 68 Quadratmetern unterbringen«, erzählt Angelika Kerste. Doch die TV-Firma habe ihnen für die Teilnahme 2.000 Euro statt der üblichen 1.200 geboten – Geld, das die Familie dringend für den Umzug in eine größere Wohnung benötigte. »So schlimm wird es schon nicht werden«, dachten die Frauen und sagten zu.

Offenbar ein Fehler. Gleich zu Beginn der Dreharbeiten seien sie von Tauschmutter Anja Müller als »Messis« bezeichnet worden. Dabei war klar, dass die beengten Verhältnisse mit doppeltem Inventar nur ein vorübergehender Zustand seien. Doch dem TV-Team war das anscheinend noch zu wenig Chaos. Zusätzlich hätten Mitarbeiter in den Regalen Vogelsand verstreut. »Die waren stundenlang alleine in der Wohnung und im Fernsehen wirkte der Sand so, als würde überall zentimeterdick Staub liegen«, sagt Angelika Kerste. Tauschmutter Müller habe die Unordnung demonstrativ in Szene gesetzt, indem sie auf Anweisung des Drehteams Reinigungskräfte bestellt habe, erzählt die 56-Jährige. »Da ist mir der Kragen geplatzt und ich hab den Putztrupp rausgeschmissen«, so Patrizia Kerste. Aus ihrer Suche nach einer größeren Mietwohnung habe *RTL 2* die absurde Idee entwickelt, den Zuschauern zu erzählen, dass Familie Kerste eine Eigentumswohnung kaufen wolle. »Ich hatte zwar in einem Vorgespräch einmal von einem Wohnungskauf gesprochen, den aber nie ernsthaft erwogen«, betont Angelika Kerste. Trotzdem habe die Autorin gewollt, dass sie diese Aussage vor der Kamera wiederhole. Dann kam der Finanzberater und führte die Familie als weltfremde Versager vor.

Ähnlich sei die Trainingsszene im Park entstanden. Diese sei keineswegs ein Einfall von Tauschmutter Müller gewesen. Vor dem Dreh hätten Mitarbeiter des TV-Teams die Teilnehmer ausführlich interviewt. Ziel sei es gewesen, Situationen zu finden, mit denen die Familienmitglieder herausgefordert werden können. »Die Tauschmutter bekommt diese Aufgaben dann vom Produktionsteam und soll die Tauschfamilie damit konfrontieren«, berichtet Angelika Kerste. So hätten die Produzenten auch entschieden, dass sich ihr Tauschpartner Thorsten Müller in Freiburg wie ein Gothic-Fan verkleiden soll. Die albernen Klamotten habe das Produktionsteam besorgt. »Thorsten tat mir richtig leid«, sagt Angelika Kerste. Auch zum Zigarre rauchen beim abendlichen Pokerspiel habe sie das Team animiert. »Obwohl Thorsten das nicht wollte.« Vor der Kamera hätte sie sich mit ihrem Tauschpartner auf Anweisung ständig gestritten. »Tatsächlich haben wir uns gut verstanden«, erzählt Angelika Kerste. Weniger Verständnis hat sie für seine Frau. Anja Müller habe das erste Mal vor der Kamera gestanden und deshalb alle Regieanweisungen für bare Münze genommen und umgesetzt. »Und sie hat richtig provoziert, sie hat nicht aufgehört«, fügt ihre Tochter hinzu. »Die wussten genau, wie die mich auf die Palme bringen«, so die junge Frau. Das Ergebnis: Patrizia Kerste wirkt in der Sendung äußerst aggressiv. Was die Zuschauer ebenfalls nicht wissen: Die Familie musste die Dreharbeiten einen Tag unterbrechen, weil die Mutter von Patrizias Freund Sven beerdigt wurde. »Unsere Stimmung war also sowieso schon sehr gedrückt«, erzählt Patrizia Kerste.

Inszenierte Konflikte

Die bei Constantin Entertainment verantwortliche Produzentin Tina-Leonie Weimann bestreitet die Darstellung: »Sämtliche Lebensräume und Lebensumstände werden genau so dargestellt, wie wir sie bei Drehbeginn vorfinden. Die Vorwürfe, wir würden Wohnungen verändern, weisen wir entschieden zurück«, so Weimann. *Frauentausch* gehöre zum Genre des Dokutainment, sei also ein »Format mit Dokumentationscharakter«, bei dem die Protagonisten mit der Kamera begleitet, aber nicht angeleitet würden. Allerdings gibt Weimann zu: »Ja, es werden einzelne Sätze oder kurze Szenen wiederholt und ein Realisator vor Ort gibt Anweisungen, die im Rahmen einer Dokusoap nötig sind. Es werden aber nur Situationen und Sätze wiederholt, die im Vorfeld gefallen sind. Das ist für den folgenden Schnitt nötig und hat mit Inszenierung nichts zu tun.« Um welche Anweisungen es sich handelt, erklärt die Produzentin nicht. Fragen, nach welchen Kriterien die Familien einander zugeteilt werden oder wie das Drehmaterial bearbeitet wird, beantwortete Weimann nicht.

Joan Kristin Bleicher, Professorin am Hamburger Institut für Medien und Kommunikation, bezweifelt den Dokumentationscharakter solcher Formate. »Es handelt sich um eine Inszenierung und es handelt sich um eine Geschichte, die erzählt wird. Es handelt sich um Konflikte, die dargestellt werden, aber es handelt sich nicht um ein reales Abbild des Familienlebens«, sagte sie 2009 in einem Interview für das *NDR*-Magazin *Zapp*. Die Konfliktstruktur sei immer ähnlich. Es gehe um Sauberkeit, um gesunde Lebensführung, es würden meist sehr konservative Werte und Lebensmodelle vermittelt, so Bleicher. Die Konflikte seien immer gleich und zum gleichen Zeitpunkt platziert. Erst erfolge die Kontrolle der Sauberkeit in der anderen Wohnung, dann die Distanzierung nach dem Motto: »So könnte ich nicht leben.« Der nächste Schritt sei die Auseinandersetzung mit dem Tauschpartner. Am Ende stehe der Showdown. »Das ist eine Struktur, die man aus fiktionalen Filmen kennt und die wird hier übertragen in den Bereich des Realitätsfernsehens«, analysiert Bleicher.

Für die Medienwissenschaftlerin sind nicht nur die möglicherweise inszenierten Filmaufnahmen problematisch. Bedenklicher sei oft die Postproduktion aus Schnitt, Szenenmontage und Off-Texten. »Durch den Kommentar, der über die Szenen gelegt wird, entsteht das Bild von Kandidaten mit einem asozialen Familienleben, obwohl das ursprünglich gar nicht intendiert war«, so die Forscherin. »Die Kommentare sind sehr zynisch, sie bewerten die einzelnen Figuren häufig ironisch, sie beziehen sich auch auf die körperlichen Aktivitätsfaktoren.«

März 2015: Für Familie Kerste normalisiert sich das Leben allmählich. Angelika und ihr Mann Stephan leben nach wie vor in Köln. Patrizia ist mit Freund Sven und dem gemeinsamen Hund in einen Nachbarort gezogen. »Mit dieser Produktionsfirma werden wir nicht mehr zusammenarbeiten«, ist sich die Familie einig. Angelika Kerste kann sich aber durchaus vorstellen, in anderen Formaten aufzutreten; ihre Tochter Patrizia will nach dieser Erfahrung nicht mehr im Fernsehen zu sehen sein.

Frauentausch ist nicht das einzige Beispiel im deutschen Fernsehen, in dem Realität mehr oder weniger inszeniert wird. Sendungen wie *Verdachtsfälle* auf *RTL* oder *Richter Alexander Hold* auf *Sat.1* bedienen ebenfalls voyeuristische Bedürfnisse des Publikums. Hergestellt werden beide Serien vom Unternehmen Filmpool, der marktführenden Produktionsfirma für Scripted-Reality-Formate hierzulande. »Ein Vorteil von

Scripted-Entertainment-Formaten gegenüber klassischen Dokutainment-Formaten ist, dass wir mit Scripted-Formaten niemals Gefahr laufen, Menschen vorzuführen«, betont Felix Wesseler, Pressesprecher von Filmpool. Im Gegensatz zu sogenannten Dokutainment-Formaten wie *Frauentausch*, wo reale Personen in ihrem eigenen Leben begleitet werden, arbeitet Filmpool bei *Verdachtsfälle* und *Alexander Hold* mit Drehbüchern und Laienschauspielern. Der Begriff »Scripted Reality« ist für Wesseler ein Paradoxon. Denn »scripted« heißt »als Drehbuch geschrieben«. Ein Drehbuch kann aber nie die Realität sein. Deshalb, und auch weil Filmpool nicht vorgeben will, Reality zu produzieren, spricht Wesseler lieber von Scripted Entertainment, also Unterhaltung nach Drehbuch.

Seit August 2009 läuft *Verdachtsfälle* auf *RTL*. In jeweils 45-minütigen Folgen werden Familien im Stil einer Doku-Soap dargestellt, bei denen ein Angehöriger einer Straftat verdächtigt wird. Die Sendung zeigt dem Zuschauer, wie die Familienmitglieder mit dieser Zerreißprobe umgehen, bis letztlich die bittere oder erlösende Wahrheit ans Licht kommt. Weitere Scripted-Reality-Produktionen sind *Auf Streife* auf *Sat.1*, wo echte Polizisten bei nachgestellten Einsätzen begleitet werden, oder *Berlin Tag und Nacht* auf *RTL 2*. Dabei begleiten Kameras das Leben von Bewohnern einer fiktiven Wohngemeinschaft. Hinzu kommen Gerichtsshows: *Barbara Salesch*, *Alexander Hold* oder *Uli Wetzel* verhandeln auf *Sat.1* Straftaten von Diebstahl bis zu Mord. Dabei sind die Fernsehrichter ausgebildete Juristen, Richter auch im richtigen Leben; die Angeklagten und Zeugen sind Laienschauspieler. Auch bei diesen Shows wird die Dramaturgie von Drehbuchautoren vorgegeben, wobei diese Scripte keinen detaillierten Ablauf, sondern eher eine Grundstruktur der Handlung vorgeben.

Roland Seide kann bereits auf eine bewegte Karriere zurückblicken. Der 47-Jährige war ein Ehemann, der von seiner Frau malträtiert wurde, später verprügelte er einen Barkeeper; er war Drogendealer, Betrunkener und Ex-Knacki. Roland Seide hat schon in einigen Gerichtsshows mitgespielt. »Statt Midlife-Crisis habe ich die Weichen neu gestellt. Ich habe eine Zeit lang sehr viel Geld verdient, aber gemerkt, das steigert die Lebensqualität nicht«, erzählt Seide. Er entschloss sich, mit einer Freundin an der *RTL*-Show *Peking Express* teilzunehmen. Dabei müssen sich fünf Pärchen mit nur einem Euro pro Tag von Moskau nach Peking durchschlagen. In die Endauswahl gelangte er nicht, da die Freundin kurzfristig absprang. Aber seitdem ist Roland in der Filmpool-Kartei. Später wurde er zu einem anderen Casting eingeladen. »Der Regisseur hat mich dann ausdrücklich ermutigt, wirklich alle Schleusen zu öffnen, und das habe ich mir nicht zweimal sagen lassen, ich hab ihn wirklich – das ist jetzt nicht übertrieben – vom Hocker getobt. Er ist dann auch mit eingestiegen. Das war wirklich ein sehr energetisches Casting dann zum Schluss. Das war befreiend«, erinnert sich Seide.

Für Filmpool-Sprecher Wesseler sind Emotionen ein entscheidender Aspekt, den ein Darsteller mitbringen muss. »Es geht um authentisches Erzählen und ein realistisches Aussehen.« Zur Sicherheit werden grundsätzlich mehrere Kandidaten für eine Rolle angefragt. 30 bis 40 Seiten Drehbuch müsse er für die Rolle in einer Gerichtsshow lernen, erzählt Laiendarsteller Seide. Ist die Handlung komplexer, dann sind auch die Drehbücher umfangreicher. »Ein paar Tage vor dem Dreh ruft der Produktionsleiter an, bespricht Text und Dramaturgie, übernimmt zur Probe die anderen Rollen, gibt dir, wenn nötig, die Stichworte oder Tipps«, erzählt Seide. Einen typischen Drehtag beschreibt er so: »In der Regel ist man schon morgens am Drehort, wird begrüßt und in den Aufenthaltsraum geleitet. Dort warten die anderen Darsteller; die Richter und Schöffen haben einen eigenen Raum. Anschließend führen Mitarbeiter der Produktionsfirma Sprechproben durch, prüfen, ob die Rolle sitzt. Dann wirst du verkabelt.« Erfahrungsgemäß gehe so ein Dreh innerhalb von acht Stunden über die Bühne, denn Gerichtsshows haben meist nur einen Drehort.

Aus Sicht von Wesseler hat die Arbeit mit Laiendarstellern mehrere Vorteile. Diese Menschen würden improvisieren, man höre die Sprache der Autoren nicht heraus und man habe eine größere Anzahl von Darstellern, auf die man zurückgreifen könne. Zwar seien die Laiendarsteller günstig, zu Lasten der Qualität gehe die Besetzung mit ihnen jedoch nicht. Begonnen habe Filmpool mit Komparsen vom Arbeitsamt, mittlerweile könne die Firma aber schon geübte Akteure einsetzen. »Bei *Berlin Tag und Nacht* stehen die Laienschauspieler bereits seit drei Jahren vor der Kamera. Man kann demnach sehr wohl von Professionalisierung sprechen.« Zwar hätten diese Leute keine klassische Schauspielausbildung, aber einiges an Erfahrung. Roland Seide ist anderer Meinung. Diese Formate hätten keinen künstlerischen Anspruch, sagt er, letztlich müssten die Darsteller nur zwei Gefühlszustände transportieren: Wut und Trauer.

Die Dramen der Anderen

Medienwissenschaftlerin Bleicher sieht derartige Sendungen kritisch. »Beim Scripted Content habe ich den Eindruck, dass viele Zuschauer das für ein Realitätsabbild halten.« Im

Dezember 2011 zitiert das Magazin *Der Spiegel* aus einer Studie, die Bleichers Eindruck bestätigt. Demnach glaubte knapp die Hälfte der 861 befragten Zuschauer zwischen sechs und 18 Jahren, in dem *RTL*-Format *Familien im Brennpunkt* würden echte Fälle nachgespielt. Fast jeder Dritte in der Altersgruppe war der Ansicht, dass das Kamerateam die tatsächlichen Erlebnisse der gezeigten Familien dokumentiere.

Filmpool-Sprecher Wesseler widerspricht solchen Untersuchungen: »Natürlich wissen die Zuschauer, dass das gespielt ist.« Umfragen durch Filmpool hätten ergeben, dass die Mehrheit der Zuschauer wisse, dass die Inhalte gescripted seien. Bei den jüngeren Zuschauern könnten etwa 90 Prozent diese Formate richtig einordnen. »Das zeugt von einer besonders hohen Medienkompetenz«, sagt Wesseler. Am Beispiel von *Berlin Tag und Nacht* erklärt er drei unterschiedliche Rezipientenmuster, die aus den Nutzerkommentaren auf Facebook abzuleiten sind. Er unterscheidet zwischen »In Universe« und »Out of Universe«. Erstere behandeln das Format, als wäre es echt, sie fühlen mit den Figuren, wissen aber, dass es sich um Fiktion handelt. Rezipienten des »Out of Universe« beschäftigen sich auf einer Metaebene mit den Darstellern und der Sendung. Es gehe darum, wie gespielt wird, wie authentisch Emotionen vermittelt werden. Außerdem gibt es jene Nutzer, die andere warnen möchten: Vorsicht, das ist doch alles gar nicht echt. *Berlin Tag und Nacht* sei ein Format für Menschen, die sich nachmittags zerstreuen oder nebenbei die Hausarbeit erledigen möchten, so der Filmpool-Sprecher. Die repetitive Erzählform geschehe keinesfalls aus der Annahme heraus, das Publikum sei dumm, sondern resultiere aus der Möglichkeit, dass Zuschauer das Zimmer verlassen und den Dialogen nicht ununterbrochen folgen könnten.

Wer mit den Verantwortlichen der Sender über diese Formate sprechen möchte, bekommt keine Antwort. *RTL 2* und *Sat.1* reagierten nicht auf eine E-Mail-Anfrage. *RTL* teilte mit, dass »aufgrund begrenzter Ressourcen die Unterstützung von Studentenanfragen in dem gewünschten Umfang nicht möglich« sei. Fakt ist, dass eine große Nachfrage nach solchen Formaten besteht, sonst wäre es nicht lukrativ, diese zu produzieren. Medien-Professorin Bleicher appelliert deshalb an die »Ethik des Zuschauers«. Zappen die Konsumenten zu anspruchsvollen Sendungen, sinkt die Quote und damit die Werbeeinnahmen, mit denen solche Sendungen finanziert werden. Bislang deutet aber nichts darauf hin, dass die Zuschauer wegschalten. Die Quoten bei Filmpool liegen zwischen 15,8% (*Berlin Tag und Nacht*) und 35,7% (*Barbara Salesch*) in der werberelevanten Zielgruppe der 14- bis 49-Jährigen. Constantin Entertainment erreicht mit *Frauentausch* immerhin 18%.

Was bewegt den Rezipienten, solche Formate zu konsumieren? Eine 2012 erschienene Studie der Landesanstalt für Medien Nordrhein-Westfalen (LfM) untersucht das Rezeptionsverhalten von Jugendlichen anhand des Scripted-Reality-Formats *Familien im Brennpunkt*. Das Format sei attraktiv, »weil dort deren emotionale Realität aufgegriffen wird. Es wird eine Erlebniswelt überdramatisiert dargestellt, in Familie und Schule kommt es zu Konfliktsituationen. Dass die Menschen und Milieus hierbei in Erscheinung und finanzieller Ausstattung nicht den sonstigen Fernsehstereotypen entsprechen, verstärkt das Gefühl, hier würden ›echte‹ Problemlagen erzählt.«

Nach Ansicht von Medienexpertin Bleicher existiert eine zweite Dimension der Rezeption. »Das ist die Dimension des sozialen Vergleichs. Viele Zuschauer grenzen sich von den gezeigten Familien ab und sagen: Unser eigenes Familienleben ist im Vergleich deutlich normaler als das, was da zu sehen ist, unsere soziale Situation ist deutlich besser als die der gezeigten Familien.« Ähnliches gelte auch für vollgescriptete Formate. Auch wenn die Personen und Situationen dabei gestellt seien, bildeten sie dennoch alltägliche Dinge ab und können so für den sozialen Vergleich herangezogen werden.

Zu diesem Ergebnis kommt auch die Studie der LfM: »In allen Altersgruppen spielt neben einer empathischen, einfühlenden Rezeptionshaltung auch das Moment der Erheiterung eine Rolle. In allen Altersgruppen gibt etwa die Hälfte der *Familien-im-Brennpunkt*-Seherinnen und -Seher an, die Sendung zu sehen, ›weil man über Leute, die so dumm sind, mal richtig ablachen kann‹. Insbesondere für Jugendliche ist dies ein zentrales Nutzungsmotiv. Ein großer Teil der Erheiterung entsteht durch Abgrenzung und Selbsterhöhung. Dadurch, dass sie die Handlungsentwicklung verfolgen, das Problem erkennen und meinen, die Hintergründe verstanden zu haben, können sie sich über diejenigen Protagonistinnen und Protagonisten erheben, die sich, durch eine Fehleinschätzung der Situation geleitet, völlig unangemessen verhalten. Das vermittelt in der Rezeptionssituation ein gutes Gefühl. Die eigenen Deutungsmuster werden bestärkt, das eigene Selbstbild erhöht – auf Kosten anderer. Entsprechend ist es nicht verwunderlich, dass gerade bei den Jugendlichen der Anteil derjenigen hoch ist, die der Aussage zustimmen: ›Seit ich *Familien im Brennpunkt* sehe, weiß ich, dass es viele Leute gibt, die so richtig dumm sind.‹ Insbesondere bei den 17- bis 18-jährigen Gymnasiastinnen und Gymnasiasten wächst die Zustimmung auf 83 Prozent.« Soweit die LfM-Studie.

2011 wird der Tübinger Medienwissenschaftler Bernhard Pörksen in einem Artikel der *Hessischen Niedersächsischen All-*

gemeinen so zitiert: »Scripted-Reality-Shows erlauben es, sich ohne intellektuelle, ökonomische oder sonstige Kosten über andere Menschen zu erheben. Das ist die leichteste Form, Unterschiede herzustellen. Man blickt einfach voll Abscheu auf die Leute herab, die einem aus dem Fernsehen entgegen treten.«

Vanessa Goth, geboren 1988, machte ihren Bachelor in Germanistik und Philosophie an der Universität Tübingen. Besonders berührte sie das Gespräch mit der jungen Frau, die noch Jahre nach den Dreharbeiten zur *RTL 2*-Sendung *Frauentausch* die Folgen einer realitätsverzerrenden Darstellung spürt.

Katastrophe mit Kollateralschäden

Hunderte Journalisten berichteten im März 2009 vor Ort über den Amoklauf von Winnenden. Das Medienspektakel traumatisierte einige Hinterbliebene erneut. Sechs Jahre danach erinnern sich Betroffene, Reporter und Psychologen an die Ereignisse.
Von *Jenny Mercedes Plotka*

Es ist kurz nach 11 Uhr, als Gisela Mayer an diesem Mittwochmorgen mit ihrem Fahrzeug in die Straße vor der Albertville-Realschule in Winnenden einbiegt. Vor wenigen Minuten hat sie erfahren, dass es einen Amoklauf an jener Schule gegeben hat, in der ihre Tochter Nina seit einem Jahr unterrichtet. Die 24-jährige Referendarin hat gerade ihr zweites Staatsexamen abgelegt. Gisela Mayer ist sofort losgefahren, um zu schauen, wie es ihrer Tochter geht. Jetzt versperren ihr dutzende Reporter, Kameras und Übertragungswagen den Weg.

Am 11. März 2009 tötet Tim K. in seiner früheren Schule, schwarz maskiert, im schwarzen Kampfanzug und bewaffnet mit einer großkalibrigen Pistole, acht Schülerinnen und einen Schüler im Alter von 14 und 15 Jahren sowie drei Lehrerinnen. Punkt 9.35 Uhr, kurz nach dem Notruf eines Schülers, erreichen die ersten drei Beamten den Tatort. Tim K. schießt auf die Polizisten und flüchtet zu Fuß Richtung Winnender Innenstadt. Auf dem Weg dorthin erschießt Tim K. auf dem Klinikgelände des Winnender Zentrums für Psychiatrie einen Mitarbeiter. Dann nimmt der Amokläufer einen Autofahrer als

Geisel und zwingt ihn, durch die Region zu fahren, schließlich bis ins 40 Kilometer entfernte Wendlingen. Dort gelingt es seinem Opfer, an einer Autobahnauffahrt aus dem Wagen zu flüchten. Tim K. wird anschließend von der Polizei vor einem Autohaus gestellt. Hier ermordet er einen Kunden und einen Mitarbeiter des Autohauses. Nach einem Schusswechsel mit der Polizei richtet er die Waffe gegen seinen Kopf und drückt ab. Um 12.20 Uhr endet eine furchtbare Mordserie.

Gisela Mayer erfährt gegen 10 Uhr im Supermarkt von der Tragödie. Ein Amoklauf? Im friedlichen Winnenden? Sie kann es kaum glauben. Als ihr ein zweiter Bekannter von dem Verbrechen berichtet, versucht sie, ihre Tochter auf dem Handy zu erreichen. Die beiden Frauen hatten verabredet, während der Unterrichtszeit einander nur in Notfällen anzurufen. An diesem Morgen konnte sie Nina aber nicht erreichen. »Heute weiß ich, dass sie zu dem Zeitpunkt schon tot war.«

Während Gisela Mayer fassungslos vor der Schule wartet, berichten die Medien im Minutentakt über das Unglück; auf allen Fernsehkanälen, im Internet und beim Online-Nachrichtendienst Twitter sind Experten, die erklären, kommentieren, spekulieren. Gleichzeitig suchen Reporter Fotos von möglichen Opfern, versuchen Augenzeugen ausfindig zu machen. Winnenden wurde innerhalb kürzester Zeit »zum größten Live-Tatort Deutschlands«, schrieb der Publizist Axel Brüggemann 2009.

Tatsächlich stürzten sich hunderte Reporter, Fotografen und Kamerateams auf die baden-württembergische Stadt mit ihren 28.000 Einwohnern und machten aus dem Amoklauf ein Medienspektakel. *FocusOnline* beispielsweise richtete einen Twitter-Account ein *(@amoklauf)*, wo die Reporter nicht nur über den Amoklauf bloggten, sondern auch über die Erlebnisse auf der Fahrt zum Tatort (»Offenbar verwirrende Lage in #Winnenden. *Focus*-Reporter fast am Ziel, um sich selbst ein Bild zu machen.«). Kurze Zeit später wurde der Account wieder gelöscht. »Twitter ist eben kein klassischer Medienkanal, sondern ein soziales Netzwerk, und wer sich an Neues wagt, macht hin und wieder Fehler. Die Standards lassen sich vorab nicht beliebig fein definieren«, begründete seinerzeit Jochen Wegner, Chefredakteur von *Focus Online*, die Einrichtung des Twitter-Accounts gegenüber der *Süddeutschen Zeitung*.

Focus Online war nicht das einzige Medium, das sich an diesem Tag im Ton vergriff. Eine *RTL*-Reporterin kommentierte während einer Live-Schaltung: »Es ist Wahnsinn, hier blinken die Lichter (...). Es ist hier ein Chaos vom Feinsten!« Nachdem dieser Auftritt kritisiert wurde, ließ *RTL* das Video löschen.

Gisela Mayer hat den Medienansturm erlebt. »Als ich um 11 Uhr mit meiner jüngeren Tochter zur Schule kam, war fast kein Durchkommen mehr. Es herrschte Chaos«, erinnert sie sich. Sechs Jahre nach der schrecklichen Tat sitzt sie im Winnender Büro der »Stiftung gegen Gewalt an Schulen«, die sie 2009 ehemals als »Aktionsbündnis Amoklauf Winnenden« mit anderen Angehörigen gegründet hat, und blickt auf die damaligen Ereignisse zurück.

In einer als Informationspunkt für die Angehörigen umfunktionierten Halle gegenüber der Schule habe sie von dem Ausmaß des Amoklaufs erfahren, erzählt Gisela Mayer. Eine genaue Auskunft konnte ihr allerdings niemand geben: »Notfallhelfer teilten mir nur mit, es sehe sehr schlecht aus, es konnte mir niemand direkt sagen, dass meine Tochter tot war.« Für Gisela Mayers jüngere Tochter ein Schock. Als die damals

14-Jährige aus der Hektik der Halle fliehen wollte und die Tür öffnete, stand sie unmittelbar mehreren Journalisten gegenüber, die erfahren wollten, ob sie auch jemanden verloren hätte.

»Opfer und Opferangehörige sollten nach solch einem Ereignis absolute Ruhe haben und von den Medien nicht mit Anfragen konfrontiert werden«, sagt Ursula Gasch. Die promovierte Kriminalpsychologin ist forensisch-psychologische Sachverständige für die Justiz und arbeitet unter anderem als Psychotherapeutin mit extrem traumatisierten Menschen. Die Expertin empfiehlt Journalisten, mindestens vier Wochen zu warten, bevor sie Opferangehörige oder Überlebende von Unfällen, Katastrophen oder Amokläufen kontaktieren. Die Betroffenen seien seelisch schwer verwundet und anfangs nicht in der Lage, die Konsequenzen von Entscheidungen abzusehen, begründet Gasch diese Frist. Journalisten müssten sich der labilen psychischen Verfassung der Betroffenen bewusst sein.

Bis zu vier Wochen kann bei traumatisierten Menschen eine »akute Belastungsreaktion« andauern. In dieser Phase leiden Betroffene meist unter starken emotionalen Schwankungen. Ausgeprägte Trauer kann sich innerhalb kurzer Zeit mit Wut oder Aggression oder scheinbarer Teilnahmslosigkeit abwechseln. Begleitet werden können diese Symptome von allgemeinen Stressreaktionen wie Schwitzen, Herzrasen oder Übelkeit. Manche Menschen schaffen es, innerhalb der ersten vier Wochen ihr seelisches Gleichgewicht wiederzufinden. Allerdings wirken die Selbstheilungskräfte nur, wenn die Geschädigten die Ereignisse ohne störenden Einfluss von außen verarbeiten können. Sollten sich die Betroffenen nicht erholen, kann sich eine posttraumatische Belastungsstörung daraus entwickeln. In dem Fall sollten Journalisten grundsätzlich von Anfragen absehen.

Soweit die Theorie. Die Praxis in Winnenden sah anders aus. Bereits wenige Stunden nachdem Gisela Mayer vom Tod ihrer Tochter erfahren hatte, klingelten Journalisten an ihrer Haustür. Die Reporter hatten ihre Adresse ausfindig gemacht und baten um Interviews. »Ich war restlos überfordert«, erzählt sie. Zunächst lehnte sie alle Anfragen ab. Doch zwei Tage später trifft sie sich zu Hause mit einer Journalistin. »Aus heutiger Sicht war es ein Fehler«, gibt sie zu. »Es war zu viel Nähe zu meinem privaten Umfeld. Später habe ich niemandem mehr den Zutritt zu meinem Privathaus gewährt«, so Mayer. Erst nach der Gründung des »Aktionsbündnis Amoklauf Winnenden«, das im November 2009 in die »Stiftung gegen Gewalt an Schulen« überführt wurde, hat sie gelernt, mit Medien umzugehen.

Doch im März 2009 war sie völlig unvorbereitet. »In solch einer traumatisierenden Situation spürt man zunächst nichts. Die Psyche blendet den eigenen Schmerz aus, aber sie macht auch blind für die eigene Schmerzgrenze.« Fatal sei die Annahme vieler Journalisten, dass es genügen würde, im Interview vorsichtig mit den Opfern umzugehen. Selbst mit den besten Absichten, die Grenzen des Gegenübers berücksichtigen zu wollen, könne das nicht funktionieren, weil die Menschen selbst nicht in der Lage seien, diese Grenzen zu erkennen, erklärt Mayer. Die Kriminalpsychologin Ursula Gasch zieht daraus den Schluss, dass Medienvertreter notfallpsychologische oder psycho-traumatologische Grundkenntnisse haben sollten.

Sensationen für Millionen

Nicht nur daran mangelte es in Winnenden vielen Journalisten. Einige Medienvertreter verletzten selbst simple Anstandsregeln. Ein Beleg dafür ist die hohe Anzahl an Beschwerden beim Deutschen Presserat. Insgesamt 90 Mal monierten Leser die Winnenden-Berichterstattung von Zeitungen, Magazinen oder TV-Sendern. 47 Beschwerdeverfahren leitete der Presserat – ein Zusammenschluss der deutschen Verleger- und Journalistenverbände – ein. Dabei wurde ausschließlich die Boulevardpresse gerügt. »Soweit ich das aus unseren Archiven nachvollziehen kann, gab es keine Rügen gegen andere Medien als *Bild* und *Bild Online*«, erklärte Oliver Schlappat vom Deutschen Presserat auf Anfrage. Das Gremium sprach gegen das Boulevardblatt zwei öffentliche und eine nicht-öffentliche Rüge aus. Eine Rüge ist ein strenger Tadel, die der Presserat ausspricht, wenn gegen Vorschriften des Pressekodex verstoßen wird. Öffentliche Rügen müssen in der nächsten Ausgabe des Mediums veröffentlicht werden. Nicht-öffentliche Rügen werden auch bei schwerwiegenden Verstößen gegen den Pressekodex ausgesprochen, allerdings wird aus Gründen des Opferschutzes auf den Abdruck verzichtet. Dabei handelt es sich um die zwei stärksten Sanktionen, die der Presserat als Einrichtung der freiwilligen Selbstkontrolle der Presse verhängen kann.

So erhielt *Bild Online* eine nicht-öffentliche Rüge für einen Beitrag mit der Überschrift »Diese jungen Leben hat er ausgelöscht«. In dem Artikel wurden die vollen Vor-und Nachnamen mehrerer Opfer genannt, was laut Beschwerdeausschuss einen Verstoß gegen die Persönlichkeitsrechte (Ziffer 8) der Betroffenen und Hinterbliebenen darstellt. Kriminalpsychologin Ursula Gasch sieht bei dieser Berichterstattung eine große Gefahr für die Betroffenen und Angehörigen: »Die Menschen fühlen sich schutzlos, wenn sie sich selbst in ihrem Schockzustand begegnen. Das re-traumatisiert Menschen, wenn sie von sich selbst intime Details plötzlich in der Zeitung lesen.« Außerdem sprach der Presserat eine öffentliche Rüge gegen die *Bild*-Zeitung aus. Grund war eine mehrseitige Berichterstattung mit den Überschriften »Seid ihr immer noch nicht tot?« und »Wie wurde so ein netter Junge zum Amokschützen?« Der Beschwerdeausschuss erkannte darin einen Verstoß gegen Ziffer 8 (Schutz der Persönlichkeit) und Ziffer 11 (Sensationsberichterstattung) des Pressekodex. Die Zeitung hatte den Amoktäter ganzseitig im schwarzen Kampfanzug und mit gezogener Waffe präsentiert – eine Fotomontage, die den Amokläufer in Heldenpose inszeniert. In Verbindung mit der Überschrift »Seid ihr immer noch nicht tot?« bezeichnete der Ausschuss in seiner Presseinformation den Beitrag als »unangemessen sensationell«. Als weiteren Verstoß bewertete der Ausschuss eine Grafik, die nachzeichnete, wie der Amokläufer (wieder als Fotomontage im Kampfanzug) eine Lehrerin im Klassenzimmer erschoss. Da diese Zeichnung sowohl in der Printausgabe als auch auf *Bild.de* erschien, sprach der Presserat auch gegen *Bild Online* eine öffentliche Rüge aus. »Unangemessene sensationelle Darstellung von Gewalt, Leid und Brutalität«, lautete auch hier die Begründung. Zwar musste das Boulevardmedium die öffentlichen Rügen publizieren, juristische Konsequenzen hatten die Verstöße gegen den Pressekodex jedoch nicht, da es sich nicht um Gesetzesverstöße handelte, sondern um den Verstoß gegen ethische Richtlinien.

Auch Gisela Mayer hat nach dem Tod ihrer Tochter schlechte Erfahrungen mit der Berichterstattung gemacht. So habe eine Tageszeitung am Tag nach dem Amoklauf ein halbseitiges Foto ihrer Tochter veröffentlicht, das nicht autorisiert war. »Ich hatte nicht die Kraft, juristisch dagegen vorzugehen oder mich auf eine Auseinandersetzung einzulassen«, sagt sie. Vor einer möglichen »Re-Traumatisierung« nach solchen Veröffentlichungen warnt Psychologin Gasch. Dieses Phänomen könne auch noch Jahre später auftreten, beispielsweise wenn Journalisten an Jahrestagen erneut Interviewanfragen stellen. Vor allem die Frage nach den damaligen und heutigen Gefühlen (»Wie fühlen Sie sich jetzt im Gegensatz zum Tattag?«) könne eine Re-Traumatisierung auslösen. Zudem könne eine täterzentrierte, im schlimmsten Fall den Attentäter heroisierende Berichterstattung manche Menschen zu ähnlichen Verbrechen animieren, hier spreche man von der sogenannten Trittbrettfahrerproblematik, so Psychologin Gasch. Deshalb plädiere sie für eine ausgewogene Täterberichterstattung, bestenfalls ohne Bilder. Ein Jahr nach dem Amoklauf thematisierte der damalige Bundespräsident Horst Köhler bei der Gedenkfeier für die Opfer von Winnenden diese Nachahmungsgefahr: Es sei wissenschaftlich erwiesen, dass eine »detaillierte Berichterstattung über die Täter, ihre Motive, ihre Planungen, ihre Vorgehensweise, auch Tatablauf, Kleidung, Waffen Nachahmer auf den Plan ruft. Wir müssen also verstehen: Intensive Berichterstattung, die den Täter in den Mittelpunkt stellt, kann ein Anlass zur nächsten Tat sein«, so Köhler.

Vom Axel Springer Verlag, in dem die *Bild*-Zeitung erscheint, wollte sich kein Verantwortlicher zur Winnenden-Berichterstattung äußern. »Leider können wir Ihnen bei Ihrer Anfrage nicht weiterhelfen. Bitte haben Sie hierfür Verständnis – uns erreicht eine Vielzahl von Anfragen aus dem akademischen Bereich und wir können uns nicht an allen beteiligen«, teilte eine Verlagspressesprecherin nach mehrmaligen Nachfragen mit. Eine frühere Journalistin der Zeitung war zunächst bereit, zu berichten, wie *Bild*-Mitarbeiter bei solchen Katastrophen arbeiten. Sie erläuterte ihre Sichtweise zur Veröffentlichung von Täter- und Opferfotos und erklärte die speziellen Maßstäbe, die für ein Boulevardblatt gelten würden. Nur: Zitieren lassen wollte sie sich damit dann doch nicht. Ihre anfängliche Zusage, diese Aussagen verwenden zu dürfen, zog die Journalistin schließlich zurück.

Stellungnahmen von Vertretern des Boulevardblattes finden sich aber in den Archiven. So hatte ein Redakteur der *ARD*-Sendung *Panorama* kurz nach dem Amoklauf bei *Bild*-Pressesprecher Tobias Fröhlich zur Berichterstattung der *Bild am Sonntag (BamS)* nachgefragt: »Die *BamS* vom 15. März zeigt die Opferfotos von Winnenden. Hat die *BamS*-Redaktion diese Fotos von den Angehörigen oder Freunden erhalten oder sie aus dem Internet heruntergeladen? Haben die Angehörigen der Verstorbenen dieser Veröffentlichung zugestimmt? Wenn nicht, warum haben Sie die Fotos ohne Freigabe durch die Familien veröffentlicht?« *Bild*-Sprecher Fröhlich verteidigte das Vorgehen des Blattes: »Entgegen Ihrer Annahme dürfen Fotos von Opfern auch ohne Genehmigung gezeigt werden, sofern es sich um Bildnisse im Zusammenhang mit wichtigen zeitgeschichtlichen Ereignissen handelt.« Der Redaktion falle eine solche Entscheidung nicht leicht und sie müsse in jedem Einzelfall sorgfältig abwägen, ob das öffentliche Interesse so überragend ist, dass man die Fotos auch ohne Einwilligung zeigen dürfe, so der *Bild*-Mann weiter.

In der *ARD*-Sendung *Report Mainz* vom 16. März 2009 kritisierte der Bundesvorsitzende des Deutschen Journalistenverbandes (DJV), Michael Konken, eine *Bild*-Fotomontage, die Tim K. mit gezogener Waffe und im Kampfanzug und Illustrationen zum Mord an einer Lehrerin zeigt. »Das gehört sich einfach nicht, und man muss den Täter auch nicht in voller Montur zeigen, so wie er durch die Schule gelaufen ist, so wie er Menschen hingerichtet hat, das hat nichts mit verantwortungsvollem Journalismus zu tun«, erklärte Konken. In derselben Sendung äußerte sich auch die Kriminologin Britta Bannenberg, die Motive von Amokläufern untersucht hat: »Man darf die Täter mit Waffen in irgendeiner Form von Verkleidung überhaupt nicht zeigen. Das ist etwas, was eine Vorbildwirkung hat für andere Tatgeneigte und was völlig abzulehnen ist.« Bei der *Bild*-Zeitung konnte man diese Kritik nicht nachvollziehen. »Ein Boulevardmedium dafür zu kritisieren, die Wirklichkeit so abzubilden, wie sie in diesem Fall leider eben ist, ist (…) heuchlerisch«, hieß es in einer Stellungnahme gegenüber der *ARD*.

Auch *Bildblog.de*, ein vom Medienjournalisten Stefan Niggemeier gegründeter Watchblog, der kritisch die Berichterstattung deutscher Medien, speziell die von *Bild* beleuchtet, beanstandete die Berichterstattung des Boulevardblatts. So habe die Zeitung auf die Nachricht, dass eines der angeblich vier toten Mädchen lebt, die in der *Bild* zu sehen waren, folgendermaßen reagiert: »Sie wurde zunächst selbst als tot gemeldet – doch Selina lebt! In *Bild* schildert sie die schlimmsten Minuten ihres Lebens – und den Tod ihrer Schulfreundinnen Chantal und Jana.« Statt einer zurückhaltenden Entschuldigung wird dem Leser eine neue, exklusive Geschichte versprochen. Die *Tageszeitung (taz)* berichtet über einen *Bild*-Reporter vor der Schule in Winnenden. Hier sei alles »abgegrast«, habe der Reporter gesagt. Es gebe »nichts mehr zu holen«, er gehe jetzt.

Dass *Bild* gegen Kritik immun zu sein scheint, beweist die Zeitung drei Jahre nach dem Amoklauf von Winnenden. 2012 titelte das Blatt über ein Busunglück in Belgien, bei dem 22 Kinder starben: »Die toten Kinder aus dem Reisebus«. Zusätzlich veröffentliche *Bild* Fotos von Kindern, die bei dem Busunglück ums Leben kamen. Kriminalpsychologin Gasch fordert, dass sachlich, fachlich und vor allem objektiv berichtet werden solle. Die Frage »Was ist passiert?« müsse für Journalisten im Mittelpunkt stehen. Mit der Winnenden-Berichterstattung verbinde sie dagegen Distanzlosigkeit und etliche Tabubrüche.

Gelungener Spagat zwischen Nähe und Distanz

Solche Tabubrüche versuchten die Redakteure der *Winnender Zeitung* zu vermeiden. Aus Sicht von Gisela Mayer ist das der Lokalzeitung vor Ort auch gelungen. »Dem *Zeitungsverlag Waiblingen* rechne ich hoch an, dass sie den Hype in den ersten zwei Wochen nicht mitgemacht haben. Im Gegenteil, die Journalisten vor Ort haben sich stets für das Schicksal der Menschen interessiert und begleiten sie bis heute«, lobt sie. So druckte die *Winnender Zeitung* zwar einen Tag nach dem Amoklauf ein Foto des Täters, später verzichtete sie aber auf solche Abbildungen. Zudem hatte sich die Redaktion dazu entschieden, mit komplett schwarzer Titelseite zu erscheinen, auf der in großen weißen Buchstaben die Frage »Warum?« stand. Die Redaktion verzichtete auch darauf, Informationen zu intimen und grausamen Details über Opfer und Tat zu drucken.

Peter Schwarz, Redakteur der *Waiblinger Kreiszeitung* und seinerzeit als Reporter vor Ort, erklärt: »Natürlich haben jene Kollegen, die als erstes ein Gespräch mit Opferangehörigen führen, eine gewisse Exklusivität. Wir haben kontrovers diskutiert und kamen zu dem Ergebnis, dass wir an manchen Stellen nicht berichten. Und damit sind wir sehr gut gefahren.«

Bis heute stehen Peter Schwarz und seine Kollegen in Kontakt mit den Angehörigen der Opfer. »Wenn man als allererster in den Vorgarten trampelt und den ersten O-Ton einfängt, kann das aus egozentrisch-journalistischer Perspektive auch ein ziemlich kurzfristiger Geländegewinn sein, weil die Leute später nie wieder mit einem reden wollen«, sagt Peter Schwarz. »Wir bleiben als Lokalredaktion auch dann noch in Winnenden, wenn alle anderen Journalisten verschwunden sind.«

Eine Lokalredaktion ist mit den Menschen vor Ort eng verbunden. Gleichzeitig sollten die Reporter journalistische Distanz zu jenen wahren, über die sie berichten. Ist das bei einer solchen Katastrophe überhaupt möglich? »Es entwickelt sich natürlich die Fähigkeit, zu verstehen, was in den Opfern und Hinterbliebenen vorgeht. Und je mehr man die Anliegen von Opferangehörigen ventiliert, desto mehr wird man, ob man will oder nicht, parteiisch«, gibt Peter Schwarz zu. Doch trotz Sympathie und Zurückhaltung muss auch eine Lokalzeitung berichten. Damit haben sich die Redakteure allerdings viel Zeit gelassen. Erst vier Wochen nach dem Verbrechen fragten die Journalisten bei den Betroffenen nach Interviews – so wie es Kriminalpsychologin Gasch empfiehlt. »Nach einem Monat konnten sich die Menschen in Interviewsituationen begeben, weil alle in psychologischer Behandlung gewesen waren oder einen Anwalt hatten«, erklärt Schwarz. Im Gespräch habe er sich bemüht, den Betroffenen nicht die Kontrolle zu entziehen. Die Angehörigen sollten sich ihrem Gesprächspartner nicht hilflos ausgeliefert fühlen, beispielsweise wenn sie Privates, Intimes, Hochemotionales ungeschützt preisgeben und danach etwas darüber lesen müssen. Neben dem Amoklauf, der ersten Ohnmachtssituation, folge oftmals noch eine zweite, so Schwarz, nämlich dann, wenn sich die Personen in den Medien falsch dargestellt und wiedergegeben fühlten.

Das Reporterteam der *Winnender Zeitung* kontaktierte zunächst die Anwälte, Psychologen oder andere Vertrauenspersonen der Opferangehörigen. Zudem nahmen sich die Journalisten ausreichend Zeit. Zu den Interviews konnten Gesprächspartner Bekannte, Juristen oder Psychologen mitbringen. Die Gespräche fanden dort statt, wo sich die Menschen gut aufgehoben fühlten, etwa in ihren eigenen vier Wänden, in einer Anwaltskanzlei oder im Verlagsgebäude wurden die Gespräche geführt.

Peter Schwarz verzichtete zudem auf die normale journalistische Vorgehensweise. So ist es beispielsweise unüblich, den Gesprächspartnern fertige Texte zum Lesen zu geben. Für die Angehörigen der Opfer von Winnenden brach er diese ungeschriebene Regel. Damit wollte er ihnen vor allem die Unsicherheit nehmen und verhindern, dass sie mit der »Schere im Kopf« erzählten. »Die Leute erzählten teilweise sehr intime Dinge und konnten womöglich in dieser Ausnahmesituation nicht einschätzen, ob sie das, was da in dem Moment aus ihnen herausbricht, auch in der Zeitung lesen wollen.« Doch die Lokalredakteure wollten auch über den Täter berichten. »Schließlich stellten wir uns immer die Frage, warum es zu dem Amoklauf gekommen war«, erklärt Schwarz. Obwohl die Tat nicht zu entschuldigen sei, müsse der Täter und seine Motive beleuchtet werden. Bilder, die den Täter möglicherweise zur Ikone stilisieren, habe man jedoch nicht gedruckt. Zur Recherche gehörte für Peter Schwarz auch, das Thema Amoklauf wissenschaftlich zu erfassen. Also las er Aufsätze, Fallstudien und internationale Forschungsliteratur.

Das Beispiel der *Winnender Zeitung* zeigt, dass eine Berichterstattung möglich ist, die dem Informationsbedürfnis der Leser und den Anliegen der Betroffenen entspricht. Doch warum haben es nach dem Amoklauf nicht alle Medien geschafft, diesen Spagat zu bewältigen?

Christian Schicha, Medienwissenschaftler und Mitherausgeber des Buches »Handbuch Medienethik«, beschäftigt sich seit vielen Jahren mit Möglichkeiten und Grenzen journalistischer Verantwortung. An der Berichterstattung seien drei Parteien beteiligt, so der Experte. An erster Stelle stehe der Reporter, der selbst entscheiden müsse, wie und wo er recherchiere, der aber auch die Erwartungen von Redaktion und Verlag berücksichtigen muss. Die Redaktion bestimme die Leitlinien der Berichterstattung und die Konzernführung formuliere neben grundlegenden journalistischen Standards auch die Umsatzziele des Unternehmens. Schicha warnt deshalb vor Grenzüberschreitungen. »Ich befürchte, dass sich solche Auswüchse auch aufgrund des ökonomischen Drucks der Journalisten wiederholen.«

Lokaljournalist Peter Schwarz bestreitet, dass Schichas Drei-Parteien-Modell die Situation bei der *Winnender Zeitung* charakterisiert. Er müsse weder dem Diktat von Vorgesetzten folgen, noch gebe es eine Blattlinie. Allerdings existiere eine Grundhaltung, die alle Mitarbeiter teilten, so Schwarz. Für diese Leitlinien war Redaktionsleiter Frank Nipkau verantwortlich. Er organisierte unter anderem einen Workshop mit externen Trauma-Experten und warb dafür, die Forderungen von Psychologen und Angehörigen zu berücksichtigen.

Doch was ist mit Redaktionen, in denen diese Sensibilität nicht vorhanden ist? Kann eine Rüge des Deutschen Presserats Auswüchse verhindern? Kritiker nennen das Instrument öffentliche Rüge »zahnloser Tiger« oder »stumpfes Schwert«. Für Oliver Schlappat, zuständig für die Öffentlichkeitsarbeit des Presserates, zeugt dies von einem fundamentalen Missverständnis: »Wir wollen nicht das Raubtier sein, das auf alles, was Schwäche zeigt, losgeht, und wir wollen auch keine Waffe im Kampf für ethischen Journalismus sein. Der Presserat ist ja keine Strafverfolgungsbehörde, sondern eine Einrichtung der freiwilligen Selbstkontrolle der Presse. Die Presse, zumindest der weitaus größte Teil davon, hat sich selbst zur Einhaltung der ethischen Grundsätze verpflichtet.« Bezeichnungen wie »zahnloser Tiger« fielen immer dann, wenn jemand der Ansicht sei, dass man gegen eine bestimmte Zeitung hart durchgreifen solle. Hart durchgreifen, zum Beispiel mit Geldstrafen, könne im Grunde nur eine staatliche Stelle. Stattdessen setzt der Presserat auf Prävention. So veröffentlichte das Gremium nach Winnenden einen Leitfaden zur Berichterstattung über Amokläufe. Das 51-seitige Regelwerk, online jederzeit einsehbar, gibt Empfehlungen für die Redaktionsarbeit. »Mein subjektiver Eindruck ist, dass sich die Presse im Großen und Ganzen durchaus von Sanktionen beeindrucken lässt und vor allem daraus lernt. Das gilt für manche Medien mehr als für andere«, sagt Pressesprecher Schlappat.

Kriminalpsychologin Ursula Gasch sieht das völlig anders: Die Medienberichterstattung habe sich in den vergangenen Jahren katastrophal entwickelt. »Früher hatten wir zum Glück die technischen Möglichkeiten noch nicht, heute mit Smartphones & Co schon«, gibt sie zu bedenken. Tatsächlich muss man heute kein ausgebildeter Journalist mit teurem Equipment mehr sein, um blitzschnell hoch aufgelöste Fotos von Katastrophen zu veröffentlichen. Spektakuläre Bilder, aufgenommen von Hobbyreportern, erzeugen Druck auf klassische Medien, ihre Leser ebenfalls mit sensationellen Bildern zu binden. »Grenzen werden häufiger und schneller überschritten, deshalb wünsche ich mir«, so Dr. Gasch, »dass nicht mit Wattebällchen geworfen wird, sondern dass ernsthafte Sanktionen erteilt werden, wenn sich jemand daneben benimmt, und damit meine ich, dass die Journalisten persönlich haften müssten.«

Peter Schwarz sieht das differenzierter. »Ich glaube nicht, dass in Winnenden neue Maßstäbe der Verantwortungslosigkeit und des Sensationsjournalismus gesetzt wurden. Bekannte Beispiele wie Journalisten, die im Vorgarten stehen oder bei der Beerdigung vor der Friedhofsmauer vom Autodach aus fotografieren, sind natürlich unappetitliche Dinge. Aber das gab es immer und wird es immer geben«, sagt er. Schwarz plädiert für eine permanente Selbstreflexion der Journalisten. Reporter sollten abwägen und sich bewusst sein, dass Zurückhaltung manchmal der bessere Weg ist. Medienethiker Christian Schicha fordert unter anderem, dass Journalisten keine Interviews mit Minderjährigen führen, Personen nicht bedrängen sollen, Statements abzugeben, und keine Bilder von Opfern zeigen. Genügend Zeit für eine Analyse der Ereignisse sei außerdem wichtig.

Kriminalpsychologin Ursula Gasch wünscht sich mehr Sachlichkeit und wenige, bewusst selektierte Fotos, zudem Anteilnahme und Respekt beim Umgang mit Betroffenen. Sie fordert außerdem mehr Notfallpsychologen, die nach einer

Amoktat für die Betroffenen wichtige Hilfestellungen auch im psychosozialen Bereich geben, beispielsweise beim Umgang mit den Medien.

Gerhard Manthey, lange Jahre Gewerkschaftssekretär bei Verdi und zuständig für Medien in Baden-Württemberg, verfolgt einen anderen Ansatz. »Nach unserer Ansicht sind die Arbeitgeber in der Pflicht, ihre Journalistinnen und Journalisten zu schulen und weiterzubilden. Das bezieht sich auf Ereignisse wie den Amoklauf in Winnenden, aber auch auf eine Reihe anderer heikler Themen wie Kinderpornographie, NSU oder Berichterstattung in Kriegs- oder Krisengebieten. Es gibt dafür Bedarf, aber der Arbeitgeber müsste dies während der Arbeitszeit und auf seine Kosten finanzieren«, erklärt Manthey.

Und Gisela Mayer? Die Mutter der getöteten Referendarin Nina sitzt an ihrem Schreibtisch in den Büroräumen der »Stiftung gegen Gewalt an Schulen«. Sie ist im Vorstand der Stiftung, hält Vorträge und ist Beirat des Forschungsprojektes TARGET der FU Berlin. »Ich habe heute eine sehr gute Einstellung zu den Medien und ich habe die Erfahrung gemacht, dass bei ernsthaft interessierten Vertretern dieses Berufsstandes ein hohes Interesse besteht, zu lernen und ihre Arbeitsweise zu optimieren«, erklärt sie.

Jenny Mercedes Plotka, Jahrgang 1988, hat einen Bachelorabschluss in den Fächern Italienisch und Englisch der Universität Tübingen. Bei ihren Recherchen wunderte sie sich, wie unterschiedlich Journalisten beurteilten, nach welchen Kriterien eine angemessene Berichterstattung bei Amokläufen erfolgen soll.

Die Wahrheit hinter der Maske

Als verurteilter Bankräuber saß Andreas Kühn zwölf Jahre hinter Gittern. Dass er heute seine Freiheit genießen kann, habe er auch Journalisten zu verdanken. Von ***Svenja Müller***

Jahrelang hat Andreas Kühn diese alten Fotos nicht mehr gesehen. Bis heute. Es ist der 18. Dezember 2014 und Kühn sitzt im Büro seines Freundes und früheren Chefs Rainer Glöckle. Hier, im Stuttgarter Ortsteil Bad Cannstatt, wird er in den kommenden drei Stunden von seinem Leben in den vergangenen 15 Jahren berichten. Es ist die Geschichte von Verbrechen, die nie aufgeklärt wurden, von einem scheinbar aussichtslosen Kampf gegen Polizei und Justiz, aber auch von einer großen Freundschaft. Und es ist ein Lehrstück über Medienlogik – in den Hauptrollen Journalisten, die Andreas Kühn erst zum eiskalten Serientäter, später zum Justizopfer stilisierten. Einige Fotos zeigen den heute 41-Jährigen als glücklichen Mann, bei Auftritten seines Karnevalvereins als Sultan oder Vampir verkleidet und in seinem Job als Personenschützer mit prominenten Klienten. Doch es gibt auch andere Aufnahmen: Kühn als Häftling in seiner Zelle in der Justizvollzugsanstalt Heimsheim. Müde und kraftlos blickt er in die Kamera. Zwischen Karnevalschnappschüssen und Knasterinnerungen liegt ein gutes Jahrzehnt. Behutsam schiebt er die Bilder zurück in die Klarsichtfolien, blickt zu seinem Kumpel Glöckle und beginnt zu erzählen.

Rückblick: Mitte der 1990er Jahre überfällt ein Unbekannter in Stuttgart vier Bankfilialen. Der Täter, mal als Clown, mal als Gorilla getarnt, erbeutet insgesamt 50.000 Mark. »Der Räuber mit der Affenmaske«, oder »King-Kong-Gangster« titeln die Medien. Der geheimnisvolle Bankräuber wird zu einer Art regionaler Berühmtheit. Im Vergleich zu anderen Verbrechen ist Bankraub ein seltenes Delikt. So registrierte das Bundeskriminalamt 2013 genau 207 Banküberfälle in Deutschland. Zum Vergleich: Bundesweit ereigneten sich im gleichen Zeitraum 2.122 Fälle von Mord und Totschlag. Trotzdem thematisieren die Medien diese Straftaten verhältnismäßig häufig. Der Kulturwissenschaftler Klaus Schönberger, der einen Sammelband über »Theorie, Praxis und Geschichte des Bankraubs« veröffentlicht hat, sieht den Grund der medialen Präsenz vor allem in den »Geld-Fantasien« der Leser. Nicht nur der »Traum vom großen Geld«, sondern auch die Existenz eines kollektiven Gerechtigkeitssinns, der sich gegen die soziale Ungleichheit stellt, machen den Bankraub zu einem beliebten Thema in der Kriminalitätsberichterstattung. Bankräuber, die Faschingsmasken tragen, sind dabei besonders beliebt, schreibt Elisabeth Timm, Professorin für Kulturanthropologie an der Universität Münster, in ihrem Aufsatz »Maskentreiben. Eine kleine Trachtenkunde des Bankraubs«. Je skurriler die Verkleidung, desto spektakulärer die Berichterstattung, so Timm.

Bei der Suche nach dem Bankräuber stößt die Polizei im Juli 2000 eher zufällig auf Andreas Kühn. Ein Jahr zuvor geriet er ins Visier der Beamten, als er sich ungewöhnlich lange in der Nähe einer Bank aufhielt. Kühn hat eine plausible Erklärung dafür, dass er vor Ort war. »1999 bekam ich von Herrn Glöckle den Auftrag, einen Kunden aus Saudi-Arabien als Personenschützer zu betreuen. Der Mann hatte mich gefragt, ob ich wüsste, wo eine Dresdner Bank ist. Ich hab ihn dann zur Filiale am Schlossplatz gefahren und dort einige Zeit gewartet.«

Bei der Fahndung nach dem Bankräuber Monate später erinnern sich die Beamten an Kühns auffälliges Verhalten vor der Bankfiliale und durchsuchen seine Wohnung. Die Polizei findet Indizien, die den Verdacht gegen Kühn erhärten. Neben weißen Stoffhandschuhen und einer Spielzeugpistole, die der Waffe des Täters ähnelt, sind es vor allem zwei Funde, die Kühn stark belasten: Die Beamten stellen einen Kalender aus dem Jahr 1995 sicher, auf dem zwei der vier Überfalltage mit einem »Ü« gekennzeichnet sind – »Ü« wie Überfall, wie Kühn später zugeben wird. Außerdem findet die Polizei einen Stapel Zeitungsartikel, darunter auch Berichte über die Banküberfälle. Dass er sich in einem Karnevalverein engagiert und dadurch leichten Zugang zu Clowns- und Affenmasken hat, überzeugt die Polizisten: Andreas Kühn ist der »Gorillamasken-Räuber«.

»Die Polizei stand immens unter Erfolgsdruck, die haben den Täter jahrelang nicht bekommen. Und ich passte ins Raster«, sagt Kühn rückblickend. Er habe die Artikel über die Überfälle aus rein beruflichem Interesse gesammelt, für seine Arbeit im Sicherheitsgewerbe: »Ich wollte ursprünglich Fahrrad-Security-Streifen in Stuttgart einführen. Ich habe mich also darüber informiert, was in der Gegend an kriminellen Vorfällen passierte, um abzuschätzen, ob sich das lohnt.« Dies sei auch der Grund, warum er die Delikte in seinem Kalender dokumentiert habe.

Die Beamten glauben das nicht und auch für die Medien ist der Fall abgeschlossen. »Der Bankräuber mit der Gorillamaske, der seit fünf Jahren sein Unwesen trieb, ist offenbar gefasst«, melden die *Stuttgarter Nachrichten* am 27. Juli 2000. Alles deute darauf hin, dass Kühn die »spektakulären Überfälle« begangen habe.

Als Andreas Kühn am 26. Juli 2000 dem Haftrichter Gerhard Gauch vorgeführt wird, begeht er einen folgenschweren Fehler. Im Haftrichterzimmer verliert er die Beherrschung, schreit »Ich war's doch nicht!«, geht auf den Richter los und nimmt ihn in den Schwitzkasten. Bei dem Gerangel wird Gauch mit einem Brieföffner leicht verwundet. Ob Kühn den Richter bewusst mit dessen Brieföffner angriff, gehe aus den Zeugenaussagen vom nächsten Tag nicht deutlich hervor, so Glöckle. Ein Polizist schießt Kühn ins Bein und stoppt so den Angriff. Kühn spricht heute von einem Blackout: »Ich steckte mitten in den Vorbereitungen für ein großes Event, hatte schon Personal beauftragt, es gab jede Menge zu tun. Ich wusste, dass ich das nicht war und keiner glaubte mir«, beschreibt Kühn seine damalige Ohnmacht. Die Richter glaubten nicht an eine Verzweiflungstat im Affekt. »Wer auf einen Richter losgeht, dem sind auch Banküberfälle zuzutrauen, lautete deren Logik«, erzählt Kühn. Die Medien folgen dieser Argumentation. Der Verdächtige könne keinesfalls so harmlos sein, wie er vorgebe, so der Tenor einiger Zeitungsberichte.

In der Klischee-Falle

Den Journalisten liefert die Attacke auf den Richter genügend Stoff, um weiter über den »Gorilla-Bankräuber« zu berichten. Aus dem mysteriösen Masken-Räuber wird Andreas Kühn, der Gardetänzer und Bodyguard, der seine Aggressionen nicht unter Kontrolle hat. Die *Stuttgarter Nachrichten* beschreiben ihn in ihrer Ausgabe vom 20. April 2001 als einen »Erfolgsmenschen«, »ein mehrfacher Deutscher Meister (…) im karnevalistischen Tanzsport«, der mit seiner »Sicherheitsfirma im Rampenlicht der ganz Großen«, als Bewacher des »Rennfahrers Michael Schumacher« und an der Seite »von Herrn Dr. Kohl, dem ehemaligen Bundeskanzler« stand. Indem die Medien Details aus Kühns Leben veröffentlichen, markieren sie die Fallhöhe. Ein Bankräuber aus dem Umfeld von Prominenten verspricht mehr Aufmerksamkeit als ein ganz normaler Krimineller. Für die *Stuttgarter Nachrichten* steht fest: Sein »spektakuläres Leben« war am Ende »mehr Schein als Sein«.

Ob der Fall tatsächlich so tief war, wie einige Zeitungen suggerieren, spielt dabei kaum eine Rolle. Sowohl die Medien als auch das Verlangen der Öffentlichkeit seien auf Dramatisierung ausgerichtet, schreibt Psychoanalytiker Mario Gmür in seinem Buch »Der öffentliche Mensch. Medienstars und Medienopfer«. Der Grund dafür ist einfach: Niemand wolle in der Zeitung, im Fernsehen oder im Internet etwas von der Langeweile des Alltags erfahren, sondern vom Ungewöhnlichen, so der Journalistik-Professor Thomas Hestermann in seiner Analyse »Von Lichtgestalten und Dunkelmännern. Wie die Medien über Gewalt berichten«.

Das entscheidende Beweismittel im Prozess ist eine Aufnahme, die eine Überwachungskamera am 2. August 1995 in der Filiale der Landesgirokasse am Stuttgarter Killesberg gemacht hat. Darauf ist unter anderem das rechte Ohr des Täters zu erkennen, das nach Ansicht der Ankläger identisch mit Kühns Hörorgan ist. Der Polizei-Gutachter kann zwar nicht hundertprozentig bestätigen, dass der Mann auf dem Foto Kühn ist, es aber auch nicht ausschließen. Für Kühn ist dieses Gutachten absurd: »Drei übereinstimmende Merkmale hat der Gutachter gefunden. Das ist so, als hätte er festgestellt, dass der Täter und ich ein Ohr haben.« Ekkehard Kiesswetter, Kühns Anwalt im späteren Wiederaufnahmeverfahren, kritisiert: »Das Vorgehen damals war sehr schlampig.« Ein Gutachter von der Polizei als Hauptgutachter – das sei ein Parteigutachten, denn die Polizei werde nicht sagen, dass ihre Ermittlungen falsch gewesen seien, sagt Kiesswetter.

Ein Zeuge, der den Bankräuber ohne Maske gesehen hat, kann Kühn vor Gericht nicht als Täter identifizieren. Doch weder die schwammige Aussage des Polizisten, noch die Schilderung des Zeugen sorgen für eine Entlastung. Die Fülle an Indizien und nicht zuletzt der Angriff auf den Haftrichter überwiegen.

Im Mai 2001 wird Andreas Kühn wegen Bankraubs und versuchten Totschlags zu zwölf Jahren Haft verurteilt. Dabei ist es vor allem das rechte Ohr, das zur Verurteilung Kühns als Bankräuber führt. Dem Gutachten zufolge hat es Ähnlichkeiten mit dem rechten Ohr des Täters. Dass es zwischen dem Foto der Überwachungskamera und der Aufnahme von Kühn neben den drei Übereinstimmungen auch Unterschiede gibt und dass der Gutachter Kühn nicht eindeutig identifizieren kann, wird in der darauf folgenden Berichterstattung kaum thematisiert. Im Gegenteil: Der pensionierte Polizei-Gutachter, der beide Ohren verglichen hatte, wird in den *Stuttgarter Nachrichten* vom 15. Mai 2001 zum »Anatomieexperten« aufgewertet, der extra »bemüht wurde«.

Kurz nach der Verurteilung gibt es nur wenig kritische Stimmen auf Seiten der Medien. Eine davon ist George Stavrakis, der den Prozess als Gerichtsberichterstatter für die *Stuttgarter Nachrichten* verfolgte. Ist Kühn »Justizopfer oder eiskalter Serientäter?«, fragt Stavrakis in einem Beitrag vom 25. April 2001. Die Beweislage schätzt er als »sehr dürftig« ein – eine Meinung, mit der er sich seinerzeit noch in der Minderheit befindet.

Die ersten Monate im Gefängnis in Bruchsal untersucht Andreas Kühn jedes Detail in seinen Akten. Als Häftling ist es für ihn jedoch unmöglich, seine Unschuld zu beweisen – er braucht Unterstützung von außen. Er schreibt einen Brief an seinen ehemaligen Arbeitgeber Rainer Glöckle und bittet ihn um Hilfe: Als ehemaliger Prozessbevollmächtigter eines schwäbischen Weltkonzerns war Glöckle schon mehrfach im Auftrag der Justiz tätig und hat auch finanziell mehr Möglichkeiten als Kühn. Der Ton von Kühns Brief und die Verzweiflung, die darin zu spüren ist, bewegen Glöckle dazu, seinen ehemaligen Mitarbeiter in der JVA Bruchsal zu besuchen, obwohl er zunächst nicht an dem Urteil zweifelt. Nach dem Gespräch studiert Glöckle Kühns Gerichtsakten und stößt dabei auf Widersprüche. Rainer Glöckle wird zur wichtigsten Stütze Kühns – und ist es bis heute: »Er weiß am besten, wie ich ticke«, sagt Kühn. Ohne Glöckle wäre wahrscheinlich nie jemand auf die Ungereimtheiten aufmerksam geworden – kein Jurist, kein Gutachter und vor allem kein Journalist. In seinem kleinen Büro in Bad Cannstatt liest der Unternehmer akribisch alle Akten, von hier aus beauftragt er Gutachter und sendet zahlreiche Anfragen an die Presse. Der Fall Kühn soll in die Öffentlichkeit.

Glöckle ist ein Phänomen. Wer heute mit ihm über den Fall spricht, spürt, wie ihn Ungerechtigkeiten stören. Stillstand kennt der 71-Jährige, Cowboystiefel, getönte Brille, sowieso nicht. Jahrelang lebte er in den USA, arbeitete unter anderem als Sheriff. Derzeit leitet der selbständige Ingenieur ein Großprojekt im Sudan, wo er ein spezielles Kontrollschiff für ein Wasserwerk am Fuße des Merowe-Damms konzipiert. Während Kühn seine Geschichte erzählt, muss er immer wieder den Raum verlassen. »Sonst rege ich mich zu sehr über die deutsche Justiz auf«, erklärt er. Beteiligt er sich dann doch am Gespräch, wird es meist laut und hektisch in dem kleinen Büroraum. Immer wieder fällt er Kühn ins Wort, will hastig seine Sicht der Dinge loswerden. Einmal wird es Kühn zu viel: »Stopp, ich rede! Lass mich erzählen, wie ich das gesehen habe!« Doch Glöckle kann nicht ruhig sein, nicht, wenn es um den »Fall Kühn« geht, der über die Jahre fast zu seinem eigenen Fall geworden ist.

Im Jahr 2008 engagiert Kühn den Stuttgarter Anwalt Ekkehard Kiesswetter. Dieser wiederum bittet Rainer Glöckle, ein Gutachten bei einem Sachverständigen aus der Region in Auftrag zu geben. Glöckle entscheidet sich für den Anthropologen Friedrich Rösing. Der soll das Foto der Überwachungskamera analysieren. Hier vermutet der Anwalt einen Fehler in der Beweisführung, an dem er ansetzen kann: Er ist davon überzeugt, dass ein Spezialist für Identifikationsgutachten mit wissenschaftlichen Methoden zu anderen Schlüssen kommen wird, als der Polizist in Kühns Hauptprozess, der sich auf lediglich drei übereinstimmende Merkmale konzentrierte. Und tatsächlich kommt Rösing in seinem Gegengutachten zu dem Ergebnis: In 17 Merkmalen, darunter Haargrenze, Unterkieferwinkel, Ohren und Form der Wirbelsäule, unterscheiden sich die Männer auf den beiden Fotos. Eines dieser Merkmale ist ein Leberfleck im Nacken des Bankräubers, den Kühn nicht hat. Der Experte ist sich sicher: Kühn ist nicht der Bankräuber.

Metamorphose in den Medien

Allmählich zweifeln auch bereits einige Journalisten an Kühns Schuld. »Spektakuläre Wende im Gorilla-Gangster-Fall« titelt die *Bild-Zeitung* am 2. Januar 2009. Von einem möglichen Imagewandel möchte *Bild*-Chefreporter Robin Mühlebach aber nicht sprechen. »Er hat bei uns kein bestimmtes Image, wir halten uns nur an die Fakten«, sagt er auf Anfrage. Kühns Anwalt Ekkehard Kiesswetter glaubt dennoch, dass es einen Zeitpunkt gab, an dem die Medien umschwenkten. Und der fällt zusammen mit den Erkenntnissen des neuen Gutachters Rösing. Das Landgericht Ravensburg hingegen beurteilt das neue Gutachten als nicht aussagekräftig genug, um die Identität völlig auszuschließen. »Eine Koryphäe wie Rösing, der eigentlich immer als Gutachter für das Gericht aussagt, wurde plötzlich, als es um den Fall Kühn ging, von der Justiz als unseriös abgetan. Das hat die Presse sicherlich irritiert«, ist sich Kiesswetter sicher.

Auch die Regionalpresse bringt das Thema erneut ins Blatt. Ist Andreas Kühn tatsächlich »unschuldig hinter Gittern?«, fragt der Journalist Frank Buchmeier in der *Stuttgarter Zeitung* vom 31. Januar 2009. Kurz zuvor hatte Glöckle den Redakteur kontaktiert. »Ich war, glaube ich, damals der erste, der angebissen hat. Aber sicherlich nicht der erste, den er angesprochen hat«, erzählt Buchmeier. Zuerst sei er von »der Glöckle-Art« etwas abgeschreckt gewesen: Sein aufbrausender Charakter, seine dröhnende Stimme und vor allem die schillernden Episoden aus seinem Leben, die er immer wieder in das Gespräch einstreut, verleihen ihm auf den ersten Blick wenig Glaubwürdigkeit. Buchmeier habe sich trotzdem alle Unterlagen zeigen lassen und festgestellt: »Die Dinge, die ich dann nachrecherchiert habe, waren alle wahr.« Ein Telefongespräch mit Gutachter Rösing habe ihn dann völlig überzeugt, die Geschichte zu schreiben. Rösing sei am Telefon »schier ausgerastet«, so sicher sei er sich, dass mit Kühn ein Unschuldiger im Gefängnis sitzt.

Frank Buchmeier besucht Kühn im Gefängnis und spricht mit ihm über seinen Fall, sein Leben hinter Gittern und über seine Pläne nach der Haft. An die Gedanken, die ihm nach dem

Treffen mit Kühn durch den Kopf gingen, erinnert er sich noch genau: »Ich bin aus dem Gefängnis rausgegangen und hab einfach nur gedacht: Das arme Schwein.« Kühn sei mit dem Gefängnisleben nicht klargekommen, konnte dort mit kaum jemandem etwas anfangen. Diese Eindrücke versucht Buchmeier auch in seiner Reportage zu vermitteln, die dann in der *Stuttgarter Zeitung* erscheint. Der Journalist erzählt von Kühns Arbeit in der Gefängnisschlosserei, seinem Engagement in der Theatergruppe und wie er Halt beim Beten im gefängniseigenen Bibelkreis sucht. Nachdem sich die Medien jahrelang auf die vermeintliche Straftat Kühns konzentriert haben, steht nun sein persönliches Schicksal als zu Unrecht beschuldigter Bankräuber im Vordergrund.

Woraus resultiert dieser kollektive Wandel in der Berichterstattung? Der Kulturwissenschaftler Klaus Schönberger glaubt nicht, dass die Medien im Fall Kühn einer stringenten Linie folgten: »Medien inszenieren nicht einfach so. Sie nehmen die Bedürfnisse des Rezipienten auf und versuchen, diese zu bedienen.« Die einzige Linie, die Medien seiner Ansicht nach verfolgen, ist viel banaler: »Lässt sich die Geschichte verkaufen oder nicht?«

Nachdem die *Stuttgarter Zeitung* über Kühn schreibt, beginnt 2009 eine Welle der Berichterstattung, erinnert sich auch Frank Buchmeier: »Das ist meistens so, wenn eine seriöse Zeitung berichtet hat, nimmt man anderen Journalisten den Druck, dass sie sich gegenüber ihrem Chefredakteur rechtfertigen müssen, warum sie jetzt über diesen ›Verbrecher‹ berichten.« Ob die *Esslinger*, die *Neue Württembergische* oder die *Cannstatter Zeitung* – fast alle regionalen Blätter fragen sich, ähnlich wie die *Bild-Zeitung* am 6. Oktober 2009: »Sitzt der Falsche als King-Kong-Gangster?«

Doch nicht nur die Printmedien sind auf Kühns Fall aufmerksam geworden. Der Film- und Radioproduzent Valentin Thurn erhält den Auftrag, für die *ARD* einen Beitrag zu dem Thema zu produzieren. Seine Dokumentation »Unschuldig im Knast« wird am 1. Juli 2009 zum ersten Mal in der *ARD* ausgestrahlt und stellt Kühn in eine Reihe mit den Justizopfern Harry Wörz und Donald Stellwang, die beide nach einem Wiederaufnahmeverfahren freigesprochen wurden. Es gilt als erwiesen, dass die Justiz in diesen Fällen zu einseitig ermittelt hat.

Diesen »Medienhype«, vor allem nach Ausstrahlung der Dokumentation, hat Andreas Kühn von seiner Zelle aus miterleben können. Nicht immer konnte er alle Fernsehbeiträge sehen, erzählt er und schmunzelt bei dem Gedanken: »Ab 22.30 Uhr war Fernsehverbot und das Gerät wurde ausgeschaltet.« Auch Zeitungsartikel sammelt er weiter. »Am Ende war es eine ganze Kiste voller Berichte.« Die verstärkte mediale Aufmerksamkeit stößt jedoch nicht bei allen Mithäftlingen auf Verständnis. Denn unschuldig zu sein, behaupten viele: »Die Meinungen waren geteilt: Die einen fanden es richtig, an die Öffentlichkeit zu gehen, andere weniger.«

In der medialen Wahrnehmung hatte sich Kühn vom »Gorillamasken-Räuber« und unberechenbaren »Attentäter« auf einen Richter in ein Justizopfer verwandelt. Der Angriff auf den Haftrichter wird in der Berichterstattung kaum noch erwähnt. Vielmehr ist die Frage, ob es sich bei Kühn um ein Opfer des deutschen Rechtsstaats handeln kann, nun in den Mittelpunkt des öffentlichen Interesses gerückt. Das Thema »Justizirrtümer« ist dabei ebenso ein Medienphänomen wie die Berichterstattung über Kriminalität im Allgemeinen, wie Inge Weiler in ihrem Beitrag im Sammelband »Verbrechen – Justiz – Medien« von Joachim Lindner und Claus-Michael

Ort erläutert: Durch die Darstellung des Verbrechers ziehen die Medien zum einen eindeutige Grenzen zwischen »Gut und Böse«, an denen sich der Rezipient orientieren kann. Auf der anderen Seite präsentieren sich die Medien in Beiträgen zum Thema »Justizirrtum« aber auch in ihrer Wächterrolle, als Gegenmacht zu Staat und Justiz, vor deren Übergriffen sie den Leser zu beschützen versuchen.

Für Kühn ist die Aufmerksamkeit um seine Person Neuland: »Ich hatte niemals vor, so präsent in den Medien zu sein, aber mir war es wichtig, an die Öffentlichkeit zu gehen, damit der Fall neu aufgerollt wird.« Doch für die Wiederaufnahme eines abgeschlossenen Verfahrens braucht es einen neuen Beweis. Da das Überwachungsfoto bereits Gegenstand des alten Prozesses war, lehnt das Ravensburger Landgericht den Antrag zunächst ab. Anwalt Kiesswetter legt eine Beschwerde bei der zweiten Instanz, dem Oberlandesgericht Stuttgart, ein. Die Hürden für ein Wiederaufnahmeverfahren, so der Anwalt, seien in Deutschland extrem hoch: »Die meisten Beweise liegen schon in der ersten Hauptverhandlung vor. Bei uns waren es die neuen wissenschaftlichen Erkenntnisse, mit denen Rösing gearbeitet hat. Das Foto an sich ist ja kein neuer Beweis.« Im Juli 2009 entscheidet das Oberlandesgericht Stuttgart, dass der Wiederaufnahmeantrag zulässig ist. Das Verfahren geht zurück an das Landgericht Ravensburg, das einen neuen Sachverständigen für ein Gutachten benennen soll.

Im Jahr 2010 wird die Freiburger Professorin Ursula Wittwer-Backofen beauftragt, ein neues Gutachten anzufertigen. Auch sie ist Anthropologin. Sollte sie das Gutachten von Professor Rösing bestätigen, müsste Andreas Kühn entlassen werden. Doch Wittwer-Backofen kann Kühn anhand der Fotos als Täter nicht ausschließen. Hätte sie ihn bei ihrer Anhörung im Februar 2010 persönlich in Augenschein genommen, hätte sich die Frage klären lassen, ob Kühn einen Leberfleck im Nacken hat oder gehabt haben könnte, da ein solcher auf der Aufnahme des Täters zu erkennen ist. Doch zwei Tage vor der Anhörung wird der Transport des Angeklagten, der zu diesem Zeitpunkt bereits Freigänger ist, von der Anstaltsleitung abgelehnt – Kühn und die Anthropologin begegnen sich niemals. Sein Anwalt Ekkehard Kiesswetter sieht darin aber keine juristische Strategie: »Die Vollzugsanstalt hat ihm keinen direkten Einzeltransport gestattet. Einen einwöchigen Sammeltransport hat er abgelehnt, weil er zu der Zeit an einer Hautkrankheit litt. Das waren also eher logistische Gründe.«

Im Januar 2011 hat das Gericht noch nicht über eine Wiederaufnahme entschieden. Inzwischen sind die Juristen der Auffassung, dass der Leberfleck auch Schmutz auf der Linse gewesen sein könnte. Doch das zu beweisen, ist mittlerweile nicht mehr möglich: Die Originalfotos sind im Laufe der Jahre verschwunden.

Auch nach der vorerst gescheiterten Wiederaufnahme berichten die Medien weiter über den Fall. Am 9. November 2011 erscheint ein Wortlautinterview mit Andreas Kühn in der *Stuttgarter Zeitung*. Sein Gesprächspartner ist erneut Frank Buchmeier. Kühn erzählt von der Monotonie des Gefängnisalltags, seiner Einsamkeit und dem Wunsch nach Freiheit. Mit einem Geständnis hätte sich dieser Wunsch bereits seit zwei Jahren erfüllen können. Doch Kühn will weiter kämpfen, wie er Buchmeier im Interview erzählt: »Jemand, der wirklich unschuldig im Knast sitzt, gibt nicht auf.«

Im Jahr 2012 produziert Valentin Thurn zusammen mit Karin de Miguel Wessendorf ein Radiofeature für den *SWR*. Bereits in dem Titel »Justizopfer in Deutschland: Der Fall

Andreas Kühn« lässt Thurn keinen Zweifel daran, dass er Kühn für unschuldig hält. Der Radiobeitrag bietet sehr persönliche Einblicke in Kühns Leben hinter Gittern, wo er zu diesem Zeitpunkt bereits elf Jahre lebt. Die Musik für das Feature – Lieder von Xavier Naidoo, Rosenstolz und Silbermond – hat Kühn selbst ausgewählt. In großer Detailgenauigkeit widmet sich das Stück seiner Biographie, seiner Familie. Im Beitrag kommen nahezu alle zu Wort, die an dem »Fall Kühn« beteiligt sind: neben Kühn, Glöckle, Rösing und Kiesswetter werden auch Haftrichter Gerhard Gauch und ein Richter vom Landgericht Ravensburg zitiert. Thurn lässt in seinem Beitrag Kühns Schwestern und seinen besten Freund, die ihn über alle Jahre unterstützt haben, zu den Hörern sprechen.

Die Dramaturgie des Stücks: Der Sturz eines Mannes vom erfolgreichen Unternehmer zum vermeintlichen Schwerverbrecher. Doch Valentin Thurn möchte nicht nur auf die offensichtliche Ungerechtigkeit im Fall Kühn aufmerksam machen, sondern stellt ihn mit seiner Dokumentation und dem Radiofeature in einen größeren Zusammenhang, indem er anspricht, dass Experten von mehreren tausend Fällen unschuldig Verurteilter ausgehen.

»Ich will nicht wissen, wie viele Kühns irgendwo in irgendwelchen Gefängnissen sitzen. Und niemand erfährt jemals davon«, bemerkt auch Frank Buchmeier. Doch im Falle Kühns hätten seiner Meinung nach auch mehr Berichte keine Wende gebracht: »Man merkt relativ schnell: Die Justiz schert sich jetzt nicht darum, was die *Stuttgarter Zeitung* schreibt.« George Stavrakis von den *Stuttgarter Nachrichten* hat bereits viele Beiträge über die, wie er sie nennt, »haarsträubenden Justizirrtümer« Deutschlands veröffentlicht. Doch auch er ist der Meinung, dass die Medien im Fall Kühn nicht mehr Druck ausüben konnten: »Da lassen die Gerichte sich nicht sonderlich beeindrucken.« Doch Andreas Kühn ist sich rückblickend sicher: »Ohne mediale Aufmerksamkeit hätten die Richter den Wiederaufnahmeantrag ohne zu prüfen abgelehnt.« Kühn nutzt die Medien für sein Anliegen: »Ich konnte schon beeinflussen, was über mich geschrieben wurde. Ich wurde ja angeschrieben und konnte die Geschichte aus meiner Sicht erzählen.«

Liegt diese tendenziell eher wohlwollende Darstellung daran, dass Kühn »nur« des vergleichsweise »harmlosen« Bankraubs beschuldigt wird und eben nicht als verurteilter Mörder oder Vergewaltiger gilt? Der Kulturwissenschaftler Klaus Schönberger ist der Meinung, dass die Art des Delikts im Falle eines Justizirrtums keine Rolle für die Art der Berichterstattung spielt: »Der bloße Bankraub und der Vorwurf, dass es sich um einen Justizirrtum handeln könnte, sind zwei verschieden starke Themen. Die Tatsache, dass es sich um einen Justizirrtum gehandelt haben könnte, ist da eben der dominantere Part.« Im Umkehrschluss nennt er ein Beispiel: »Wäre er als Mörder unschuldig in Haft, wäre das viel dramatischer, denn dann würde der echte Mörder noch frei herumlaufen.« In Bezug auf die Sympathie habe aber im Allgemeinen der Bankräuber den Vorteil einer positiveren Berichterstattung.

Neustart mit Hindernissen

Im Dezember 2011 lehnt das Landgericht Ravensburg eine weitere Wiederaufnahme ab. Jahrelang konzentriert sich Kühn darauf, seine Unschuld als Bankräuber zu beweisen. Doch nachdem sein Antrag erneut abgelehnt wird, versucht er, den Angriff auf den Haftrichter zusammen mit einem Therapeuten zu verarbeiten. Kühn möchte zeigen, dass er nicht gewalttätig ist. Die Justiz signalisiert ihm daraufhin eine vorzeitige Entlassung. Am 26. April 2012 verlässt er die JVA Heimsheim nach mehr als elf Jahren Haft. Nach wie vor gilt er als verurteilter Bankräuber.

Das mediale Interesse an ihm lässt nur langsam nach. Noch am 27. April 2012, einen Tag nach seiner Freilassung, titelt *Bild*: »King-Kong-Gangster nach 12 Jahren frei« und zeigt Kühn, wie er, eine große Reisetasche in der Hand, durch Ludwigsburg läuft. »Was mich extrem stört, ist, dass ich noch immer als Gorillamasken-Räuber betitelt werde. Vor allem über die *Bild-Zeitung* habe ich mich immer wieder aufgeregt, da sie mich auch nach meiner Freilassung so genannt hat.« Die Medienpräsenz, die Kühn für sich genutzt hat, bereitet ihm nach seiner Entlassung auch Probleme. »Bei seinem ersten Job nach der Haft haben Mitarbeiter übers Internet von seiner Geschichte erfahren. Geschlossen sind sie dann zum Chef und haben betont, dass sie mit einem Bankräuber nicht arbeiten wollen«, erzählt Glöckle.

»Sie standen in der Öffentlichkeit, haben Schlagzeilen gemacht, ihre Geschichten haben uns bewegt, uns unterhalten, uns zum Lachen, zum Weinen oder auch zum Nachdenken gebracht. Jetzt stehen Sie nicht mehr im Rampenlicht, sind aber dennoch nicht vergessen. In der Serie ›Was macht eigentlich …?‹ stellen wir sie wieder vor. Heute: Andreas Kühn.« Mit diesem Teaser leitet die *Esslinger Zeitung* am 1. Februar 2014 eine Art »Homestory« mit Andreas Kühn ein, in der er unter anderem beschreibt, wie sich die erste Nacht auf einem richtigen Kissen angefühlt hat. Wüsste der Leser nicht um seine Vergangenheit als vermeintlicher »Gorillamasken-Räuber«, könnte es sich hier auch um einen ehemaligen Popstar handeln.

Frank Buchmeier hat darüber nachgedacht, noch einmal eine Geschichte über Andreas Kühn zu schreiben, wenn er wieder auf freiem Fuß ist. Damals habe er sich aber gefragt: »Helfe ich ihm damit eigentlich noch?« Und die Antwort für sich selbst verneint: »Er soll versuchen, ein neues Leben anzufangen und das alte hinter sich zu lassen.« Auch wenn die Presseanfragen immer weniger werden, kommt es ab und zu noch vor, dass Kühn um ein Gespräch gebeten wird. Doch er nimmt nicht mehr alle Anfragen an: »Ich hab' ja schließlich auch ein Leben, ich hab' einen Job, daran muss ich jetzt auch nochmal denken.« Seine Erlebnisse versucht er nun nicht mehr nur durch die Medien zu verarbeiten, sondern in einem Buch festzuhalten. Dabei soll es nicht nur um seine Inhaftierung gehen, auch das Tanzen wird darin eine große Rolle spielen.

Das Buch sei eine Therapie für ihn, erlösend, aber auch belastend zugleich: »Manchmal fällt es mir schwer, mich intensiv mit meiner Geschichte auseinanderzusetzen.« Dann muss er eine Pause einlegen: »Was ich am liebsten mache, ist, einfach mit der Bahn nach Stuttgart zu fahren. Einfach nichts zu tun, abzuschalten.« Seit zwei Jahren ist Andreas Kühn nun wieder auf freiem Fuß. Sein Haar ist etwas lichter als auf den alten Bildern, der Bauch etwas üppiger. Das Lächeln ist aber noch das gleiche. Seit Mai 2012 ist er mit seiner Freundin zusammen. Die beiden wollen heiraten. Auch beruflich konnte er wieder Fuß fassen: Mittlerweile arbeitet er als Berufskraftfahrer bei einem Transportunternehmen. Mit seiner Vergangenheit versucht er abzuschließen.

Für Rainer Glöckle hingegen ist der Fall lange nicht zu Ende: Er hat einen Verdacht, wer der »wahre Gorilla-Bankräuber« sein könnte: »Die Polizei hat damals schon gegen ihn ermittelt, aber dann die Sache nochmal fallen gelassen. Der ist nach dem letzten Banküberfall verschwunden, ich weiß auch wohin.« Glöckle ist dieser Spur bereits gefolgt, »um sich den mal vor Ort anzusehen«, Bilder zu machen oder die DNA zu bekommen: »Wenn es sein muss, reiß ich ihm ein paar Haare raus.« Von der Polizei wolle zwar mittlerweile »keiner mehr was davon hören«, aber er ist bereits im Gespräch mit Journalisten.

Svenja Müller, Jahrgang 1991, schrieb ihre Bachelorarbeit in Kulturwissenschaft an der Universität des Saarlandes über die mediale Inszenierung des französischen Verbrechers Jacques Mesrine. Für dieses Buch traf sie den als Bankräuber zu zwölf Jahren Haft verurteilten Andreas Kühn. Besonders imponierte ihr, dass Kühn nie aufgehört hatte, für seine Freilassung zu kämpfen und wie schnell er sich nach seiner langen Strafe im normalen Leben zurechtfand.

Gift fürs Image

Im Juni 2013 enthüllte Edward Snowden die weltweite Überwachung des Internets durch die USA. ***Susanne Hörth*** sprach mit Wissenschaftlern sowie Redakteuren von *FAZ* und *Süddeutscher Zeitung* über die Berichterstattung zur NSA-Affäre.

Etwas verspätet erscheint Ute Bechdolf in ihrem Büro. Die Direktorin des Deutsch-Amerikanischen Instituts in Tübingen eilt zu ihrem Schreibtisch und platziert die Kaffeetasse zwischen Papierstapeln auf dem letzten freien Fleck des Tisches. Der Kühlschrank hinter ihr ist dekoriert mit einer Nachbildung der Freiheitsstatue, die Kühlschranktür verschwindet hinter unzähligen Postkarten aus allen Teilen der USA. Seit Edward Snowden, ein externer Mitarbeiter des US-Geheimdienstes NSA, im Juni 2013 streng vertrauliche Dokumente an einige Medien weitergab, wird die promovierte Kulturwissenschaftlerin häufiger gefragt, wie sich das deutsch-amerikanische Verhältnis durch die Enthüllungen verändert hat. »Ich fürchte, das Image der USA hat einen nachhaltigen Schaden erlitten«, sagt Ute Bechdolf. Auch unter Politikern. Im Herbst 2013 habe ihr ein hochrangiger Mitarbeiter im Auswärtigen Amt erzählt, wie enttäuscht viele Bundestagsabgeordnete von der Spionageaktion seien. In der übrigen Bevölkerung ist die Stimmung ähnlich. Nur noch 35 Prozent der Deutschen sehen die USA als vertrauenswürdigen Partner, so das Ergebnis des *ARD*-Deutschlandtrends im November 2013.

Auslöser dieses Vertrauensverlustes ist der Systemadministrator Edward Snowden. Der damals 30-Jährige hatte Millionen Daten kopiert, die aus dem Überwachungsprogramm »Prism« der National Security Agency (NSA) stammen, einer US-Behörde, die für die weltweite Kontrolle, Entschlüsselung und Auswertung elektronischer Kommunikation zuständig ist. »Ich erkannte, dass ich Teil von etwas geworden war, das viel mehr Schaden anrichtete als Nutzen brachte«, begründet Snowden gegenüber der *Süddeutschen Zeitung* die Weitergabe der Staatsgeheimnisse. Am 6. Juni 2013 veröffentlichen der *Guardian* und die *Washington Post*, wie die NSA in großem Stil Rechner von Internetfirmen anzapft, um sich Zugang zu Videos, Fotos, E-Mails und Kontaktdaten zu verschaffen. Innerhalb weniger Tage gehören Worte wie »Whistleblower«, »Leak« und »Prism« zum deutschen Grundwortschatz.

Häppchenweise gibt Edward Snowden immer mehr Informationen und Dokumente heraus, die vor allem die Vereinigten Staaten und ihre Geheimdienste schwer belasten. So soll die NSA unter anderem die Enthüllungsplattform *WikiLeaks* und die Nutzerzugriffe darauf überwacht haben. Außerdem übergibt Snowden den Journalisten tausende Dokumente aus internen NSA-Präsentationen über Prism und die geplante Ausweitung dieses Programms zur Abfischung von Daten.

Seitenweise veröffentlichen deutsche Zeitungen Berichte, Analysen und Kommentare zu den bis dahin weitgehend geheimen Machenschaften der NSA. Deutsche Journalisten im Inland und in den Vereinigten Staaten müssen informativ und kritisch berichten, was vor allem in den Tagen kurz nach den Enthüllungen eine Herausforderung darstellt. Wie haben Journalisten großer deutscher Medien die NSA-Affäre erlebt?

Haben die Ereignisse ihr Bild von den USA und damit die Berichterstattung verändert?

Für die *Frankfurter Allgemeine Zeitung (FAZ)* hatte die USA-Berichterstattung schon vor den Snowden-Enthüllungen eine große Bedeutung. »Wir haben jeweils einen Korrespondenten für Politik und Wirtschaft in Washington, zwei Wirtschaftsredakteure in New York, einen Feuilleton-Korrespondenten und zwei freie Mitarbeiterinnen, die regelmäßig für uns schreiben, und einen Experten für geologische Themen«, sagt Klaus-Dieter Frankenberger, Leiter des Außenpolitik-Ressorts der *FAZ*. Er glaubt, dass die US-Regierung durch das massive Ausspähen deutscher Daten ihr Image vom Freund und Partner Deutschlands ins Wanken gebracht, wenn nicht gar nachhaltig erschüttert hat.

Zu Beginn der NSA-Affäre reagiert die *Frankfurter Allgemeine Zeitung* vergleichsweise schnell und berichtet bereits am 6. Juni 2013 online über die Enthüllungen des *Guardian*. Die Zeitung verlässt sich zunächst überwiegend auf Meldungen von Nachrichtenagenturen wie der *Deutschen Presse-Agentur (DPA)* oder *Reuters*. »Als Nicht-Amerikaner kriegen Sie von amerikanischen Geheimdiensten nicht eine Information. Außer das, was sie normal über die Pressearbeit rausrücken«, begründet Frankenberger den Rückgriff auf Agenturmaterial.

Klaus-Dieter Frankenberger ist seit 1986 bei der *FAZ*. Die USA kennt er aus eigener Erfahrung. Die Politik des Landes interessiere ihn, seit er die Arbeit des amerikanischen Kongresses zwei Jahre lang miterleben durfte. Über ein Stipendienprogramm wurde er 1985 zum Congressional Fellow. »Viele machen das entweder, um für ihre Doktorarbeit Material zu sammeln, oder sie nutzen den Aufenthalt als Forschungsstipendium oder für ihre Professur. Aber ich wollte im Kongress richtig mitarbeiten.« Frankenberger, Jahrgang 1955, muss schmunzeln beim Gedanken an sein Vorstellungsgespräch: »Sie sagten zu mir: ›Wir wissen, Klaus, dass Sie kein Amerikaner sind. Sie müssen nicht 100 Prozent liefern, aber 96 Prozent schon.‹ Damit wollten sie sagen, dass ich nicht samstags oder nachts kommen müsste, aber sie wollten, dass ich funktioniere.« Frankenberger funktionierte und erlebte hautnah den Kongress, der für ihn zu den spannendsten Parlamenten der Welt zählt, weil die einzelnen Mitglieder im Vergleich zu einem »normalen« deutschen Bundestagsabgeordneten einen enormen politischen Einfluss haben.

Dieser Einfluss zeigt sich in der Reaktion auf die NSA-Affäre, als Kongressabgeordnete die Spionagevorgänge zunächst vehement verteidigten und damit das gesamte Kapitol wochenlang in eine Haltung des untätigen Abwartens drängten. US-Kongressreporter David Lightman zitiert den langjährigen Abgeordneten Michael J. Rogers: »Obwohl NSA-Mitarbeiter mit einer Unzahl von falschen Vorwürfen konfrontiert worden seien, würden sie unbeeindruckt weiterarbeiten, um die Sicherheit der amerikanischen Bevölkerung zu gewährleisten«, so der Republikaner. Die NSA also als Wahrer der nationalen Sicherheit?

In der deutschen USA-Berichterstattung wird diese Einstellung deutlich verurteilt. Beispielsweise schreibt *Spiegel Online* über die Geheimdienstanhörung im Oktober 2013, als US-Geheimdienstchef James Clapper und NSA-Direktor Keith Alexander vor einem Ausschuss des Kongresses standen: »Von Selbstkritik keine Spur: Schnell wurde die Anhörung zu einem Loblied aufs US-Spionagewesen.« Kritik aus dem Ausland lasse die Amerikaner kalt, konstatiert der New York-

Korrespondent des Onlineportals, Marc Pitzke. Darüber, wie umfassend die Spionage ist, kann zu Beginn der Krise jedoch nur gemutmaßt werden. Snowden klagt mit geleakten Dokumenten an – die amerikanische Regierung und ihr Geheimdienstdirektor dementieren. Ebenso Internetfirmen wie Yahoo, Skype, YouTube und Apple, die der NSA den Zugriff auf ihre Server gestattet haben sollen.

Entsprechend vorsichtig ist die Berichterstattung der *FAZ* am ersten Tag, an dem die Abkürzung »NSA« im Juni 2013 in ihrer Online-Präsenz auftaucht. Die wenigen vorhandenen Fakten werden sachlich wiedergegeben. Betont wird vor allem das amerikanische Argument, dass die Datensammlung zum Schutz vor Terrorismus geschehe – die Rechtfertigung schlechthin der US-Regierung und Präsident Obamas im Speziellen, die an die Medien vermittelt wurde.

FAZ zwischen Verständnis und Kritik

Es dauert jedoch nur bis zum nächsten Tag, bis die Journalisten der Zeitung erstmals ihre eigenen Ansichten formulieren und kritische Töne anschlagen. Am 7. Juni 2013 zeigt sich Klaus-Dieter Frankenberger enttäuscht über Obamas Seitenwechsel, weil dieser sich vor seiner Zeit als Präsident, als »Nachwuchssenator«, noch gegen die Einführung der automatischen Datensammlung ausgesprochen hatte. »Bitter« sei das, schreibt Frankenberger und beklagt, dass Barack Obama die Überwachungs- und Abhörprogramme seines Vorgängers im Amt übernommen und fortgesetzt hatte. *FAZ*-Korrespondent Peter Carstens bezeichnet die NSA-Praktiken ironisch als »amerikanische Vorgänge in Amerika«. Die Zweifel daran, dass das Ausland nicht von den Datensammlungen der US-Geheimdienste tangiert werde, scheinen bereits groß zu sein. Dennoch schwächt Carstens die Vorwürfe gegen die USA ab, indem er hervorhebt: »In einer Anzahl von Ermittlungsverfahren deutscher Behörden gegen Terrorverdächtige kamen erste Hinweise jeweils von amerikanischen Diensten und wurden dankbar aufgegriffen.« Der Tenor des Artikels: Die deutschen Geheimdienste würden genauso arbeiten, verfügten sie über die gleichen Kapazitäten wie die National Security Agency.

FAZ-Redakteur Carsten Knop, der selbst vier Jahre lang als Auslandskorrespondent in den USA gelebt hat, geht noch einen Schritt weiter als sein Kollege. Er kritisiert die Mediennutzung der Menschen im digitalen Zeitalter – eine erstaunliche Sicht inmitten der ersten Aufregung. »Dass Geheimdienste – und beileibe nicht nur der amerikanische – Zugriff auf Internet- und Telekommunikationsdaten haben, darf in der schönen neuen Technikwelt niemanden mehr überraschen«, findet er. Wer bei Amazon seine Vorlieben auslesen und sich beispielsweise seinen Büchergeschmack voraussagen lasse, hätte es ja auch ahnen können, so der Journalist. Sein Urteil zur Ausspähung von Daten: »Inzwischen hat man das Gefühl, dass das nicht mehr viele Menschen stört oder dass zumindest nicht mehr viele Kunden darüber nachdenken.«

Dass der sorglose Umgang von Nutzern mit ihren Daten quasi einer Zustimmung zu ihrer Überwachung gleichkomme, finden im Gegensatz zu Knop jedoch die wenigsten *FAZ*-Leser. Unter seinem Artikel hagelt es im Netz wütende Kommentare. Man müsse nicht beim Kunden ansetzen, sondern der »Gedankenpolizei« und der »amerikanischen Datenkrake« einen Riegel vorschieben. Schon am zweiten Tag der Berichterstattung bietet die *FAZ* Tipps und Tricks, wie Internetnutzer sich durch »Klicks zum Unsichtbarwerden« bestmöglich vor der Datensammlung durch Google, Facebook und Co. schützen können.

Die *Süddeutsche Zeitung* berichtet erst einen Tag später als die *FAZ*, am 7. Juni 2013, erstmals über die Enthüllungen um die NSA. »Die Welt – im Netz nur zu Gast« betitelt die Zeitung einen Kommentar. Viele große Internetdienste, darunter beispielsweise Google und Facebook, würden zwar von Menschen weltweit genutzt, aber von amerikanischen Firmen kontrolliert.

Auch Nicolas Richter, US-Korrespondent der *Süddeutschen Zeitung (SZ)*, stößt bei der Recherche zunächst auf Hürden. Seit 2013 berichtet der gebürtige Genfer aus Washington für das Blatt. Vor seiner Tätigkeit bei der *Süddeutschen* hatte er bereits mehrere Jahre in den New Yorker Büros der *dpa* und des *ZDF* gearbeitet. Im Laufe seiner Karriere war er an der Aufdeckung mehrerer Skandale, zum Beispiel der Drehbuchaffäre beim *NDR*, beteiligt und wurde mit dem Helmut-Schmidt-Journalistenpreis sowie dem Wächterpreis der Tagespresse ausgezeichnet. Dennoch steht auch er nach Snowdens ersten Enthüllungen in den USA vor verschlossenen Türen. »Für die allgemeine Analyse, Einordnung und Hintergrundberichterstattung gab es in Washington viel Information: ausführliche Anhörungen im Parlament, Expertenkonferenzen, Hintergrundgespräche mit Fachleuten. Aber die *SZ* war nicht im Besitz der Snowden-Dokumente. Deswegen waren wir auf die Berichte der *Washington Post* angewiesen«, erklärt Richter. Dass Auslandskorrespondenten auf Medien ihres Berichtsgebiets zurückgreifen müssen, ist keine Seltenheit. In seinem Buch aus dem Jahr 2001 »Auslandskorrespondent/in für Presse, Radio, Fernsehen und Nachrichtenagenturen« stellt Martin

Wagner fest, dass die Medien vor Ort ohne Zweifel die Grundlagenarbeit für Auslandskorrespondenten leisten.

SZ thematisiert Motive von Whistleblowern

Am 7. Juni 2013, dem ersten Tag der *SZ*-Berichterstattung über die NSA-Affäre, taucht in ihren Artikeln ein Bild immer wieder auf: das Internet als globale Überwachungsmöglichkeit dank NSA und Prism. Zwar räumt beispielsweise Andrian Kreye ein, dass Internetkritiker schon seit langer Zeit vor der Gefahr der Ausspähung über das Internet gewarnt hätten und man es somit besser hätte wissen können. Doch vor allem beschäftigt ihn das erschütterte »Selbstverständnis der digitalen Gesellschaft, die von der Freiheit und Transparenz des Netzes begeistert ist«. Große Datensammlungen stellten eine Bedrohung dar in einer Welt, in der das Internet nach wie vor ein amerikanisches Medium sei. Das Internet ist für ihn zum »globalen Überwachungsapparat« der NSA geworden.

Im Gegensatz zur *FAZ* äußert sich die *Süddeutsche* sehr kritisch gegenüber dem Argument, dass die Terrorabwehr der USA die Überwachungsprogramme rechtfertige. Die Artikel sind gespickt mit Begriffen wie »Auslandsspionage« und »Schnüffelaktion«. Umso erstaunlicher ist es, dass Karin Janker vom SZ-Ressort Politik bereits am nächsten Tag, am 8. Juni 2013, von einem Abebben der ersten Aufregung ausgeht. Während diese Aussage sicherlich übereilt getroffen wurde, stellt US-Auslandskorrespondent Nicolas Richter in seinem Artikel »Ära der Aufklärer« vom 13. Juni 2013 klar, dass die Schuld an der NSA-Affäre ausschließlich der US-Regierung zugeschrieben werden kann. Denn die amerikanische Öffentlichkeit wusste von ihr ebenso wenig wie die Deutschen: »Amerikas

National Security Agency ist so verschwiegen, dass Spötter das Kürzel NSA mit ›No Such Agency‹ übersetzen – die Behörde, die es gar nicht gibt. Jetzt haben die Amerikaner nicht nur festgestellt, dass die NSA existiert, sondern auch, dass die NSA alles über die Amerikaner weiß, obwohl sie selbst nichts über die NSA wissen.«

Als Gegenpol zur NSA wird in deutschen Medien der Enthüller gesehen: Edward Snowden als mutiger Aufklärer. Der *ARD*-Deutschlandtrend vom November 2013 ergibt, dass 60 Prozent der befragten Deutschen Snowden als Helden betrachten, während er in den USA – zumindest von Seiten der Regierung – als Verräter wahrgenommen wird, der seinem Land enormen Schaden zugefügt hat. Das Nachrichtenmagazin *Der Spiegel* erklärt Snowden zum Helden, weil er »Amerikas Traum von der totalen Datenkontrolle zum Platzen gebracht hat« (1. Juli 2013).

Diesem Status widerspricht Nicolas Richter in der *Süddeutschen Zeitung* und erinnert an einen anderen Whistleblower der USA, Edward Manning, der *WikiLeaks* vertrauliche Dokumente zugespielt hatte: »Das edle Motiv ist freilich nur eines unter vielen. Andere können Rache sein oder Eitelkeit. Die Aussicht, wie Manning eine globale Fan-Gemeinde zu haben und ein Märtyrer-Star zu sein, kann durchaus verführen«, kommentierte Richter am 13. Juni 2013. Angesprochen auf diese harsche Kritik, steht Nicolas Richter der Person Snowden Anfang 2015 positiver gegenüber. Zu der Aussage habe ihn damals die deutsche Berichterstattung verleitet, die den IT-Spezialisten teilweise nicht mehr neutral beurteilt habe: »Whistleblower sind Menschen. Ihre Motive sind nicht immer nur edel. Ich habe anfangs daran erinnert, weil ich das Gefühl hatte, dass Snowden vorschnell verklärt wurde. Nach allem, was man bisher über Snowden erfahren hat, handelte er aber tatsächlich in erster Linie aus Empörung und Sorge über das, was er über die NSA erfahren hat«, sagt Richter im Gespräch mit der Autorin. »Er ist ein moderner Held«, so der *SZ*-Redakteur.

Eine Krise wie die NSA-Affäre erfordert ein besonderes Fingerspitzgengefühl bei der Recherche. Wie gehen deutsche Auslandskorrespondenten dabei vor? Wie kommen sie an Informationen? Klaus-Dieter Frankenberger erinnert sich noch an die »alte Zeit« vor dem Internet, als Artikel häufig einfach aus der *New York Times* oder aus der *Washington Post* abgeschrieben wurden. »Dann stand am nächsten Tag in den deutschen Zeitungen im Grunde der Aufguss vom Vortag in Amerika.«

Recherche von Auslandskorrespondenten

Im schnelllebigen Zeitalter des Internets ist dies kaum noch denkbar – zumal die meisten US-Medien zu Beginn der NSA-Affäre über ebenso wenig Informationen verfügten wie ihre deutschen Pendants. Die ausländischen Medien spielen jedoch nach wie vor eine wichtige Rolle bei der Recherche der *FAZ*-Journalisten. Frankenberger erwartet von seinen US-Korrespondenten, dass sie die Zeitungen vor Ort lesen, Online-Angebote nutzen und vor allem auch fernsehen. Sender wie der Nachrichtenkanal *CNN* gehören für ihn zu den klassischen Quellen. Hinzu kommen offizielle Stellungnahmen von Regierungsinstitutionen, denen Frankenberger zunächst ein gewisses Maß an Vertrauen entgegenbringt. »Bis zum Beweis des Gegenteils«, wie er betont. Die dritte Säule im Quellenensemble seiner US-Korrespondenten bilden Thinktanks. Frankenberger greift gerne auf die Einschätzungen solcher Denkfabriken zurück, um beispielsweise Urteile und Kommentare zu Entwicklungen in den USA einzuholen. Dafür wurde er kritisiert. Im April 2014 monierten die Kabarettisten Max Uthoff und Claus von Wagner in ihrer *ZDF*-Politsatire *Die Anstalt* die Mitgliedschaft deutscher »Qualitätsjournalisten« in amerikanahen Vereinen und Thinktanks wie der Transatlantic Academy oder der Trilateralen Kommission. Die Kabarettisten sahen dadurch die Unabhängigkeit der Journalisten bedroht.

Für *FAZ*-Redakteur Frankenberger ist das »schlicht Unsinn«. In einem medial überversorgten Land wie den Vereinigten Staaten sieht er in Thinktanks und in deren Fachmännern und -frauen eine wichtige Hilfe bei der Einschätzung aktueller Entwicklungen und bei der Recherche. Vor allem glaubt Frankenberger aber an das individuelle Urteilsvermögen seiner Korrespondenten, wenn diese eine Geschichte recherchieren: »Es gibt bei der *FAZ* keinen Politkommissar, der eine Linie vorgibt. Sie müssen als Auslandskorrespondent relativ rasch eine eigene Urteilsfähigkeit ausbilden, die Ihnen hilft, zu unterscheiden und zu sagen: das ist nur Show und das ist Ernst, das ist wichtig und das ist irrelevant.«

Bei der NSA-Krise kommt für US-Korrespondenten bei der Recherche erschwerend hinzu, dass der Bedarf nach Aufklärung der Aktivitäten des Geheimdienstes in den Vereinigten Staaten selbst nicht ebenso groß zu sein scheint wie in Deutschland. Ute Bechdolf vom Deutsch-Amerikanischen Institut in Tübingen führt dies auf den geringeren öffentlichen Druck zurück: »Es gibt natürlich auch drüben kritische Stimmen. Es gibt Intellektuelle, die die Überwachung verheerend finden. Aber generell gibt es eine andere Einstellung zum Datenschutz, zu Persönlichkeitsrechten, zu Spionage. Das Bewusstsein, dass der Staat das tut, ist in der Öffentlichkeit größer und immer an oberster Stelle.«

Nicolas Richter von der *Süddeutschen Zeitung* stimmt zu: »Die amerikanische Öffentlichkeit war zunächst überrascht und zeitweise sogar empört, vor allem Linke und libertäre Rechte. Insgesamt aber hat sich die Aufregung schnell gelegt. Die Amerikaner sehen die Überwachung weitgehend pragmatisch. Wenn die NSA ihnen mehr Sicherheit verspricht, wenn sie glaubhaft macht, dass sie ein neues 9/11 verhindern kann, dann nehmen viele Bürger dies eben hin.« Tatsächlich lehnt zwar über die Hälfte (54 Prozent) der US-Amerikaner laut einer Umfrage des Meinungsforschungsinstituts Pew Research Center vom Juni 2014 die Datensammlung durch die Regierung zu Antiterrorzwecken im Prinzip ab, jedoch findet die Mehrzahl dieser Gegner (38 Prozent), dass der National Security Agency das Sammeln bestimmter Informationen weiterhin erlaubt sein sollte. Auf die Frage, was ihr wichtiger sei, die Ermittlung terroristischer Bedrohungen oder ihre Privatsphäre, antwortet die von den Terroranschlägen vom 11. September 2001 geprägte Nation entsprechend eindeutig: 62 Prozent der US-Amerikaner akzeptieren es laut der Umfrage vom Juni 2014, dass zum Beispiel durch das Abhören von Telefonaten in ihre Privatsphäre eingedrungen wird, wenn die Regierung dabei möglichen Terrorbedrohungen nachgeht.

Auslandskorrespondenten in den Vereinigten Staaten müssen diese kulturell sehr unterschiedliche Einstellung zur NSA-Spionage an deutsche Medienrezipienten vermitteln. Doch diese sehen es kritisch, welche Freiheiten die amerikanische Regierung der NSA gestattet. Georg Schild, Professor für nordamerikanische Zeitgeschichte an der Universität Tübingen, sieht eine Ambivalenz im Bild der Deutschen von den Vereinigten Staaten: »Ich hatte schon in der Endphase der Bush-Administration das Gefühl, dass in Deutschland zwei

Dinge ganz stark getrennt werden: Man liebt die USA als Land, hofft aber, dass der Präsident endlich abtritt. Als Obama dann 2013 in Berlin vor der Siegessäule gesprochen hat, schien dieser Eindruck sich noch einmal zu bestätigen. Obama musste, weil er als liberal galt, seine rechte Flanke dadurch stärken, dass er sich im Bezug auf die Geheimdienste keine Blöße geben wollte. Deshalb ist er bei dem Thema sehr strikt aufgetreten und hat sofort gesagt, dass es keine Sondergespräche mit den deutschen Geheimdiensten geben wird.« Entsprechend unzufrieden mit Obamas Politik zeigen sich die Deutschen im November 2013 im *ARD*-Deutschlandtrend. Nur noch 43 Prozent der Befragten sind mit ihr einverstanden – gerade einmal die Hälfte im Vergleich zu April 2010 (88 Prozent). In der Online-Zeitung *McClatchyDC* kommentiert der US-Journalist Matthew Schofield, dass die Verschlechterung des amerikanischen Images besonders schwer wiege in Deutschland, das in den Vereinigten Staaten seit dem Zweiten Weltkrieg immer einen engen Freund, Verbündeten und Beschützer gesehen habe. Die USA seien über Jahrzehnte nicht nur ein idealer Partner für Deutschland gewesen, sondern gar ein Ideal.

Klaus-Dieter Frankenberger wägt ab: »Wenn ich zu einem Thema eine bestimmte Meinung habe, versuche ich, die zu vertreten. Manchmal eher polemischer, manchmal eher sachorientiert und analytischer. In Kommentaren kann ich sagen: das sind Idioten oder das sind prima Leute. Die normale Berichterstattung ist ja etwas anderes. Hier geht es darum, ein Land nicht hochzuschreiben oder niederzuschreiben.«

Weder Klaus-Dieter Frankenberger noch Nicolas Richter glauben, dass sich die USA-Berichterstattung ihrer Zeitungen durch die NSA-Affäre maßgeblich verändert hat. Zwar waren beide Journalisten zu Beginn sehr erstaunt über das Ausmaß der Datensammlung, das Edward Snowden aufdeckte. Allerdings sehen sie den Imagewandel der USA und ihrer Regierung nicht bei sich oder ihren Kollegen, sondern vielmehr in der deutschen Bevölkerung und Politik. Nicolas Richter resümiert: »Auf jeden Fall hat sich bei Gesprächen hier in Washington erschlossen, dass die Amerikaner völlig unterschätzt haben, wie groß die Empörung in Deutschland und Europa war.« Eine Umfrage des Pew Research Center bestätigt, dass die deutsche Bevölkerung im Jahr 2014 in mehreren Bereichen ein schlechteres Bild von den USA hat als vor Snowdens Enthüllungen 2013. So glauben laut der Umfrage beispielsweise nur noch 58 Prozent der Deutschen, dass die US-Regierung die persönlichen Freiheiten ihrer Bürger schützt – ein beachtlicher Abfall von über 20 Prozentpunkten im Vergleich zu 2013 (81 Prozent).

Klaus-Dieter Frankenberger glaubt, dass die Vereinigten Staaten nun dringend das verlorene deutsche Vertrauen zurückgewinnen müssen, beispielsweise im Hinblick auf die andauernden Verhandlungen zum Transatlantischen Freihandelsabkommen (TTIP). »Da ist das Klima stark vergiftet«, fürchtet der USA-Experte, »und das ist eindeutig ein Kollateralschaden der NSA-Affäre, dass viele Leute den Amerikanern heute – ganz banal gesagt – alles Mögliche zutrauen.«

Susanne Hörth, Jahrgang 1989, absolvierte ihren Bachelor an der Uni Mainz in den Fächern Übersetzung und Kulturwissenschaften. Neben dem Studium arbeitete sie als Reporterin beim SWR. Bis heute ist sie erstaunt darüber, dass sich ihre Gesprächspartner von *Süddeutscher* und *FAZ* nicht mehr an den Tag erinnern, als der NSA-Skandal publik wurde.

Vernichtendes Urteil

Deutsche Medien berichten im Ukraine-Konflikt einseitig gegen Russland und provozieren damit einen neuen Kalten Krieg, so die Kritik vieler Mediennutzer. Stimmt das?

Vera Makarenko hat mit Auslandskorrespondenten und Osteuropa-Experten gesprochen.

Seit Ende 2013 steht Osteuropa im Fokus der internationalen Politik. Am 21. November 2013 kündigte die ukrainische Regierung überraschend an, das Assoziierungsabkommen mit der Europäischen Union nicht zu unterzeichnen. Dagegen demonstrierten vor allem junge Ukrainer, die auf eine stärkere Westbindung ihres Landes gehofft hatten. Schon lange zuvor waren viele Menschen unzufrieden mit der Politik. Wirtschaftliche Probleme und Korruption waren nur einige Gründe dafür. Am 1. Dezember 2013 forderten zehntausende Studenten auf dem Maidan friedlich den Rücktritt von Präsident Wiktor Janukowytsch, vorzeitige Präsidentschaftswahlen und die Unterzeichnung des Assoziierungsabkommens mit der EU. Die Spezialeinheit Berkut der ukrainischen Polizei beendete die Proteste gewaltsam. Im Februar 2014 eskalierte die Lage. Acht Tage später nahmen über 500.000 Menschen an einer Kundgebung auf dem Maidan teil. Im Januar und Februar 2014 wurden die Proteste gegen Präsident Janukowytsch immer heftiger. Mehr als 100 Menschen starben bei Straßenkämpfen.

Am 20. Februar 2014 glich der Maidan einem Kriegsschauplatz. Der *ARD*-Reporter Bernd Großheim war damals in Kiew und beschrieb die Situation so: »Die ganze Nacht über liefern sich Polizei und Protestierende Straßenschlachten. Der gesamte Platz brennt, Zelte, Barrikaden gehen in Flammen auf. Am Vormittag ziehen sich dann die Polizisten plötzlich zurück, vorbei am Hotel Ukraina, einem Hochhaus an der Institutska Straße. Demonstranten laufen hinterher – und in ihren Tod. Sie werden erschossen. Filmaufnahmen zeigen uniformierte Scharfschützen mit Spezialgewehren, es sterben auch Polizisten, möglicherweise durch Schüsse aus den Reihen der Demonstranten.« Am 21. Februar 2014 flieht Janukowytsch aus Kiew; die Abgeordneten des Parlaments rufen Präsidentschaftswahlen aus. Der russische Präsident Wladimir Putin erklärt die geplanten Neuwahlen für verfassungswidrig. Das war aber nicht das Ende des Konflikts.

Am 23. Februar 2014 erklärte Putin nach einer nächtlichen Krisensitzung, dass man Vorbereitungen treffen müsse, die zur Ukraine gehörende Halbinsel Krim zu annektieren, »um den Bewohnern die Möglichkeit zu geben, über ihr eigenes Schicksal zu entscheiden«. Tatsächlich ist die Krim auch für Putin strategisch bedeutsam, denn hier ist die russische Schwarzmeerflotte stationiert. Nachdem sich das Parlament der autonomen Republik Krim am 6. März mit großer Mehrheit für einen Anschluss an Russland ausgesprochen hatte, wurde am 16. März 2014 ein Referendum über den Status der Halbinsel abgehalten. Nach offiziellen Angaben sprachen sich 96,77 Prozent der Teilnehmer für einen Beitritt der Krim zur Russischen Föderation aus. Die Wahlbeteiligung betrug 83,1 Prozent. Die Ukraine erkannte das Votum nicht an, weil die Entscheidung ohne Zustimmung von Kiew getroffen wurde. Auch die

Vereinten Nationen (UN) deklarierten das Ergebnis als ungültig. Die Krim ist mittlerweile fest in der Hand russischer Streitkräfte. In der Ukraine kämpfen von Moskau unterstützte pro-russische Separatisten gegen ukrainische Soldaten. Zwischenzeitlich herrschen bürgerkriegsähnliche Zustände. Die EU kritisiert Putins Kurs und versucht, Russland mit Sanktionen unter Druck zu setzen.

Der Konflikt fand eine enorme Resonanz in der deutschen Presse. Tenor der meisten Beiträge in Presse, Funk und Fernsehen: Russland ist der Aggressor. »Der Brandstifter. Wer stoppt Putin?«, titelte der *Spiegel* im März 2014; im Juli 2014 legte das Magazin nach und forderte auf dem Cover: »Stoppt Putin jetzt!«. Die Online-Ausgabe des *Spiegel* berichtet unter anderem über den Konflikt unter Überschriften wie »Putins Krim-Prahlerei irritiert Berlin« und »Putin lässt Merkel auflaufen«. »Am Ende lacht Putin«, schreibt Benjamin Bidder, Moskau-Korrespondent von *Spiegel Online*, am 12. Februar 2015 über die Verhandlungen von Bundeskanzlerin Angela Merkel und dem französischen Staatschef François Hollande mit dem Kreml-Chef. Ähnlich berichtet *Die Zeit*: »Wie weit geht Russland?«, fragt die Wochenzeitung im März 2014 auf ihrer Titelseite, daneben abgebildet ist eine Matrjoschka mit Kalaschnikow. »Noworossija. Putins neues Reich«, macht das Blatt einige Wochen später auf. »Wir gegen euch! Mit Kreml, Kirche und Kosaken: Wladimir Putin schottet Russland vom Westen ab. Weniger aus Gründen der Ideologie als zum Erhalt seiner Macht«, schreibt Johannes Voswinkel, Redakteur und jahrelanger Moskau-Korrespondent der *Zeit*.

Viele Rezipienten kritisieren die Berichterstattung deutscher Medien als zu russlandkritisch. In den Foren von *Spiegel Online* und *Zeit* äußern Leser ihren Unmut. Moniert wird auch das Russland-Bild der *ARD*. In einem Interview für die Online-Ausgabe vom *Handelsblatt* kritisierte die Vizevorsitzende der Linksfraktion im Bundestag, Sahra Wagenknecht, der Sender berichte »unausgewogen und tendenziös«. Die *ARD*-Korrespondenten hätten sich »einseitig gegen Russland« positioniert, monierte Wagenknecht. Der Medienjournalist Stefan Niggemeier analysierte einen Beitrag der *ARD*-Tagesschau. In dem Bericht über den G20-Gipfel in Moskau werden Bilder von Putin gezeigt, der verloren an einem Tisch sitzt. Putin sei beim Barbecue »einsam und verlassen«, heißt es dazu im Film. Niggemeier sichtet das Originalmaterial der Nachrichtenagentur *Reuters* und stellt fest, dass der russische Präsident keineswegs einsam war. Neben ihm saß Brasiliens Präsidentin Dilma Rousseff, die im *ARD*-Einspieler aber verdeckt wird. »Merke: Man sieht, was man will«, kommentiert Niggemeier den Beitrag.

Auch der *ARD*-Programmbeirat – ein Gremium, das den Programmdirektor des Senders berät – übt harsche Kritik: »Die Berichterstattung im Ersten über die Krise in der Ukraine hat teilweise den Eindruck der Voreingenommenheit erweckt und ist tendenziell gegen Russland und die russischen Positionen gerichtet«, zitiert der *Tagesspiegel* das Sitzungsprotokoll. Der Chefredakteur der *ARD*, Thomas Baumann, weist das zurück: »Es gab und es gibt zahlreiche Beiträge, Sendungen und Sondersendungen im Ersten Programm, die in der Summe die Lage in der Ukraine und die Ursachen der Krise differenziert und unter verschiedenen Aspekten thematisiert haben und thematisieren«, sagte er dem *Handelsblatt* und dem *Tagesspiegel*. Der zur *ARD* gehörende *Norddeutsche Rundfunk (NDR)* thematisiert ebenfalls die Zuschauerkritik. Nach einer Umfrage des *NDR*-Medienmagazins *Zapp* haben 63 Prozent der Deutschen wenig oder gar kein Vertrauen in die Ukraine-Berichterstattung deutscher Medien. »Das Misstrauen zieht sich dabei quer durch alle Alters- und Einkommensgruppen, unabhängig von Geschlecht und Wohnort«, heißt es im *Zapp*-Beitrag.

Am 3. Oktober 2014 protestieren Bürger in Hamburg vor den Medienhäusern von *Zeit* und *Spiegel* gegen die Ukraine-Berichterstattung dieser Blätter. Diese Medien unterstützten einen neuen Kalten Krieg, lautet der Vorwurf. Von einem Übergang von der Mediendemokratie zur Empörungsdemokratie spricht der Tübinger Medienwissenschaftler Bernhard Pörksen in einem Interview mit dem *NDR*.

Schwierige Quellenlage

Wie kommt es zur unterschiedlichen Wahrnehmung von Presse und Publikum? Wichtige Medien haben Experten für die jeweilige Region. Diese Journalisten kennen sich gut aus in den Ländern, aus denen sie berichten. *Spiegel-Online*-Korrespondent Benjamin Bidder ist einer von ihnen. Seit 2009 wohnt Bidder, Jahrgang 1981, in Moskau; zuvor hat er in St. Petersburg studiert. Russland sei ein spannendes Land, erzählt er. Er schätze die Möglichkeit, über wichtige Ereignisse vor Ort zu recherchieren. Woher bekommt er seine Informationen? Als Hauptquellen gelten für ihn offizielle Pressestellen von Staatsbehörden. Das sei oft nicht einfach, besonders in der tagesaktuellen Berichterstattung, gibt Bidder zu. »Vertreter staatlicher Institutionen in Russland sprechen nicht gern mit Journalisten.« Hinzu komme, dass bei einem Ereignis wie dem Ukraine-Konflikt mit seinen ständig neuen Informationen vor allem Bedarf an kurzen, prägnanten Nachrichten bestehe. Für eine gut recherchierte Analyse fehle oft die Zeit.

Laut Alexei Makartsev, Politikredakteur und Ex-Online-Chef der *Schwäbischen Zeitung*, hat sich die Quellensituation vor allem in Moskau aber deutlich verbessert. »Noch vor zehn Jahren war es schwierig, Informationen aus offiziellen Kreisen zu erhalten, die Pressearbeit in vielen Behörden war eher schlecht organisiert«, sagt er. Er nutzte amtliche Kanäle, recherchierte im Internet, sichtete oppositionelle Blogs und unterhielt intensive Kontakte zu russischen Journalisten und Experten. Makartsev, Jahrgang 1970, wurde in Moskau geboren, hat dort Journalistik studiert und insgesamt 15 Jahre als Auslandskorrespondent für deutsche Zeitungen gearbeitet. Wie beurteilt er die Berichterstattung deutscher Medien über den Ukraine-Konflikt? »Ein Problem war, dass zu Beginn der Krise nicht genügend kundige Journalisten vor Ort waren«, sagt er. Manche deutsche Zeitungen hatten in den vergangenen Jahren ihre Büros in Russland und der Ukraine geschlossen, Kontakte zu einheimischen Experten gingen so verloren. »2012 verfolgten die deutschen Medien aufmerksam den Wahlkampf um die russische Präsidentschaft zwischen Dmitry Medwedew und Wladimir Putin. Nachdem Putin gewählt wurde, waren die Medien enttäuscht und verloren ein Stück weit das Interesse an Russland«, resümiert Makartsev.

Dementsprechend schwierig sei es gewesen, die Ereignisse ab November 2013 zu bewerten. Deshalb sei die Kritik an der Berichterstattung anfangs berechtigt gewesen, betont Makartsev. »Die Presse war nicht pauschal gegen Russland gerichtet, es fehlten einfach Informationen.« Seit das Interesse zugenommen habe, seit mehr erfahrene Korrespondenten nach Russland und in die Ukraine gereist seien, habe sich auch die

Qualität der Beiträge verbessert, ist Makartsev überzeugt. Der Journalist erzählt, dass er zurzeit viele Kommentare von Lesern bekomme, die Angst vor dem Krieg und vor Unruhe haben. »Alleine deshalb besteht von Seiten der Medien kein Interesse daran, den Konflikt zu schüren.« Er sei für eine ausgewogene Position, in der Russland nicht einseitig dargestellt werde, und die Leser würden eine solche Sichtweise auch goutieren.

Diana Laarz sieht das etwas anders. »Die Berichterstattung ist fast ausschließlich russlandkritisch. Zwischentöne, die es ohnehin schon vorher zu selten gab, sind inzwischen kaum noch zu finden«, erklärt die Journalistin. Laarz hat von 2009 bis Ende 2013 in Moskau gelebt. Erst als Redakteurin der *Moskauer Deutschen Zeitung*, später als Korrespondentin der Reportage-Agentur *Zeitenspiegel*. Derzeit arbeitet sie als Redakteurin beim Magazin *Geo* in Hamburg. Diana Laarz vermisst die Differenzierung. »Russland ist ein sehr großes Land mit sehr unterschiedlichen Landschaften und Mentalitäten, von den Kaukasus-Republiken im Süden über die Hauptstadt Moskau, bis hin nach Sibirien. Es hat etwa zwei Jahre gedauert, bis ich das Gefühl hatte, ich sei angekommen und kann die Menschen verstehen«, sagt sie. »Mir sind in der russischen Provinz sehr viele gastfreundliche, neugierige Menschen begegnet. Die Wertschätzung der Russen den Deutschen gegenüber hat mir bei meiner Arbeit immer sehr geholfen«, erinnert sich Laarz. »Manchmal habe ich mich etwas unwohl gefühlt, weil ich weiß, dass umgekehrt die Wertschätzung der Deutschen den Russen gegenüber nicht sehr hoch ist.«

Und noch ein Problem spricht sie an: Es sei manchmal nicht einfach, die Erfahrungen und Recherchen vor Ort mit den Vorstellungen in der Heimatredaktion in Einklang zu bringen. Als Beispiel beschreibt sie die Berichterstattung über die regierungskritische russische Punkrockband Pussy Riot im Jahr 2012. Drei Frauen der Gruppe waren in die Moskauer Christ-Erlöser-Kathedrale, dem zentralen Gotteshaus der Russisch-Orthodoxen Kirche, eingedrungen und zelebrierten vor dem Altar ein »Punk-Gebet«, das sich gegen die Allianz von Kirche und Staat richtete. Ein Gericht verurteilte die Frauen später zu Gefängnisstrafen. Pussy Riot wurden von großen westlichen Medien als Ikonen einer Protestbewegung gefeiert. »Eine Differenzierung der Geschehnisse war nicht gefragt in deutschen Redaktionen«, erzählt Diana Laarz. »Zudem ist es manchmal auch mir als Journalistin schwer gefallen, mich von Erwartungen freizumachen und mit unverstelltem Blick auf die Geschehnisse zu schauen. Gerade in der Russland-Berichterstattung gibt es sehr viel Schwarz-Weiß-Malerei. Ich musste mich manchmal bewusst daran erinnern, auch die Grautöne zu sehen«.

Auch Johannes Voswinkel, langjähriger Auslandskorrespondent der *Zeit*, plädiert für eine differenzierte Sichtweise. Aufgabe eines Korrespondenten sei es, die Leser über einen fremden Kulturraum so zu informieren, dass sie sich ein lebendiges Bild vom Land machen können. Das sei in der Ukraine-Krise nicht ganz einfach. Die Korrespondenten bemerken, wie »angespannt und teilweise aggressiv die Atmosphäre gerade auch im Alltag geworden ist«, so Voswinkel. Er erzählt, dass Kinder im Kindergarten ein antifaschistisches Lied aus der Stalin-Zeit singen und froh verkünden, Russland sei um die Krim größer geworden. Der verbreitete Nationalstolz schlage zuweilen in Chauvinismus um. Dies führe bisher kaum zu persönlicher Anfeindung, aber zu stärkerer Skepsis gegenüber Ausländern.

Voswinkel hat 16 Jahre in Moskau verbracht. Seit langem geben sich in Russland »klassische«, offizielle Quellen wie das

Außenministerium, das Verteidigungs- oder Innenministerium sowie staatlich kontrollierte Großunternehmen oft verschlossen. Gesicherte Auskünfte zu bekommen, sei schwierig. »Fehlt es an Informationen, um dem Leser ein vollständiges Bild von der Situation zu vermitteln, müssen Journalisten aus der großen, diffusen Menge an Informationen und Meinungen ein Bild herausfiltern, das die Wirklichkeit möglichst umfassend wiedergibt.«

Fakten und Folklore

Falsch sei es, so Voswinkel, bereits vor der Recherche eine festgelegte Position zu haben. »Im Mittelpunkt steht die Information, nicht die eigene Meinung.« Ausnahme seien Kommentare. Für ihn sei es wichtig, Lesern bei der Orientierung in der Informationsflut zu helfen. Voswinkel erklärt aber auch: »Bei meinem Versuch, Russland zu vermitteln, bleibe ich dem heimischen Koordinatensystem treu. Unser Verständnis für Demokratie muss sich also nicht dem russischen Verständnis angleichen, sondern dabei helfen, letzteres besser zu vermitteln. Bestimmte Werte wie eine demokratische Verfassung und Lebenswirklichkeit, eine pluralistische Gesellschaft und die Freiheit des Wortes liegen der Berichterstattung zugrunde.«

Die Kritik an der Russland-Berichterstattung der deutschen Medien kann Ingrid Schierle nicht nachvollziehen. »Tatsächlich spiegeln die Medien verschiedene Sichtweisen wieder«, so die Dozentin für osteuropäische Geschichte an der Universität Tübingen. »Die Kritik kommt von Bevölkerungsteilen, die stark antiamerikanisch eingestellt sind«, behauptet sie. Es stehe gar nicht die Ukraine im Mittelpunkt oder die russische Politik, sondern eine vage Vorstellung, dass sich die USA in den Konflikt einmischen. Eine andere Gruppe von Kritikern seien vor allem Menschen, die Angst vor einem Krieg in Europa hätten. »Was erwarten die Kritiker?«, fragt Schierle, »dass ein Journalist in Moskau nicht darüber berichtet, dass er unter schwierigen Bedingungen arbeitet? Die Themen schafft die russische Politik selbst. Darüber müssen natürlich die Journalisten berichten.« Trotzdem konstatiert sie auch einen Mangel an Wissen hierzulande. Derzeit fehlten gute Politikberater, die sich in osteuropäischer Politik auskennen, auf Osteuropa spezialisierte Lehrstühle für Politikwissenschaften seien reduziert worden, so die Wissenschaftlerin.

Ähnlich wie der Journalist Alexei Makartsev stellt auch Ingrid Schierle ein unterschiedliches Interesse deutscher Medien am größten Land Europas fest. Nachdem Michael Gorbatschow Ende der 1980er Jahre die Sowjetunion mit Glasnost und Perestroika reformierte und die Beziehungen zum Westen verbesserte, sei die Berichterstattung enorm positiv gewesen. »Zudem wussten wir bis dahin wenig über das Land hinter dem Eisernen Vorhang; es gab einen großen Bedarf an Analysen von Auslandskorrespondenten. Nach dieser Phase konzentrierten sich viele Medien weniger auf politische Themen, sondern unterhielten mit Alltagsgeschichten. Es wurde beispielsweise viel über Moskaus Entwicklung zur modernen Riesenstadt geschrieben«, erinnert sich die Russland-Expertin. Auch eine Art Folklorismus habe sie beobachtet. »Die Zahl der Russlandreisenden nahm zu und die Berichterstattung trug zu diesem Aufschwung des Tourismus bei.« Die ehemalige *ARD*-Korrespondentin in Moskau, Ina Ruck, bestätigt das. »In den 1990er Jahren waren Reisen in die Provinz besonders populär«, erzählt die Journalistin während einer Podiumsdiskussion am 11. November 2014 an der Universität Tübingen.

Der Ukraine-Konflikt habe politische Themen wieder in den Mittelpunkt gerückt, sagt Schierle. Gleichzeitig falle die aktuelle Herausforderung, über einen komplizierten Konflikt zu berichten, in eine Zeit der Streichungen von ständigen Korrespondentenstellen vor Ort. »Die journalistische Qualität leidet zuweilen unter den wirtschaftlichen Herausforderungen, die Verlage und Funkhäuser bewältigen müssen«, sagt *Zeit*-Redakteur Johannes Voswinkel. Der Journalist sieht seine Branche durchaus selbstkritisch: »Manche Redakteure glauben, durch eine pointierte oder gar sensationsartige Berichterstattung in einem Markt, der enger wird, bestehen zu können. Für eine differenzierte Sicht oder eine tiefer reichende Analyse bleibt da oft kein Platz mehr«, bemängelt Voswinkel.

Seit November 2014 existiert ein neuer Akteur in der deutschen Medienlandschaft. An diesem Tag eröffnete *RT Deutsch* ein Büro in Berlin und sendet seitdem eine tägliche Nachrichtensendung im Internet. Der TV-Kanal ist ein Ableger von *Russia Today*, dem staatlich finanzierten Auslandsfernsehsender der Russischen Föderation. Nach Ansicht von Klaus Gestwa, Professor für Osteuropäische Geschichte an der Universität Tübingen, ist *RT Deutsch* ein Versuch der russischen Regierung, die staatliche Propaganda des Kremls in Deutschland zu verbreiten. Auf die Bitte um ein Interview mit einem Vertreter von *RT Deutsch* reagierte der Sender nicht.

Derweil versuchen deutsche Medien, die Berichterstattung über die Ukraine zu professionalisieren. Am 26. Januar 2015 eröffnete die *Deutsche Welle* eine Dependance in Kiew. »Im Büro am Maidan werden künftig TV- und Online-Beiträge aus der Ukraine auf Deutsch, Englisch, Russisch und Ukrainisch produziert«, heißt es in einer Pressemitteilung der *Deutschen Welle*.

Vera Makarenko, Jahrgang 1991, machte ihren Bachelor in Politikwissenschaft an der Staatlichen Moskauer Universität für Internationale Beziehungen. Sie faszinierte, dass ihre Gesprächspartner Auslandsberichterstattung nicht nur als Job, sondern vor allem als Bestimmung betrachten. Die Begeisterung der Korrespondenten übertrug sich während der Interviews auch auf sie.

Die Zukunft vor der Haustür

Wohin steuert der Lokaljournalismus? Bei Tageszeitungen sinken die Auflagen, mit regionalen Weblogs lässt sich bislang kaum Geld verdienen. Ein Chefredakteur und zwei Blogger suchen nach Antworten.
Von *Aileen Hornung*

Uwe Ralf Heer hat in seinem Leben schon viel geschrieben. Nachrichten, Reportagen, Kommentare, Glossen. Heer analysierte Bundestagswahlen und Kommunalpolitik, porträtierte Sportler, Musiker und beleuchtete die Probleme von Kleintierzuchtvereinen. Als Journalist traf er sich mit angenehmen Zeitgenossen und ertrug die Nervensägen. Seit 2006 ist er Chefredakteur der *Heilbronner Stimme*, einer der größten Lokalzeitungen in Baden-Württemberg. Knapp 88.000 Leser griffen 2014 täglich zur *Heilbronner Stimme*. Zehn Jahre zuvor waren es noch über 100.000. Vom Auflagenschwund bei Tageszeitungen ist auch Heers Blatt betroffen.

Die Zukunft ist online, sagen Experten. Tageszeitungen würden bald nicht mehr gedruckt erscheinen, sondern ausschließlich im Internet. Gleichzeitig fordern immer mehr lokale Weblogs die etablierten Medien vor Ort heraus. Wenn das stimmt, ist Ralf Garmatter ein Teil dieser Zukunft. Bis 2007 schrieb der freie Journalist für diverse Tageszeitungen in der Region Hohenlohe. Auch für die *Heilbronner Stimme*, die in Hohenlohe mit einer eigenen Regionalausgabe erscheint. Nach einem kritischen Artikel über einen CDU-Politiker bekam er kaum noch Aufträge. 2009 gründete Garmatter den Blog *hohenlohe-ungefiltert*. Das Nachrichtenportal ist auch eine Kampfansage an die Konkurrenz aus den großen Verlagshäusern. »Dass es *hohenlohe-ungefiltert* gibt, ist darauf zurückzuführen, dass miserabel gemachte Lokalzeitungen existieren«, sagt Garmatter. Mit »miserabel« meint Garmatter, dass Lokalzeitung und Lokalpolitik oft ein symbiotisches Verhältnis eingehen – kritische Berichterstattung sei so unmöglich.

Chefredakteur Heer kann den Elogen auf die angeblich unabhängigen Blogger wenig abgewinnen. »Wer kontrolliert denn die Blogger?«, fragt er. Niemand wisse, wer manche Blogs finanziere. Heer und Garmatter – zwei Journalisten, die um Leser kämpfen. Als Chefredakteur der eine, als Blogger sein Pendant. Beide waren bereit, für dieses Buch über die Zukunft des Lokaljournalismus zu sprechen.

Chefredakteur auf Themensuche

Uwe Ralf Heer, ein blonder Hüne im schicken Anzug, ist stolz auf seinen Beruf – das merkt man. »Wir haben als Einzige noch diese lokale Wächterfunktion, die es sonst ja kaum mehr gibt. Wir legen wirklich noch den Finger in die Wunde, sind der Anwalt der Leser«, ist er überzeugt. Nicht alle teilen seine Ansicht. Als »Käsblatt« und »Provinzzeitung« wurde die *Heilbronner Stimme* schon bezeichnet. In Dresden diffamieren Demonstranten seit 2014 die gesamte Branche als »Lügenpresse«.

Für Heer, Jahrgang 1965, ist das auch ein Angriff auf eines der größten regionalen Medienunternehmen Baden-Württembergs. Im Verlag der *Heilbronner Stimme* erscheinen sieben Regionalausgaben, darunter auch die beiden Tageszeitungen *Hohenloher Zeitung* und *Kraichgau Stimme*, sowie einige Anzeigenblätter. Der Verlag beschäftigt über 500 Mitarbeiter. Die *Stimme* betrachtet sich selbst als »überparteilich, liberal, freiheitlich/fortschrittlich und unabhängig von fremden Einflüssen« – das ist in den Richtlinien zur Haltung der Zeitung vermerkt, die jedes Redaktionsmitglied unterschrieben hat. Den Zusatz »Unabhängige Tageszeitung« findet man im Impressum der *Heilbronner Stimme*. Viele wichtige Journalistenpreise hat die Redaktion gewonnen, unter anderem den »Wächterpreis der deutschen Tagespresse«, den »Theodor-Wolff-Preis« und den »Lokaljournalistenpreis« der Konrad-Adenauer-Stiftung.

Heer begann seine journalistische Laufbahn mit 23 Jahren bei der *Heilbronner Stimme*. Zuvor hatte er Geschichte, Deutsch und Politik auf Lehramt studiert, das Studium aber nicht beendet. Denn eigentlich wollte er schon immer Journalist werden. Ab 2002 war er Redaktionsleiter der *Hohenloher Zeitung*, ehe er 2006 Chefredakteur der *Stimme* wurde.

»Ich glaube, dass die Krise des Journalismus auch eine hausgemachte Krise ist. Weil man viel zu lange viel zu satt war. Man musste ja nichts tun. Und mehr oder weniger wurden einem die Abos ja zugeteilt.« Noch vor einigen Jahren hatten viele Familien eine Lokalzeitung abonniert, die Morgenlektüre gehörte – gerade auf dem Land – zum Frühstück wie der Kaffee. Dann kam das Internet und mit ihm die digitale Konkurrenz: Sportportale, Nachrichtenseiten, Blogs. Man habe versucht mitzumischen, stellte alle Artikel über Jahre kostenlos online – immer in der Hoffnung, damit neue Print-Leser zu gewinnen. Ein »Riesenfehler« aller Verlage war dies in Heers Augen. Erst viel zu spät erkannten die Lokalzeitungen, dass man auch thematisch umdenken sollte. »Und als dann plötzlich neue Anbieter kamen, da hat man es nicht erkannt, dass man die Leute eigentlich schon viel zu lange mit so uninteressanten Themen belästigt hat«, so Heer. Denn Berichte über die Jahresversammlung des Schützenvereins Untergimpfelbach mit »20 spannenden Höhepunkten« sind nicht nur Klischee, sondern waren auch immer beliebte Seitenfüller.

Blogger mit Mission

Ralf Garmatter ist eigentlich ein ruhiger und besonnener Zeitgenosse, dem man sehr gerne zuhört. Doch wenn er von seiner beruflichen Berg- und Talfahrt erzählt, wirkt er zeitweise aufgeregt. Bis vor acht Jahren konnte er von seiner Arbeit als freier Journalist für diverse Lokalzeitungen leben. Geboren wurde Garmatter in Kirchberg an der Jagst, einem Städtchen im Landkreis Schwäbisch Hall. Er studierte Sozialpädagogik, gründete während eines Praktikums an einer Schule eine Schülerzeitung. Nach dem Studium arbeitete er in verschiedenen Kinderheimen, ehe er sich dazu entschied, Journalist zu werden. Zunächst arbeitete er für eine Wochenzeitung in Crailsheim. Bei der *Murrhardter Zeitung*, »einer der kleinsten, selbständigen Zeitungen Baden-Württembergs«, absolvierte Garmatter im Anschluss sein Volontariat. Danach drei Jahre »fester Freier« bei der *Stuttgarter Zeitung*, dann wieder Redakteur bei der *Murrhardter Zeitung*. Ab 1999 sicherte er sein Einkommen als freier Mitarbeiter für verschiedene Lokalzeitungen in den Landkreisen Hohenlohe und Schwäbisch Hall.

Bis zum Sommer 2006: Ralf Garmatter hatte über einen geschäftlichen Fauxpas eines örtlichen Politikers berichtet, der auch im Deutschen Bundestag sitzt. Einige Tage bevor sein Text erschien, habe am Abend sein Telefon geklingelt. Am anderen Ende: Ein Kollege, der an diesem Tag Redaktionsleiter war und ihn bat, ihm am nächsten Tag einen Job abzunehmen. »Andreas, Du bist genau der Richtige für diesen Termin, wir stehen hinter Dir«, habe der Kollege versichert. Er sollte über die Kinopremiere eines Dokumentarfilms berichten, in dem dieser Politiker keine gute Figur machte. Bei der Fußball-Weltmeisterschaft 2006 hatte der CDU-Mann ein großes Public-Viewing organisiert. Die Veranstaltung besuchten nicht nur friedlich feiernde Fans, sondern auch minderjährige, alkoholisierte Jugendliche. Zu sehen ist das im Film. Außerdem thematisiert der Streifen nicht eingehaltene Geschäftsversprechen und Eintrittsgeldforderungen bei der als kostenlos angekündigten Veranstaltung. Garmatter berichtete in seinem Artikel über den Film. Daraufhin bekam der freie Journalist keine Aufträge mehr von seinen bisherigen Auftraggebern, die seitdem auch seine angebotenen Artikel nicht mehr veröffentlichen. Grund dafür in Garmatters Augen: Der prominente Politiker ist Anzeigenkunde dieser Lokalblätter, wird von ihnen hofiert – eine kritische Berichterstattung über ihn ist scheinbar nicht möglich. »Ich hatte mir gedacht, dass das Ärger geben wird. Aber damit hatte ich nicht gerechnet.«

Vor Gericht auf Schadensersatz gegen die ehemaligen Arbeitgeber klagen konnte Garmatter nicht, darauf hatte er als freier Mitarbeiter keinen Anspruch.

Seitdem ist Garmatter ein scharfer Kritiker von Lokalzeitungen. Redakteure hätten wenig Rückgrat, Themen würden ausgespart, Infos, die die Redakteure hätten, aufgrund von Rücksichtnahmen zurückgehalten, vielleicht auch aus großer Harmoniebedürftigkeit. So würden brisante Details oder Vorwürfe, die in Gemeinderatssitzungen diskutiert werden, in der Berichterstattung meist unterschlagen. Würde ein Bürgermeister öffentlich und nachprüfbar lügen, stünde davon kein Wort in der Zeitung, behauptet Garmatter. Die Redakteure schrieben oft nicht das, was sie wüssten, sondern das, womit sie am wenigsten Ärger bekämen. Auch vermisst er richtig guten Lesestoff in den Lokalzeitungen. »Recherchieren ist Arbeit. Zum Termin gehen ist einfach, aber sich selbst ein Thema zu überlegen, schwieriger.« Ein gut recherchierter Artikel brauche schon einmal zwei Tage, »was Größeres« auch mal einen Monat, doch es fehle »an langem Atem«. Zudem wirft er Lokalzeitungen ein zu enges Verhältnis zu Anzeigenkunden vor.

Im Februar 2009 startete er mit *hohenlohe-ungefiltert*. Zunächst wurde der Blog von einem Verein subventioniert. Doch das Engagement der Unterstützer war nicht dauerhaft. So blieben nur noch Ralf Garmatter und ein Kollege. Als der nach China auswanderte, wurde *hohenlohe-ungefiltert* zum Ein-Mann-Betrieb. Garmatter berichtet über kommunale Themen, die von den Lokalzeitungen aus seiner Sicht vernachlässigt werden. Dazu zählen Arbeitnehmerrechte, die Arbeit von politischen Jugendorganisationen, aber auch Streitthemen wie Windkraft. »Ich kümmere mich vor allem um die Leute, die in Lokalzeitungen zu kurz kommen«, sagt er. Die Lokalzeitungen würden sich eher um die Selbständigen, die Unternehmer kümmern und diesen fast ausschließlich mit sehr positiven Berichterstattungen huldigen. Das Gleiche gelte auch für diverse Lokalpolitiker. Ein weiteres Thema ist die Berichterstattung über die rechte Szene in seinem Landkreis. Das ist nicht ungefährlich. Nachdem er über den Diebstahl zweier SS-Gedenksteine bei Jagsthausen, dem Wohnsitz von Altbundespräsident Roman Herzog, berichtete, habe er Morddrohungen erhalten.

Etwa 500 Leser informieren sich täglich auf seinem Blog. Bei politischen Ereignissen wie der Bundestagswahl sind es auch schon mal 4.000. Früher stellte Garmatter vier bis fünf Artikel am Tag online, mittlerweile geschieht dies nur noch alle paar Tage. Der Blog profitiert heute hauptsächlich von Zusendungen anderer Autoren: »Ich schreibe eigentlich am wenigsten«, bekennt Garmatter. Kein Wunder – mit dem Blog kann er nichts verdienen und muss einer anderen, bezahlten Arbeit nachgehen. Aber auch die familiäre Situation trägt dazu bei: Denn als Vater zweier kleiner Töchter lässt sich so ein Blog als »Hobby« nur schwer aufrechterhalten.

Bewegte Bilder verdrängen bedruckte Seiten

Bei der *Heilbronner Stimme* investiert man seit 2007 in einen Ausbau des Online-Angebots. Eine Erzählform in diesem Bereich ist das Format »360 Grad«. In den Videoclips kommentiert Chefredakteur Heer verschiedene lokale Themen. Dabei geht es unter anderem um neue S-Bahn-Strecken, den Neubau eines Krankenhauses oder Konzerte und andere Events. Gedreht wird auch »unter Tage« oder in einem Elektrizitätswerk. Jede Woche produzieren die Redakteure neue Clips. Darauf ist der 49-Jährige sichtlich stolz: »Heute ist es gang und gäbe, dass jeder selbst mit seinem Smartphone filmt und schneidet, aber damals war das echte Pionierarbeit.« Großen Anteil an dem Projekt habe ein junges Team: »Das zeigt einfach: Man muss jungen Leute zuhören und ihre Ideen aufnehmen.«

Im September 2013 gründete die *Heilbronner Stimme* das »Digicamp«. Das sind acht Jungredakteure, die meist gerade ihr Volontariat beendet haben. Sie betreuen den digitalen Auftritt der *Stimme,* kreieren Apps, schneiden Videos, aktualisieren den Webauftritt und pflegen die Facebook-Seite der *Stimme.* Insgesamt 50 bis 60 Videos veröffentlicht die Zeitung jeden Monat.

Auf Facebook werden die Leser über aktuelle Nachrichten auf dem Laufenden gehalten. In dem Netzwerk sind die Journalisten nicht nur die Absender von Nachrichten, sondern auch Empfänger. Oft wissen die Nutzer schneller, wo ein Unfall geschehen ist, als die Redakteure.

Potential sieht Heer vor allem im Bewegtbild-Sektor. »Die höchsten Steigerungsquoten erreichen Sie im Bereich regionaler Bewegtbild-Formate, sowohl was die Werbeeinnahmen als auch den Aufmerksamkeitswert angeht«, ist Heer überzeugt. Deshalb leistet sich die *Heilbronner Stimme* seit kurzem einen Helikopter, von dem aus Luftaufnahmen gemacht werden können. »Ich halte das für ganz wichtig, dass wir ein attraktives Angebot machen, um den Leuten zu zeigen, dass wir ein modernes Medienunternehmen sind und durchaus mehr zu bieten haben als nur bedrucktes Papier.«

Von einer Trennung zwischen Print und Digital hält Heer wenig. Ein Journalist müsse deshalb mit zwei Geschwindigkeiten arbeiten können. »Schnell und aktuell im digitalen Bereich, hintergründig, informativ, auch mit längeren Recherchezeiten in der gedruckten Ausgabe. Heute würde in Redaktionsteams sieben Tage fast rund um die Uhr gearbeitet. »Das ist nicht wie früher: Man kommt morgens und abends ist die Zeitung fertig.« Von sieben Uhr am Morgen bis nachts um zwölf müsste man »online bestücken«. Die Arbeitszeit-Modelle haben sich laut Heer verändert. »Wir haben eine größere Arbeitsverdichtung und das ist natürlich auch eine große Herausforderung. Und da muss man schauen, was lässt man weg, wo setzt man Schwerpunkte? Denn Sie können nicht alles machen.«

Auch Heer hätte nichts gegen mehr investigative Geschichten im Blatt. Doch das sei angesichts des straffen Tagesprogramms der Redakteure nicht einfach. Zeit für längere Recherchen hätten vor allem die Mitarbeiter im »Digicamp«. Diese müssten sich nicht um das Tagesgeschäft kümmern, sondern können auch einmal mehrere Tage an einem Thema recherchieren, Geschichten schreiben und kommentieren. Darunter sind Bestechungsfälle, Unregelmäßigkeiten bei Bauvorgaben, Straftaten in ländlichen Regionen. Auch solche Themen, auf die Bürger hinweisen: abwasserverseuchte Flüsse oder kranke Kinder im asbestverseuchten Kindergarten. »Da erreichen Sie erst dann was, wenn Sie tatsächlich auch vor Ort nachhaken«, sagt Heer.

Trotz »Digicamp« und Aufreger-Themen bleibt auch die *Heilbronner Stimme* nicht vom Auflagenverlust verschont. Dafür macht Heer unter anderem die demografische Entwicklung verantwortlich. Jüngere Menschen griffen eben weniger zur Tageszeitung. Auch das Leser-Nutzungsverhalten, das sich bei den nachfolgenden Generationen ja völlig verändern würde, müsste man hier in die Betrachtung mit einbeziehen. Dazu käme noch der Faktor »Migrationshintergrund«, der in Heilbronn fast die Hälfte aller Einwohner, 49 Prozent, betrifft. »Nicht jeder mit Migrationshintergrund, vorsichtig gesagt, liest eine lokale Tageszeitung.«

Andererseits gibt es auch Leser, die bereit sind, für die Online-Ausgabe zu zahlen. Die *Heilbronner Stimme* verfüge mittlerweile über 3.000 Digital-Abonnenten; für die Größe der Zeitung sei das viel, betont Heer. »Wir machen das bewusst nicht so wie andere Zeitungen, die für 4,99 Euro oder 9,99 Euro einen E-Paper-Zugang gewähren. Damit kannibalisieren Sie Ihr Geschäftsmodell. Denn wenn Sie Ihr E-Paper für 9,99 Euro herausgeben, warum soll dann ein anderer für den gleichen Inhalt 36 Euro zahlen? Das machen wir nicht.«

Bei der *Stimme* kostet die E-Ausgabe genauso viel wie die Printausgabe. Wer Premium-Abonnent wird, bekommt das komplette Paket: Alle E-Paper, alle Apps.

Momentan arbeite man daran, bei den Leuten eine Zahlbereitschaft zu erwirken. Ihnen zu vermitteln, dass es nötig ist, für gute Inhalte auch zu bezahlen. »Gute Inhalte« – das ist für Heer »das Überraschende, das Neue, das Spannende, das Nützliche«. Nichts, bei dem der Leser sagt: Das weiß ich schon. Die Leser seiner Zeitung sollen einen Mehrwert haben, wenn sie die Tageszeitung aufschlagen. Wichtig ist ihm dabei, dass die Artikel so gut und spannend geschrieben sind, dass auch der Leser sie wirklich lesen möchte und nicht nach drei oder vier Sätzen gelangweilt aussteigt. Auch daran müsste man konstant arbeiten.

Und dabei müsse man auch die Kritik der Menschen ernst nehmen. »Nicht ernst nehme ich die Kritik von Menschen, die sagen: Ich habe bisher alles umsonst bekommen und möchte auch weiterhin alles umsonst bekommen. Da muss ich sagen: Das funktioniert nicht. Dafür musst Du Dir einen anderen Anbieter suchen.« Heer erinnert an die Musikbranche, die »es auch gedreht hat«. Das müsste das Zeitungswesen auch schaffen. Um das zu erreichen, müsste es in Zukunft einfach viel clevere Bezahlmodelle geben. Und die Leser bräuchten neue, ganz andere Anreize. Etwa: »Buche nur ein Paket ›Sport‹ oder ein Paket ›Lokales‹ und bezahle dann eben nur 3,99 Euro statt 30,99 Euro.« Wichtig sei hier, dass man die Einstiegshöhe und die Einstiegsschranke so niedrig wie möglich hält. »Da sind wir wohl noch am Anfang einer Geschichte und müssen genug Anreize geben, damit die Leute Abos wollen. Und da müssen wir uns sicherlich auch noch weiterentwickeln.«

Zum Jahrestag des Bombenangriffs auf Heilbronn am 4. Dezember 1944 wagte sich das »Digicamp« an die vor allem bei jungen Smartphone-Besitzern derzeit angesagte Kommunikationsplattform WhatsApp heran. Dort wurde am 4. Dezember 2014 minutiös an die grausamen Kriegsgeschehnisse vor 70 Jahren erinnert, Geschichte mit Fakten, Bildern und Videos. Miterleben konnten das jene Nutzer, die sich zuvor angemeldet hatten. Die Reaktionen auf Facebook danach waren durchweg positiv, was für die *Stimme*, die sonst, wie die meisten Tageszeitungen, auch öfter mit Trollen oder Negativ-Kommentaren zu kämpfen hat, ein Erfolg war. Wichtig ist für Heer, ganz gleich, ob es um das neueste, digitale Projekt oder den klassischen Kommentar in der Printausgabe geht, sein Berufsethos von ehrlichem Journalismus. Das bedeute für ihn, auch Fehler zuzugeben und »nicht so zu tun, als hätte man die Weisheit dermaßen gepachtet«. Unterschiedliche Meinungen zuzulassen: »Auch in einer Zeitung können 94 Redakteure völlig anderer Meinung sein als die Chefredaktion.« Dabei müsste man sich immer auch seiner Vorbildfunktion bewusst sein.

Optimistische Prognose

Fragt man Uwe Ralf Heer, wie er die Zukunft des Lokaljournalismus einschätzt, bleibt der Chefredakteur realistisch. »Die Zeitungshäuser werden auf Dauer nicht wachsen, das ist nicht möglich.« Im redaktionellen Bereich müssten deshalb Umschichtungen stattfinden. »Wenn Sie irgendwann mal 20 Prozent weniger Abonnenten haben, und das wird in fünf Jahren so sein, alle Hochrechnungen sagen das, dann müssen Sie mit den Mitteln auch in fünf Jahren auskommen können und Ihr Ziel dementsprechend aufstellen, dass man dem Leser auch guten Gewissens ein Angebot machen kann, wofür er bereit ist, zu zahlen.« Heer ist sich sicher, dass dies funktionieren wird. Für ihn steht fest, dass es für regionale Nachrichten auch in Zukunft einen Markt geben wird, »egal, ob der im Digitalbereich liegt oder vielleicht auf ganz anderen Kanälen, von denen wir jetzt noch keine Ahnung haben«.

Beim Blick in die Zukunft ist für Uwe Ralf Heer dabei vor allem ein Aspekt wichtig: Wie erreichen wir junge Menschen? Denn: Davon auszugehen, dass junge Leute keine Zeitung mehr lesen möchten, betrachtet er als großen Fehler. »Ich denke, diese Generation aufzugeben und zu sagen: die sind für Zeitungen verloren – das ist falsch. Für Printausgaben ist der eine oder andere verloren, aber für Nachrichtenangebote von regionalen Medienhäusern garantiert nicht.« Auch er selbst hatte mit Anfang 20 keine Zeitung abonniert. Das Entscheidende sei, die Menschen an die Marke *Stimme* heranführen, sie immer wieder in Berührung mit ihr bringen. Sei es via Facebook, Stimme.tv oder über die Apps, wie etwa der Fußball-in-bw-App, die über den regionalen Fußball informiert. »Und je mehr sie dann mit der *Stimme* in Berührung kommen und uns als gutes, attraktives, nicht ganz so angestaubtes Medium akzeptieren, desto eher ist dann vielleicht die Bereitschaft da, mit 30 bei der Familiengründung zu sagen: Ok, jetzt gehört aber doch eine Zeitung dazu. Und da sind die Digital-Abos inbegriffen.«

Diese Hoffnung – sie ist wohl auch mit Grund dafür, dass Heers Prognose optimistisch ausfällt. Letztlich interessiere die Menschen eben doch, was in ihrem direkten Umfeld passiert. »Diese Gleichgültigkeit, die man oft feststellt: Ist mir doch wurscht, wenn die Müllgebühren erhöht werden oder ob es Ärger um ein Straßenbauprojekt gibt – die endet dann, wenn es bei einem direkt vor der Haustür irgendwelchen Ärger gibt.« Dann kämen die Menschen, wollten Hilfe und Unterstützung. Und den Lokalzeitungen käme so eine Vermittlerposition zu.

Und was sagt er zur Konkurrenz durch die lokalen Blogs? »Natürlich ist es schön, dass jeder bloggt und macht und tut. Aber wer überprüft denn, ob das, was da gebloggt und online veröffentlicht wird, auch wirklich stimmt? Wo ist da denn tatsächlich die Glaubwürdigkeit? Und das ist ein Riesenproblem, auch für die Zukunft, für die jüngeren Generationen: Wo krieg ich tatsächlich verlässliche Informationen her?« Hier sieht Heer die regionalen Medienunternehmen in der Aufgabe, genau das zu vermitteln: Dass es bei ihnen noch glaubwürdige Informationen und Geschichten von echten, ausgebildeten Journalisten gibt.

Und wo sieht Heer den Lokaljournalismus in zehn Jahren? »Er wird auf niedrigerem Auflagenniveau agieren, aber seine Bedeutung in der Region mit Sicherheit behalten, egal, auf welcher Plattform die lokalen Geschichten dann präsentiert werden.«

Wächter statt Werbeträger

Auch der Blogger Ralf Garmatter geht davon aus, dass die Menschen in ländlichen Regionen in Zukunft immer weniger gedruckte Tageszeitungen lesen, dass sich die Informationsbeschaffung über das Internet und die sozialen Netzwerke weiter verstärken wird, dass dies auch über weitere technische Neuerungen geschehen wird, von denen wir jetzt noch keine Vorstellung haben. Die Journalisten müssten sich verstärkt darüber Gedanken machen, über welche Kanäle sie ihre Leser am besten erreichen können, und diese mit relevanten Informationen bestücken. Und dafür sollen die Nutzer in Garmatters Augen auch bezahlen. »Jede Finanzierung über Werbung bedeutet eine wirtschaftliche Abhängigkeit von Firmen, Körperschaften, Parteien, Einzelpersonen oder dergleichen mehr.« Journalismus hat für den Blogger mit Unabhängigkeit zu tun. Seinen Kollegen im Lokaljournalismus rät er: Inhaltlich den Fokus auf relevante und kontroverse Themen legen, dabei der Wahrheit so nahe wie möglich kommen. »Keine Geheimniskrämerei«, stets die Informationsquellen benennen. »Schreiben, was tatsächlich ist, und nicht, was man selber gerne hätte, ist die zentrale Aufgabe. Die Schere im Kopf deaktivieren. Mutig sein.« Kritische und investigative Berichterstattung sollte forciert werden. Lokaljournalisten hätten nur dann eine längerfristige Existenzgrundlage und Existenzberechtigung, wenn der Trend weg von der seichten PR-Berichterstattung hin zu investigativen Geschichten ginge. »Der Lokaljournalismus hat nur dann gute Chancen, wenn er sich stärker seiner Wächterfunktion besinnt, den Menschen nützliche Informationen liefert, die ihnen helfen, sich in ihrem lokalen und regionalen Umfeld besser zurechtzufinden« – in diesem Punkt sind sich Chefredakteur und Blogger einig.

Stefan Niggemeier, Medienjournalist und Blogger, ist der Meinung, dass Tages- oder Lokalzeitungen mit dem richtigen Chefredakteur und der richtigen wirtschaftlichen Grundlage die Chance hätten, keine Kompromisse einzugehen und sich nur ihren Leser verpflichtet zu fühlen. Für ihn haben sowohl Tageszeitungen als auch lokale Blogs eine Daseinsberechtigung. Auch von den journalistisch nicht ausgebildeten Bloggern könnte man profitieren. »Dieses Amateurtum kann ja auch eine Chance sein. Dass man sagt: Meine Leser sind die, die gleichzeitig auch für mich schreiben. Die dicht dran sind.« Hilfreich findet er diesen Gegensatz. Professionelle Journalisten seien wichtig, jedoch müsse es auch einen Platz geben für Medien, die »anders sind«. Diese Bürgermedien können, gerade auch im lokalen Bereich, eine wirkliche Bereicherung sein, ist Niggemeier überzeugt.

Momentan stellten sich noch die Fragen nach der Finanzierung und einer gewissen Kontinuität. Und: »Ich habe das Gefühl, dass im Moment die Lokalzeitungen natürlich schon abbauen und leiden, dass aber die Alternativen noch gar nicht schnell genug nachwachsen.« Natürlich liege die Zukunft irgendwo im Internet und bei den unabhängigen Medien – im Moment sei das alles aber noch sehr »mühsam«.

Aileen Hornung, Jahrgang 1989, erlangte 2013 ihren Bachelorabschluss im Fach Medienwissenschaft an der Universität Tübingen. Besonders überrascht war sie darüber, dass Print-Redakteur und Blogger keine Neigung verspürten, die Arbeitsweise des jeweils anderen zu verstehen.

Die zweite Aufklärung

Journalismus in Zeiten der Medienverdrossenheit.
Ein Nachwort.
Von ***Bernhard Pörksen***

Manches von dem, was sich gerade zwischen den Medien des Landes und dem Publikum vollzieht, besitzt alle Merkmale einer ernsthaften Beziehungskrise, mitunter auch die Züge eines ziemlich brutalen Scheidungskrieges. Es hagelt Vorwürfe, mal berechtigte, mal unberechtigte, oft schrecklich pauschale. Die einen, die Publikumsvertreter, rufen: *Propaganda, Kriegshetze, Kampagne, Verschwörung*. Die anderen, die Medienvertreter, rufen zurück: *Shitstorm, Trolle, digitaler Mob*. Was wollt ihr denn mit uns diskutieren und uns kritisieren, wenn euch doch so offenkundig die nötige Portion Herzensbildung fehlt und ihr nicht mal die Interpunktionsregeln beherrscht?

Aber wie auch immer man die Vorwürfe im Einzelnen beurteilt – in der digitalen Empörungsdemokratie der Gegenwart werden gespaltene Öffentlichkeiten sichtbar und in einer neuartigen Weise manifest. Denn wenn alle senden, publizieren, kommentieren, dann wird die *eine* Öffentlichkeit, die von mächtigen Massenmedien regierte Öffentlichkeit endgültig zur Fiktion und Medienempörung und Publikumsempörung klaffen mitunter dramatisch und für jeden sichtbar auseinander. Man denke nur an den Fall Sarrazin, die Auseinandersetzung um seinen Bestseller »Deutschland schafft sich ab«. Zunächst wurde Thilo Sarrazin von manchen Massenmedien attackiert (und später hofiert), aber von Teilen des Publikums vom Augenblick der Buchveröffentlichung an offensiv glorifiziert – ganz nach dem Motto: »Das wird man doch wohl noch sagen dürfen in Deutschland!« Man denke nur an den Plagiatsskandal um Karl-Theodor zu Guttenberg, der seine Doktorarbeit aus den unterschiedlichsten Quellen zusammen stoppelte. Viele Leser der *Süddeutschen Zeitung*, die den Fall enthüllt hatte, waren alles andere als einverstanden mit der Skandalisierung – hier lautete das Motto einer nicht unbeträchtlichen Zahl von Sympathisanten des CSU-Politikers: »Macht keinen guten Mann kaputt!« Man denke schließlich an die Auseinandersetzung um den Bundespräsidenten Christian Wulff, den Eklat um das Israel-Gedicht von Günter Grass, die Debatte über das Beschneidungsurteil, aktuell die Ukraine-Berichterstattung, die Germanwings-Flugkatastrophe – am Beispiel dieser Reizthemen zeigte und zeigt sich, dass Teile des Publikums mit den Positionen der Massenmedien nicht mehr konform gehen. In all diesen Fällen wurde deutlich, dass sich eine Art Entfremdung zwischen einzelnen Sphären der Öffentlichkeit beobachten lässt. Diese Entfremdung mag es auch zu früheren Zeiten gegeben haben, aber sie ist heute in einer anderen Deutlichkeit spürbar. Und auch die Medienverdrossenen haben jetzt ihren eigenen Kanal, ihre eigene Plattform, ihren eigenen Markt, um Journalistinnen und Journalisten zu korrigieren und manchmal auch einfach nur zu attackieren und zu diffamieren. Aber man muss gerechterweise gleich hinzufügen: Es ist ein sehr vielschichtiges Bild, das sich hier zeigt – mal stößt man auf analytische, umsichtige, berechtigte Kritik an falsch gewählten Filmausschnitten, Inszenierungen in Gestalt von Symbolfotos, Übertreibungen, Zuspitzungen, Banalisierungen. Dann wieder entdeckt man den schlichten Wutausbruch oder ein massives Misstrauen gegenüber dem journalistischen Handwerk der Nachrichten-Auswahl insgesamt. Schließlich findet man in dieser Gemengelage der vielen verschiedenen Fraktionen, der Gruppen und Grüppchen aber auch eine ideologisch radikalisierte Medienverdrossenheit in Gestalt von Verschwörungstheoretikern, die inzwischen ein wachsendes Publikum finden. Es sind die schrillen, vom Niedergang der gesamten Medienbranche kündenden Netzvideos der geschassten Moderatoren Eva Hermann und Ken Jebsen, die man in diesem Zusammenhang erwähnen muss. Es sind die Veröffentlichungen von Udo Ulfkotte, die es hier anzuführen gilt. Der einstige *FAZ*-Redakteur ist Autor des Verschwörungsbuches »Gekaufte Journalisten«, das sich seit Wochen auf den Bestsellerlisten hält – auch wenn es einem seriösen Faktencheck kaum standhält und vor allem als Selbstoffenbarung eines apokalyptisch gestimmten Geistes gelesen werden kann. Erfolg und Einfluss derartiger Ideengebilde zwingen eine offene Gesellschaft aber gleichwohl, sich folgende Fragen vorzulegen: Auf welche Weise verhindert man, *ohne* die Möglichkeit offensiver Korrektur in einer fragmentierenden Medienwelt, *ohne* die Möglichkeit der Exklusion, dass ideologische Parallelrealitäten und bizarre Bestätigungsmilieus entstehen, die irgendwann tatsächlich gefährlich werden können? Und wie bleibt, in einer Zeit der Nischenöffentlichkeiten, die Agenda der Allgemeinheit als Fixpunkt gesellschaftlicher Debatten gewahrt?

In der gegenwärtigen Situation gibt es (wie in jedem Moment der Eskalation) keine einfachen Rezepte, aber deutlich wird doch, dass Journalisten heute gleichermaßen offen und offensiv für die eigene Glaubwürdigkeit werben, ihre Arbeit erklären, ihre Urteile begründen, ihre Fehler benennen müssen – auch wenn es weh tut, auch wenn es vielleicht manchmal einfach nervt und allzu mühsam und beschwerlich erscheint. Untersuchungen des Kommunikationswissenschaftlers Wolfgang Donsbach und anderer zeigen seit vielen Jahren: Viele wissen gar nicht, wie im Journalismus gearbeitet wird, wie Nachrichten zustande kommen und ausgewählt werden, wie das gesamte Handwerk überhaupt funktioniert, welcher Geschwindigkeits- und Kostendruck heute in Redaktionen herrscht und wie hart man Tag für Tag in Gegenwart der journalismusfernen Controller mit ihren Kostenanalysen um Qualität ringt. In diesem Moment des Aufeinandertreffens von Medienkrise und Glaubwürdigkeitsverlust ist auch der einzelne Journalist selbst in der Pflicht: als ein um Transparenz bemühter, keineswegs unkritischer Dialogpartner des Publikums, der die Aufklärung über die eigene Branche und die prekäre Ökonomie der Qualitätspublizistik als notwendigen Zweitjob begreift.

Natürlich, man kann sofort einwenden: Eine solche Aufklärungs- und Dialogforderung klingt vielleicht ganz gut, stellt aber faktisch eine Zusatz-Belastung dar. Und man muss sofort hinzufügen: Das stimmt, und das ist tatsächlich ein Problem. Zum einen werden die Zeitbudgets in den Redaktionen knapper, zum anderen feuern einzelne Empörungsjunkies Beschwerden in Serie ab, die sich kaum noch abarbeiten lassen. Und schließlich gibt es »das« Publikum gar nicht, sondern nur sehr unterschiedliche Gruppen, Initiativen, Bewegungen, denen man mit pauschalen Fertig-Antworten nicht gerecht wird. Und doch scheint mir eine dialogische Haltung und eine zweite Aufklärung über angebliche oder tatsächliche Fehler, aber auch über Arbeitsweisen und Konstruktionsregeln der Branche unbedingt notwendig; nicht nur als Medizin gegen die aktuelle Medienverdrossenheit, sondern auch als eine angemessene Reaktion auf die Tatsache, dass heute jeder selbst zum Sender werden kann – und damit zum Teilnehmer des großen, gesellschaftlichen Gesprächs, das erst noch stabile, vor allem auch konstruktivere Formen finden muss.

Es ist ein solcher Versuch der zweiten Aufklärung (und eine Verbindung von Theorie und Praxis, von Wissenschaft und Anwendung), die in den letzten Monaten am Institut für Medienwissenschaft der Universität Tübingen entstanden ist. Woche um Woche hat hier eine Gruppe von 13 Studentinnen mit ihren Dozenten Frank Brunner, Wolfgang Messner und Rainer Nübel zusammen gearbeitet, dies mit dem Ziel, ein Buch zu schreiben, das die Geschichten hinter den Schlagzeilen ausleuchtet und den Journalismus in Zeiten der Medienverdrossenheit auf durchaus kritische, aber von grundsätzlicher Sympathie getragene Art und Weise verstehbar macht. Sie sind mit dem Ziel durch das Land gereist, die Dynamik von Medienskandalen zu erfassen, spektakuläre Recherchen und dramatische Grenzüberschreitungen zu beleuchten, aber eben auch publizistische Spitzenleistungen, brisante Enthüllungen und alltägliche Praktiken der Berichterstattung, die in der Summe deutlich werden lassen, wie branchenintern gearbeitet wird und warum es die unabhängige Instanz der Gesellschaftsbeobachtung in Gestalt des Journalismus notwendig braucht. Die Studentinnen, manche von ihnen selbst auf dem Weg in die Medienwelt, haben mit sogenannten Trollen geredet und sich mit Whistleblowern getroffen. Sie haben die Geschichten von Medienopfern aufgeschrieben und die geschlossene Anstalt des Privatfernsehens mit seinen Scripted Reality-Formaten betreten. Sie sind Lokalredakteuren begegnet, Magazinmachern, Fotografen und Bildjournalisten, Reportern und Auslandskorrespondenten, die über den Ukraine-Konflikt oder über andere Krisenherde und Reizthemen schreiben – und eben deshalb heftig von ihren Lesern gescholten werden.

Das Resultat dieser Streifzüge ist eine facettenreiche Beschreibung des real existierenden Journalismus, eine gleichermaßen praktisch orientierte und theoretisch informierte Medienkunde, die vom Einzelfall ausgeht, aber doch das große Ganze in den Blick nimmt. Es wäre unangemessen, das Team der Autorinnen und Dozenten nun zu den Branchen-Botschaftern einer neuen Bewegung gegen die Medienverdrossenheit oder zu Rezept-Lieferanten gegen die aktuelle Glaubwürdigkeitskrise zu stilisieren. Aber ich denke tatsächlich, dass es kritisch-konstruktive Aufklärungsarbeiten dieser Art in der momentanen Situation braucht, um die gestörte Beziehung zwischen dem Journalismus und seinem Publikum wieder zu kitten und berechtigte Medienkritik klarer von einer pauschalen Medienverdrossenheit zu unterscheiden, die einer Demokratie nicht gut tut, weil diese doch auch von dem Vertrauen in eine prinzipiell akkurate Berichterstattung lebt. Insofern kann man alle Beteiligten – nach den Monaten im Bergwerk der Buchproduktion – nur zu ihrer Arbeit beglückwünschen und ihnen viele Leserinnen und Leser wünschen.

Dank

Um ehrlich zu sein, manche Studentin aus der Gruppe der Dreizehn Studentinnen hatte zu Beginn des Semesters daran gezweifelt, dass dieses Buch jemals gedruckt werden würde. Dass es dennoch so weit gekommen ist, verdanken wir der großartigen Unterstützung von vielen Menschen.

Wir danken ganz herzlich Hubert Klöpfer vom Verlag Klöpfer & Meyer in Tübingen, dass er Vertrauen in unsere Gruppe hatte und sich auf das Wagnis eingelassen hat, ein Buch von 13 Studentinnen zu verlegen – von denen einige keine Schreiberfahrung außerhalb des akademischen Bereichs mitbrachten. Christiane Hemmerich und Horst Schmid danken wir für die gelungene Gestaltung des Buches und Rainer Gülch für die schnelle und gute Satzarbeit.

Ein großes Dankeschön gilt der Berthold Leibinger Stiftung, der Stiftung Ausbildung, Fort- und Weiterbildung der Landesbank Baden-Württemberg (LBBW) sowie dem Institut für Medienwissenschaft der Universität Tübingen. Diese Einrichtungen haben großzügig die Druckkosten finanziert und damit das Erscheinen dieses Buches maßgeblich ermöglicht. Dank ihrer Förderung wurden aus einer Idee 240 gebundene Seiten im Buchregal. Danken möchten wir auch dem Tübinger Medienwissenschaftler Prof. Dr. Bernhard Pörksen für das Nachwort.

Nicht vergessen wollen wir an dieser Stelle unsere drei Dozenten. Dieses Projekt lief nicht immer reibungslos. Doch unsere Lehrenden ließen sich davon nicht aus der Ruhe bringen, durchstanden so manche leidenschaftliche Diskussion mit uns und leiteten die Dreizehn Studentinnen durch Themenfindung,

Recherche und Textarbeit. Die Kritik auf dem Weg vom ersten Konzept bis zum fertigen Kapitel mag uns zum Teil hart vorgekommen sein, doch dass jede von uns nun stolz ein journalistisch hochwertiges Stück präsentieren kann, verdanken wir ihnen. Danke, Rainer Nübel, Frank Brunner und Wolfgang Messner!

Verfasser des Nachworts

Bernhard Pörksen, Jahrgang 1969, ist Professor für Medienwissenschaft an der Universität Tübingen. Schwerpunkte seiner Forschungen sind die Inszenierungsstile in Politik und Medien, die Macht einer digitalen Öffentlichkeit und die Zukunft der Reputation. Zusammen mit dem Physiker Heinz von Foerster schrieb er den Bestseller »Wahrheit ist die Erfindung eines Lügners« und mit dem Kommunikationspsychologen Friedemann Schulz von Thun das viel beachtete Buch »Kommunikation als Lebenskunst«. 2008 wurde Bernhard Pörksen zum »Professor des Jahres« gewählt und für seine Lehrtätigkeit ausgezeichnet. Das Nachwort von Bernhard Pörksen in diesem Buch verarbeitet verschiedene aktuelle Vortrags- und Debattenbeiträge des Autors.

Die Herausgeber

Rainer Nübel, Jahrgang 1959, studierte in Tübingen Germanistik und Geschichte, danach arbeitete er als Redakteur bei der *Nürtinger Zeitung*, später bei den *Stuttgarter Nachrichten*. Seit 2000 ist er Mitglied der Reportageagentur Zeitenspiegel und Mitarbeiter des Magazins *stern*. Co-Autor mehrerer Sachbücher, darunter »Aufbrechen. Wie Sehnsucht die Gesellschaft verändert. Eine Ermutigung« und »Wir können alles. Filz, Korruption & Kumpanei im Musterländle«, bei Klöpfer & Meyer; dafür 2008 zusammen mit Autorenkollegen Auszeichnung als »Journalist des Jahres« in der Kategorie »regionale Autoren«, Co-Autor des 2014 auch bei Klöpfer & Meyer erschienenen Buches »Geheimsache NSU«. Rainer Nübel ist Dozent an der Hochschule für Wirtschaft und Umwelt Nürtingen-Geislingen und an der Universität Tübingen. Er lebt mit seiner Familie in Beuren.

Frank Brunner studierte Philosophie, Publizistik und Politikwissenschaft an der Freien Universität Berlin. Abschluss als Diplom-Politologe. War anschließend zwei Jahre Politik-Redakteur. Schrieb später u.a. für den *Tagesspiegel*, die *Berliner Zeitung* und *Spiegel-Online*. Er arbeitete als Textchef für den W. Bertelsmann-Verlag und für das Magazin *Natur*. Seit Dezember 2012 Autor bei Zeitenspiegel Reportagen. Co-Autor und Schlussredakteur des Buches »Geheimsache NSU«. Arbeitet u.a. für den *stern*. Lebt abwechselnd in Berlin und Stuttgart.

Wolfgang Messner, Jahrgang 1963, studierte Geschichte, Politik und Germanistik in Freiburg im Breisgau und Wien. War freier Reporter beim Südwestfunk, dann Redakteur in Baden-Baden. Er schrieb für den Zürcher *Tages-Anzeiger*, die *Süddeutsche Zeitung* und *Welt*. Seit 2002 arbeitet er für die *Stuttgarter Zeitung* als Korrespondent für die Region Bodensee/Oberschwaben. Co-Autor von »Die Taschenspieler. Verraten und verkauft in Deutschland« (2010) sowie »›Wir können alles‹. Filz, Korruption im Musterländle« (2008); dafür wurde er mit Autorenkollegen als »Journalist des Jahres« in der Kategorie »regionale Autoren« ausgezeichnet. 2013 bekam Messner den »Ralf Dahrendorf-Lokaljournalistenpreis« verliehen. Er lehrt investigativen Journalismus bei der Journalistischen Berufsbildung JBB in Leinfelden-Echterdingen sowie an der Journalistenakademie des Deutschen Journalistenverbandes (DJV) in Stuttgart.